M000248716

Beginner's
French
Word Searches

Volume 1

Second Edition

Compiled by Erik Zidowecki

Beginner's French Word Searches – Volume 1
Copyright © 2021 by Scriveremo Publishing

All rights reserved. No part of this publication may be reproduced, distributed, or transmitted in any form or by any means, including photocopying, recording, or other electronic or mechanical methods, without the prior written permission of the publisher, except in the case of brief quotations embodied in critical reviews and certain other noncommercial uses permitted by copyright law.

Published by
Scriveremo Publishing
www.scriveremo.com

ISBN: 978-1-7371999-2-2

Second Edition: July 2021

10 9 8 7 6 5 4 3 2

Contents

Welcome to
Scriveremo's Beginner's French Word Searches!

INTRODUCTION

We're happy that you've picked up our book. Perhaps you've only recently become interested in French, or maybe you're starting out with some classes, and you're looking to learn some vocabulary. If so, we hope our Word Searches will help make learning your first building blocks for the French language a lot more engaging and interesting.

Learning a new language is always like clearing a path through a new land. You can go at it without any plans and figure it out as you go, right? But it wouldn't be strange if you got lost doing that, and then you'd have to walk back to where you didn't feel lost anymore.

Language learning is very similar: there's a good part of it where you'll feel intimidated by everything you don't know. However, it doesn't have to be this way. As a traveller, having tools like a GPS, a compass, or a map, would help you find your way to where you want to be. For French, these are things like vocabulary lists and pronunciation keys, which will be your first tools to clear a path through French and towards whatever you'd like to do with this language!

Do keep in mind that this exercise book has one very simple goal in mind: helping you learn and retain new words. It does not attempt to teach you grammar or any of the rules of this language! So please consider it as a sort of support for other learning materials!

STARTING OUT

So first things first: let's go over *l'alphabet* (the alphabet). Strictly speaking, the French alphabet and the English alphabet are not very different from each other: both have 26 letters and the same basic sounds for many of them.

But wait! Pronunciation! Isn't that important too?

Of course it is, and we're getting there! However, it's important that you know that even when English and French use the same letters, they don't sound exactly the same, and some combined letters will make sounds you haven't heard before. Here's a handy guide to the name of all letters in French, and how to read them as close as possible to the real thing (don't worry about having an accent, everyone does when they're learning!).

A couple things of note:

- Like most languages, French has several dialects of the languages, depending on the region of France you are in. There are also variants in former French colonies like Canada. In this book, we are using "Standard French", which is based on the pronunciation and vocabulary of French used in Metropolitan France.

- French is a Romance language, like Spanish and Italian, and has its roots in Latin. But while those other languages are largely phonetic, French pronunciation is very different, such as dropping letters, combining them with the next word, and adding nasal sounds.

- French has sounds that don't exist in English, so the suggestions and guides will often be approximations at best. Whenever possible, use recordings from native speakers to confirm your pronunciation.

Letter	Name of the letter
A	**ah (as in "spa")**
B	beh (as in "bed")
C	seh (as in "said")
D	deh (as in "dead")
E	**uh (as in "but")**
F	eff (as in "chef")
G	zheh (as in "massage")
H	ahsh (like "ash")
I	**ee (like ee in "keep")**
J	zhee (as in the name "Gigi")
K	kah (as in "calm")
L	ell (as in "tell")
M	ehm (as in "hem")
N	ehn (as in "hen")
O	**oh (as in "go")**
P	peh (as in "petal")
Q	kwoo (as in "cool")
R	ehr (like "air")
S	ess (as in "less")
T	teh (like "te" in "tether")
U	oow (as in "voodoo")
V	**veh (as in "vet")**
W	doobluh veh (like it looks)
X	eeks (as in "leaks")
Y	**ee grehk (like it looks)**
Z	zehd (like it looks)

Notes:

- H is normally silent in French, but is used to modify other letters

- The letters J, K, V, and W are like their English versions.
  K is found mainly in words that have been adopted from other languages.
  W is rare in French, usually only in words taken from German or English. It is pronounced in those cases like it would be in the language came from.

- French has several diacritics over certain letters. They may modify the pronunciation of letters or the combinations they are part of.

Acute	é
Grave	à, è, ù
Circonflexe	â, ê, î, ô, û
Cedille	ç
Trema	ë, ï, ü

- While many of these letters are pronounced similarly to English, most are more clipped when spoken and less aspirated. That means keep them short and not breathy.

Stress:

In French, the stress of an individual word normally falls on the last syllable, although it is less noticeable than in English words.

Nasal Vowels

Part of what gives French it's unique sound is the use of *nasal vowels*. Normally when we speak, we only pass air through our mouth to pronounce vowels. We are using *oral vowels*. But in French, there are times when a vowel requires air to pass through the nose as well. It changes the tone of the vowel and word.

We have nasal vowels in English. Say the words "sing", "on", "from". Notice how you can almost feel the base of your nasal cavity as you pronounce them? In French, these sounds are stronger. Also in English, the consonant following the vowel (ng, n, m) is pronounced. In French, they are silent.

So how do we recognize these nasal vowels? They come before the letters M or N in certain situations. When M or N are at the end of a word and preceded by a vowel, that vowel is nasalized. A vowel before M or N inside the word is nasal only if the M or N are followed by a consonant. If they are followed by a vowel, the letters are pronounced normally and the preceding vowel is not a nasal vowel.

Nasal vowel	sounds like...	Normal vowel	sounds like...
Pain (bread)	PAH	Paix (peace)	PEH
Grand (large)	GRAW	Gras (fat)	GRAH
Chanter (sing)	shawn-TEE	Chat (cat)	SHAH
Ampleur (extent)	ahm-PLUHR	Ami (friend)	ah-MEE

The spellings of EN and EM are pronounced as a nasalized AH or EH.

Nasal AH	sounds like...	Nasal EH	sounds like...
Encore (again)	ahn-KUHR	Bien (well)	bee-YEHN
Gens (people)	ZHAHN	Rien (nothing)	ree-YEHN
Demander (ask)	deh-mahn-DEE	Appartement (aparttment)	ah-pahr-teh-MAH
Semaine (week)	seh-MEHN	Chemin (road)	sheh-MAH

Liaison

Another factor in French's particular sound is *liaison* (lee-ay-zon). Often, the consonants **D**, **P**, **S**, **T**, **X**, and **Z** are not pronounced at the end of a word. But they aren't completely useless. When a word with a dropped final consonant is followed by a word starting with a vowel (or silent H followed by a vowel), the consonant is added to the second word and pronounced. This liaison helps blend the words together, but it can make pronouncing them properly harder. **F** and **G** may also do this when they end a word.

Normal pronunciation	sounds like...	With liaison	sounds like...
Un (a)	AH	Un ami (a friend)	AH nah-MEE
Nous (we)	NOO	Nous avons (we have)	NOO sah-VOH
Deux (two)	DOO	Deux heures (two hours)	DOO ZUHR

Not all words are joined in this way. The rules of what gets joined are a bit complicated, and since we are focusing mainly on single words in this book, we won't get too in depth. For now, be aware that the sounds may carry, and that sound of that consonant may change.

Letter	Sound	Example	Sounds like..
D	T	Quand est-ce que? (When is it that?)	KOH tay-SKEW
F	V	Neuf heures (Nine o'clock)	NOO VAYR
G	G	Sang impur (Unclean blood)	SAH nem-PYOOR
N	N	Un ami (A friend)	AH nah-MEE
P	P	Trop aimable (Too friendly)	TROO pay-mah-BLEH
R	R	Premier étage (First floor)	preh-MEE ray-TAJ
S	Z	Nous avons (We have)	NOO sah-VOH
T	T	Un petit enfant (A little child)	UH puh-TEE teh-FAH
X	Z	Deux heures (Two hours)	DOO ZUHR
Z	Z	Chez elle (At her place)	SHAY ZEHL

Vowels

French has six vowels, **A**, **E**, **I**, **O**, **U**, and **Y**, with Y acting as either a consonant or a vowel, depending on it's placement in a word.

However, there are a great many more vowel *sounds* possible, depending on letter combinations, surrounding letters, and diacritics. And there are three basic ways to describe these sounds:

Nasal vowel, Oral vowel - As we described above, a vowel can take on a nasal sound depending on the letters following it.

Hard vowel, Soft vowel - A, O, and U are considered "hard". E, I, and Y are "soft". These affect some letters, like G and C, giving them hard or soft sounds.

Open vowel, Closed vowel - These describe the tongue position when speaking a vowel. In open vowels, the tongue is away from the roof of the mouth. In similar terms, a short vowel is more drawn out, while a closed vowel is shorter. Think of "ee" (*bee*) vs "eh" (*bed*).

A

The letter A has two basic sounds in French. The most common is like the *a* in English "f*a*ther", but with your mouth more open. It can be represented as AH. The other sound is similar to the *o* in "h*o*t", pronounced with a rounded mouth, represented as AW.

AH sound	sounds like...	AW sound	sounds like...
Ami (friend)	ah-MEE	Ascenseur (lift)	ah-sawn-SER
Café (coffee)	kah-Feh	Chanter (sing)	shawn-TEH
Garçon (boy)	gah-SOHN	Grand (large)	GRAW
Fromage (cheese)	fkoh-MAHZH	Sang (blood)	SAWN

When A is combined with other letters, they produce some specific sounds.

Combination	Sound	Example	sounds like...
AI / AIS	Like in English "bet"	Français (French) Semaine (week)	Frahn-SEH seh-MEHN
AIL	Like English "eye"	Taille (size)	TIE
AN	Like English "on" See "Nasal Vowels"	Grand (large)	GRAW
AU	Like English "bow"	faucon (hawk)	foh-COON
EAU	Like English "open"	eau (water)	OH

E

The most common sound for this letter is the *unstressed E*, which has an UH sound, usually pronounced like *a* in English "*a*bout". It is often silent at the end of a word or when it comes between two consonants.

UH sound	sounds like...	Silent	sounds like..
Samedi (Saturday)	sah-muh-DEE	Biberon (bottle)	bee-BROHN
Petit (little)	puh-TEE	Nappe (tablecloth)	NAP
Le (the)	LUH	Famille (family)	fah-MEE

Another sound it may produce is EH like in English "b*e*t". This is usually before a P, S, T, or X. It may also take on this pronunciation when it has a grave (è) or circumflex (ê), or in the combination EI.

EH sound	sounds like...
Leçon (lesson)	leh-SOHN
Hôtel (hotel)	oh-TELL
Bibliothèque (bookcase)	bee-blee-yoh-TEK
Ceinture (belt)	sehn-TEWR

A third sound it may have is AY like *a* in English "b*a*by". This is usually when the letter has an acute (é) or comes before SS (but *not* at the end of a word like ESS or ESSE).

AY sound	sounds like...
Nez (nose)	NAY
Éléphant (elephant)	ay-lay-FAHN
Téléphone (telephone)	tay-lay-FUHN
Dessert (dessert)	day-SAYR

There are more sounds when E combines with another letter. We already looked at EM and EN in the **Nasal Vowels** section and EAU under the letter **A** section.

A common pairing is ER. This is often at the end of a word, and can sound like EE as in English "b*ee*t" or AYR like English "*air*". Another is EU, which can sound like ER as in English "f*er*n" or OO as *ough* in English "thr*ough*".

ER combination	sounds like...	EU combination	sounds like...
Cerise (cherry)	sayr-REEZ	Facteur (mailman)	fak-TUHR
Scruter (examine)	skwee-TEE	Équateur (equator)	ee-kwah-TUHR
Accuser (accuse)	ak-kew-ZEE	Pneu (tire)	PNOO

When the combination IE is followed by a consonant, it produces an *ee* sound, like in English "str*ee*t". However, when that consonant is N, the sound is *yen*, like *ien* in English "al*ien*", or "*ya*wn".

IE combination	sounds like...	IEN combination	sounds like...
Partie (part)	pahr-TEE	Science (science)	SYAHNS
Pied (foot)	PEED	Ancien (ancient)	awn-SYENN
Pharmacie (pharmacy)	fah-ma-SEE	Expérience (experience)	eks-payr-YAHNS

I

In French, this letter is usually pronounced like EE, as in English "feet". Adding a circonflexe (î) doesn't change this.

Regular i	sounds like...	Ciconflex i	sounds like...
Lit (bed)	LEE	Île (island)	EEL
Cheville (ankle)	shah-VEEL		
Rideau (curtain)	ree-DOO		

However, the letter with a trema (ï) can change the meaning. There are a couple of combinations with *i* that produce different sounds. With the trema, the combination is ignored and the letters are treated separately. For example, we learned earlier that AI and AIS are pronounced as in English "bet". The trema, however, splits those sounds.

AI / AIS	sounds like..	With ï	sounds like..
Balai (broom)	bah-LEH	Haïr (hate)	ah-EE
Maison (house)	meh-ZAHN	Maïs (corn)	mah-EES

Combinations IN and IM before a consonant or at the end of a word cause the *i* to become a nasal vowel, as we discussed earlier.

Nasal sound	sounds like...	Normal sound	sounds like...
Raisin (grape)	kray-ZAHN	Piscine (swimming pool)	pee-SEEN
Singe (monkey)	SAHNZH	Vinaigre (vinegar)	vee-nay-GR

When NI is followed by another vowel, the sounds is NY. When followed by a consonant, N and I follow their regular rules.

NY sound	sounds like...	Separate sounds	sounds like...
Nièce (niece)	NYEHS	Animal (animal)	ah-nee-MAHL
Manière (way)	mah-NYEER	Unité (unit)	oo-nee-TEE
Dernier (last)	deh-NYEER	Contenir (contain)	cohn-tehn-EER

The TI pairing has it's own set of rules, which we will look at later with T. Here are other combinations and how they are pronounced:

Combination	Sound	Example	sounds like...
AIL	Like English "eye"	Taille (size)	TIE
EI	Like in English "bet"	Ceinture (belt)	sehn-TEWR
EIL	Like EHY	Bouteille (bottle)	boo-TEHY
EUI, UEIL, ŒIL	Like in English "buoy"	Veuillez (please) Œil (eye)	Voo-YAE OOY
IO	Like YO	Avion (airplane)	ahv-YOH
OI	Like WA	Doigt (finger)	DWAH
OUIL	Like OOY	Grenouille (frog)	gruh-NOOY
UI	Like the English "we"	Cuisine (kitchen)	kwee-ZEEN
UIL	Like English "wheel"	Fauteuil (armchair)	foh-TWEEL
UILLE	Like WEEY	Tranquille (calm)	trahn-KEEYL

O

The letter O has two basic sounds in French. The most common is called open O, and is pronounced like o in English "done". It is used when the O is not the last sound in the word.

The exception is the combination OSE, which takes on the second sound, closed O, which is like o in English "phone". This is also produced when it is the last sound in a word or there is a circonflexe (ô). This has an exception too, which is words starting with HÔ. Then, the open O is used.

Open O	sounds like...	Closed O	sounds like...
Costume (suit)	cuhst-OOM	Aéroport (airport)	ah-eh-roh-POHR
Gorille (gorilla)	guh-REEL	Pomme (apple)	POHM
Crocodile (crocodile)	kru-kuh-DEEL	Bol (bowl)	BOHL
Hôtel (hotel)	uh-TELL	Rose (rose)	ROHS

The combination OM before a consonant (except another M) or at the end of a word cause the *o* to become a nasal vowel and is pronounced as AHM like *omb* in English "b*omb*". Similarly, ON before a consonant (except N) or at the end of the word produces the sound AHN like *awn* in English "d*awn*".

OM sound	sounds like...	ON sound	sounds like...
Nombre (number)	nahm-BRAY	Faucon (hawk)	foh-CAHN
Tomber (fall)	tahm-BEE	Maison (house)	meh-ZAHN
Sombre (dark)	sahm-BRAY	Plafond (ceiling)	plah-FAHN
Compter (count)	cahmp-TEE	Poumon (lung)	poo-MAHN

The combination OE, sometimes written as the ligature Œ (called *e dans l'o*), has a few different pronunciations, so often you will need to hear the word spoken before you will know. It often sounds like <u>u</u> in English "f*u*ll", but can also sound like *wa* as in "*wa*sh". When at the beginning of a word, it may sound like *ee* as in "f*ee*l"

An exception is when *oe* contains a diaeresis (ë), acute(é) or grave (è). Then, the letters follow their regular rules.

OE combination	sounds like...	Separately	sounds like...
Moelleux (soft)	moo-way-LOO	Poème (poem)	poh-EHM
Poêle (stove)	PWAHL	Noël (Christmas)	noh-EL
Fœtus (fetus)	fee-TOOS	Poésie(poetry	poh-eh-SEE

When you have it followed by a *u*, as in OEU, the sound is more of an URF, like in "s*urf*".

OEU combination	sounds like...
Coeur (heart)	KEHR
Soeur (sister)	SEHR
Bœuf (beef)	BUHRF
Chœur (choir)	KUHR

Here are other combinations and how they are pronounced:

Combination	Sound	Example	sounds like...
ŒIL	Like in English "buoy	Veuillez (please)	voo-YAE
IO	Like YO	Avion (airplane)	ahv-YOH
OI	Like WA	Doigt (finger)	DWAH
OU	Like in English "soup"	Loup (wolf)	LOOP
OUIL	Like OOY	Grenouille (frog)	gruh-NOOY
OY	Like English "why"	Voyage (travel)	vwy-AZH

U

This letter sounds a bit different from the English U. To pronounce it, open your mouth like you are going to say "ee", then round your lips tighter, so you are almost adding the sound of W at the end of OO.
The sound is little more open when the U is at the beginning of a word.

U sound	sounds like...	At start of word	sounds like...
Jupe (skirt)	ZHOOP	Utiliser (use)	oo-tee-lee-SEE
Sucre (sugar)	SOOWKR	Usine (plant)	oo-SEEN
Ceinture (belt)	sehn-TEWR	Unité (unit)	oo-nee-TEE
Costume (suit)	cuhst-OOWM	Unique (single)	oo-NEEK

The combination UM before a consonant (except another M) or at the end of a word cause the *u* to become a nasal vowel and is pronounced as UHM like in English "d*u*mb". Similarly, UN before a consonant (except N) or at the end of the word produces the sound UHN like in English "d*o*ne".

UHM sound	sounds like...	UHN sound	sounds like...
Lundi (Monday)	luhn-DEE	Parfum (perfume)	pahr-FUHM
Aucun (any)	oh-CUHN	Album (album)	ahl-BUHM
Chacun (each)	shah-CUHN	Maximum (maximum)	mahks-ee-MUHM

The combinations AU, EAU, EU, OU, OUIL, UI, UIL have already been covered earlier. Here are other combinations and how they are pronounced:

Combination	Sound	Example	sounds like...
EUIL	Like OOY	Portefeuille (wallet)	por-teh-FOOY
UE	Like o in English "two" (except after q)	Laitue (lettuce)	lay-TWO
UEIL	Like OOY	Cercueil (coffin)	seh-KOOY

Y

The letter Y in French acts much the same as it does in English. The pronunciation depends on if it is being used as a consonant or a vowel. At the start of a word or syllable, it is a consonant, and is like *y* in "*y*es". Otherwise, it is probably a vowel, and sounds like *ee*, as in "carr*y*".

As consonant	sounds like...	As vowel	sounds like...
Yaourt (yogurt)	yah-OOT	Pyjama (pyjamas)	pee-zhah-MAH
Rayon (spoke)	RAY-YON	Type (type)	TEEP
Essayer (try)	ehs-say-YAY	Oxygène (oxygen)	ohks-ee-ZHEN

The exception to this rule is in the combination YO, which is pronounced like English "*why*".

OY sound	sounds like...
Voyage (travel)	vwy-AZH
Envoyer (send)	ahn-vwy-EE

Combinations YN and YM before a consonant or at the end of a word cause the *y* to become a nasal vowel and sound like AH. Otherwise, they are pronounced separately.

YM combination	sounds like...	YN combination	sounds like...
Symbole (symbol)	sahm-BOHL	Synthétique (synthetic)	sahn-teh-TEEK
Cymbale (cymbal)	sahm-BAHL	Syndicat (union)	sahn-dee-CAH

Consonants

As we mentioned under **Liaisons**, the consonants **D, P, S, T, X,** and **Z** are often not pronounced when they come at the end of a word, while **B, C, F, G, K, L, M, Q,** and **R** usually are. There are, of course, exceptions, many of which we will cover.

C

This letter has a few pronunciations in Spanish, depending on what letters come after it. When followed by A, O, U, or a consonant, it has the hard K sound, as in English "*c*ost". When followed by E, I, or Y, it has a soft sound, like *s* in English "gla*s*s".

Hard K sound	sounds like...	S sound	sounds like...
Café (coffee)	kah-FEH	Nièce (niece)	NYEHS
Sucre (sugar)	SOOWKR	Cerise (cherry)	sayr-REEZ
Facteur (mailman)	fak-TUHR	Ceinture (belt)	sehn-TEWR
Sac (bag)	SAK	Ancien (ancient)	awn-SYENN

But before you get comfortable with these rules, these sounds may be changed with a diacritic. When a little hook, called a *cedilla*, is added under the C, it produces a character called a *cédille* (ç). What this does is convert the C to a soft sound. This never happens before E, I, or Y, as the sound produced then is already soft. It is also never found at the end of a word.

Soft sound	sounds like...
Français (French)	frahn-SEH
Garçon (boy)	gah-SOHN
Leçon (lesson)	leh-SOHN

Doubling the letter (CC) combines the rules of a single C. The first one is pronounced as a K because it is coming before a consonant. The second C follows the rule of sounding like S before E, I and Y while being a K pronouncing when it is before A, O, U, or a consonant.

If this seems confusing, think of it this way: before E, I, and Y, it has a KS sound. The rest of the time, it is a KK sound.

KS sound	sounds like...	KK sound	sounds like...
Occupé (busy)	uh-kew-PAY	Accès (access)	ahk-SAY
Accolade (embrace)	ah-coh-LAHD	Insuccès (failure)	en-sook-SAY
Accuser (accuse)	ak-kew-ZEE	Vaccin (vaccine)	vah-KSEENO
Occupant (occupant)	oh-kwoo-PAH	Succéder (succeed)	sook-see-DEE

When C combines with the always silent H, there are two possible sounds produced. The most common is an SH sound like English "*sh*out". Sometimes, it takes on a hard K sound, like English "lo*ck*".

SH sound	sounds like...	K sound	sounds like...
Dimanche (Sunday)	dee-MAHNSH	Chaos (chaos)	COW
Chat (cat)	SHA	Krach (crash)	KACK
Cornichon (pickle)	koh-nee-SHA		

The normal CH sound, like in "*ch*eese" that English speakers are used to is very rare in French, usually in words borrowed from other languages. Similarly, you may find the combination CCH, but that is usually in words from that have been adopted from other languages, like "gnocchi" and "zucchini"

When S combines with C, it has more rules to consider. In front of E, I, and Y, the sound produced is that of a single S. Coming before A, O, and U, or another consonant, the letters S and C are pronounced according to the own independent rules, as two separate letters.

S sound	sounds like...	Separate rules	sounds like...
Ascenseur (lift)	ah-sawn-SER	Escalier (staircase)	ehs-ka-LYAY
Science (science)	SYAHNS	Scruter (examine)	skwee-TEE
Sceller (seal)	see-LEE	Scarabée (beetle)	skah-ah-BAY

G

n French, this letter has similar pronunciations to its English form. Before
an E, I, or Y, it is given a soft sound, like the French J (ZH). When it
precedes A, O, U, or a consonant, it has a hard sound, like G in English
"goat".

Soft G	sounds like...	Hard G	sounds like...
Fromage (cheese)	fkoh-MAHZH	Gâteau (cake)	gah-TOH
Horloge (clock)	uhr-LUHZH	Grenouille (frog)	gruhr-NOOY
Étage (floor)	ay-TAZH	Aigle (eagle)	eh-GLEH
Plage (beach)	PLAHZH	Église (church)	ay-GLEES

There are a few instances of specific combinations that differ. GN is
pronounced like NY in "canyon" while GT is not pronounced at all.

GN sound	sounds like...	GT silent	sounds like...
Baignoire (bathtub)	bay-NWAHR	Doigt	DWAH
Peigne (comb)	pehn-NYAH	Vingt	VAHNG
Campagne (countryside)	com-pah-NYAH		

Most of the time, when G is at the end of a word, it is silent. Exceptions are
words adopted from other languages or proper names.

Final silent	sounds like...	Exceptions	sounds like...
Sang (blood)	SAWN	Luxembourg	lux-EM-bohrg
Bareng (herring)	ah-ROHN	Grog (rum drink)	GROHG
Étang (pond)	ay-TAHN		

H

This letter is not pronounced in French. It can be used to change the sounds of other letters, though. We've already seen how it changes C, in the form of CH. When H is at the start of a word, it is ignored, and the word is treated as if it began with the next vowel. There are actually two forms of H, the mute and the aspirated. Both are silent, but they affect liaison and the joining of articles, called *elision*. Since we are looking at the pronunciations of single words, we will ignore the differences in this guide.

Silent H	sounds like...
Horloge (clock)	uhr-LUHZH
Hôtel (hotel)	oh-TELL
Huit (eight)	WEET

L

This letter is pronounced similar to the L in English. When a vowel comes before IL, the L is pronounced like Y.

Single L	sounds like..	vow + IL	sounds like..
Éléphant (elephant)	ay-lay-FAHN	Oreille (ear)	oh-RAYA
Bibliothèque (bookcase)	bee-blee-yoh-TEK	Bouteille (bottle)	boo-TEHY
Horloge (clock)	uhr-LUHZH	Cuillière (spoon)	kwee-YEHR
Hôtel (hotel)	oh-TELL	Taille (size)	TIE

When IL comes after a vowel at the end of a word, it sounds like e in English. The combination ILL is pronounced like e in English

LL can be pronounced either way.

LL sound	sounds like...
Voyelle (vowel)	voy-EL
Cellule (cell)	sel-LOOL
Balle (ball)	BAHL

M

This letter is similar to M in English. The main difference is when it is preceded by a nasal vowel, as we described earlier.

Regular M	sounds like...	Preceeded by nasal vowel	sounds like...
Maison (house)	meh-ZAHN	Parfum (perfume)	pahr-FUH
Mur (wall)	MEWR	Faim (hunger)	FAH
Homme (man)	UHM		

N

This letter is similar to N in English. The main difference is when it is preceded by a nasal vowel, as we described earlier.

Regular N	sounds like...	Preceeded by nasal vowel	sounds like...
Semaine (week)	seh-MEHN	Pain (bread)	PAH
Nappe (tablecloth)	NAP	Grand (large)	GRAW
Ligne (line)	lee-NYEH	Bon (good)	BOH

P

In French, the letter P is pronounced similarly to how it is in English. However, at the start of a word, it is a softer sound, without the aspiration. When it begins a word and is followed by a consonant, there is a slight pronunciation of both letters. For example, while PN in English sounds like a single N, in French it would have a P-N sound.

P with vowel	sounds like...	P with consonant	sounds like...
Pain (bread)	PAHN	Plage (beach)	PLAHZH
Pomme (apple)	POHM	Pneu (tire)	PNOO
Aéroport (airport)	ah-eh-roh-POHR	Prix (price)	PREE
Corps (body)	KOHR	Psychiatre (psychiatrist)	psee-kee-AHT

The exception is when it matched with H. Together, PH produces an F sound, like in English "*ph*one".

F sound	sounds like...
Téléphone (telephone)	tay-lay-FUHN
Pharmacie (pharmacy)	fah-ma-SEE
Atmosphère (atmosphere)	aht-mohs-FAIR

Q
This letter has two sounds in French, similar to those found in English. It is always followed by a U, unless it is at the end of a word, and normally has a K sound, like *c* in English "*c*arrot". But there are a few instances in which it has a KW sound, like *qu* in English "*qu*ick".

K sound	sounds like..	KW sound	sounds like..
Bibliothèque (bookcase)	bee-blee-yoh-TEK	Quoi (what)	KWAH
Banque (bank)	BOHNK	Équateur (equator)	ee-kwah-TUHR
Boutique (shop)	boo-TEEK	Aquarelle (watercolor)	ah-kwah-EL

R
This is one of the hardest letters to pronounce in French. It is unlike the R in English or Spanish, so it may help you to think of it as a completely new letter. The sound is produced in the back of the throat, like a soft cough. It is closer to the *ch* in "Loch". It sometimes has a bit of a soft R sound at the end, like a down tone.

Start of word	sounds like...	Inside word	sounds like...
Restaurent (restaurant)	krehs-toh-RAWN	Horloge (clock)	uhr-LUHZH
Repas (meal)	kruh-PAH	Fromage (cheese	fkoh-MAHZH
Raisin (grape)	kray-ZAHN	Croquet (croquet)	kroh-KAY

Usually, in the last syllable of a word, the letter R is not silent, which makes it even more different from other French consonants. The exception to this is words with more than one syllable ending in ER.

Spoken R	sounds like...	Silent R	sounds like...
Baignoire (bathtub)	bay-NWAHR	Sceller (seal)	see-LEE
Couverture (blanket)	koo-vair-TEWR	Scruter (examine)	skwee-TEE
Sentir (feel)	sawn-TEER	Accuser (accuse)	ak-kew-ZEE
Dictionnaire (dictionary)	deek-syah-NAYR	Escalier (staircase)	ehs-ka-LYAY

S

This letter has two pronunciations, similar to English. It has a soft S sound when it is at the beginning of a syllable or word, the end of a syllable, in SS, and before or after a consonant. It is also sometimes pronounced at the end of a word, but it usually silent. The hard S sound, like *z* in English "magazine" occurs when it is between two vowels.

Soft S	sounds like...	Hard S	sounds like...
Sac (bag)	SAK	Oiseau (bird)	wah-ZOH
Tapis (carpet)	tah-PEE	Chaise (chair)	SHEHZ
Bras (arm)	BRAH	Visage (face)	vee-ZAHZH
Tasse (cup)	TAHS	Maison (house)	meh-ZAHN
Estomac (stomach)	ehs-toh-MAH	Cuisine (kitchen)	kwee-ZEEN

T

This letter sounds basically the same as in English, except with a slightly softer tone. This is done by pushing the tongue against your upper teeth instead of behind them. It is a subtle change and will take time to master.

It has two basic combinations that differ from English. The first is when it is combined with H, the sound doesn't change, unlike PH and CH.

Simple T	sounds like...	TH sound	sounds like...
Tapis (carpet)	tah-PEE	Bibliothèque (bookcase)	bee-blee-yoh-TEK
Couverture (blanket)	koo-vair-TEWR	Panthère (panther)	pahn-TEHR
Gant (glove)	GAWN	Cathédrale (cathedral)	kah-teh-DRAHL
Tante (aunt)	TAWNT	Thermomètre (thermometer)	tehr-moh-MEHTR

At the end of a word, the T is normally silent, but there are exceptions.

Silent T	sounds like...	Pronounced T	sounds like...
Bouquet (bouquet)	boo-KAY	Cricket (cricket)	kree-KEHT
Croquet (croquet)	kroh-KAY	Corset (corset)	kohr-SEHT
Gourmet (gourmet)	gohr-MAY		

The combination of TI is a bit more complex. When it comes before a consonant, the T and I are pronounced as if they were separate and following their own rules. When it comes before a vowel, the sound is like S followed by a Y, similar to TION in English.

Before consonant	sounds like...	Before vowel	sounds like...
Sentir (feel)	sawn-TEER	Dictionnaire (dictionary)	deek-syah-NAYR
Matin (morning)	mah-TAHN	Essentiel (essential)	ah-sahn-SYAHL
Ultime (ultimate)	ool-TEEM	Réceptionniste (receptionist)	ray-sep-syahn-EEST
Tirer (shoot	teer-EE	Fonctionner (function)	fonk-syoo-NEE

There are special cases for the TI + vowel rule, with the TIE combination. When TIE follows a consonant, it is pronounced like *ty* in English "par*ty*". And when a vowel comes before the TIE is at the end of a word, the pronunciation is like *cy* in English "democra*cy*".

TIE normal	sounds like...	Final TIE after vow	sounds like...
Partie (part)	pahr-TEE	Démocratie (democracy)	day-moh-krah-SEE
Dynastie (dynasty)	dee-nah-STEE	Idiotie (idiocy)	ee-dee-oh-SEE
Frontière (border)	frohn-TYER	Ineptie (nonesense)	een-ehp-SEE

X

This letter has a soft sound of KS like in "books" or the *x* in "fi*x*" when it is before a consonant or at the end of the word or syllable. When it is between two vowels in different syllables, it is pronounced like GZ as the *x* in "exit".

Soft KS sound	sounds like...	Hard X sound	sounds like...
Expérience (experience)	eks-payr-YAHNS	Exact (exact)	ehg-ZAHKT
Expéditeur (sender)	eks-pay-dee-TER	Exercice (exercise)	ehg-zeshr-SEES
Exportation (export)	eks-pah-tay-SHOON	Taxe (tax)	TAHKS
Extérieure (exterior)	eks-teh-ee-EHR	Taxi (taxi)	tahk-SEE

There are two exceptions to these rules. In numbers, the X is pronounced like S. When it is the final letter and comes after a vowel, it is silent.

S in numbers	sounds like...	Soft finale silent	sounds like...
Six (six)	SEES	Faux (false)	FOH
Dix (ten)	DEES	Prix (price)	PREE
Dix-huit (eighteen)	dee-ZWEET	Noix (nut)	NWAH
Soixante (sixty)	swah-SAWNT	Dangereux (dangerous)	dawn-zhuh-ROO

There are more rules when you combine it with C. In front of E, I, or Y, the sound is KS, like the soft X sound. Before A, O, U, or a consonant, the letters use their separate rules for pronunciation. In this case, the X has the KS sound because it is before a consonant.

Soft X	sounds like...	Separate rules	sounds like...
Excentrique (eccentric)	eks-ahn-TREEK	Exclamation (exclamation)	eks-cleh-mee-SUHN
Excepté (except)	eks-sehp-TAY	Excuse (excuse)	eks-KEWS

Z

When this letter is at the end of a word, it is usually silent. The rest of the time, is pronounced like *z* in English "zoo".

Regular Z	sounds like...	Final silent	sounds like...
Zèbre (zebra)	ZEHBR	Nez (nose)	NEH
Zone (area)	ZOHN	Assez (enough)	ah-SEH
Zéro (zero)	zay-ROH		
Zoo (zoo)	ZOH		

This has been your primer into French language pronunciation!

Although you will only find individual words in this book, we'd like to suggest you try voicing out every new word you discover in our word puzzles! The key to learning a new language is using it, so don't hesitate to get more learning materials, spelling out new words and writing them down!

Instructions

Words are listed with English translations.
Both English and French words are hidden in the puzzle.

Find all the word in the grid of letters. Words may be in any direction
vertically, horizontally and diagonally.

Parts of speech are given in []

m = masculine noun   mp = masculine plural
f = feminine noun   fp = feminine plural
adj = adjective   adv = adverb
num = number   v = verb

Puzzle #1

```
t r q y k b à o u r s m ô k p j w y t k m u s i p a t j
à y ô e r e l a z l e m u p o i x e r e t s i s x ï g é
k ï r o p l r n h d y ô m l e l p h e è f q m e l h a v
g c o g g r i b p a i n y q e r â à r l a f p q l d p w
y m l b o h a â è k t à i é a e s o n ê b a e n u é a î
e t z o c d ô h v z â é x c n è é t ï g r a e e b à p î
r â e è c o a k c l n o l ï d p j b f e e z t m t d i p
b r o l e k l d i é o g l é a é e f n r t g à e u j à a
t r e ô e i z à k p t c â n v a l t r o a d o î g l j r
a x e t m v j c o v n ô a t v i à î e é î c e l v e e e
u â c a a a i j d u e c c m e â s a c o s m s s r n v n
r z o o d w l s u a m y k n c a t i c m u c o u a o l t
e v u o b e a r i e y h p à i î u r o g e e a b j à h s
a â c t i a l g q o f h c a k e q é é n u j â s d e i p
u i h l z z e b r a n r e g n a m l c r b a l a i c à j
```

Find all French and English words in the puzzle.

French	English	French	English
menton *[m]*	chin	pain *[m]*	bread
télévision *[f]*	television	zèbre *[m]*	zebra
taureau *[m]*	bull	lait *[m]*	milk
horloge *[f]*	clock	eau *[f]*	water
gâteau *[m]*	cake	tapis *[m]*	carpet
mule *[f]*	mule	balai *[m]*	broom
pieds *[mp]*	feet	ours *[m]*	bear
soeur *[f]*	sister	canapé *[m]*	couch
nez *[m]*	nose	papa *[m]*	dad
parents *[mp]*	parent	manger *[v]*	to eat
légume *[m]*	vegetable	écharpe *[f]*	scarf

Puzzle #2

```
o d h p ê ô c r o u e d x é z e o g î b r o o m h y j n
a k q e f z é ô i n e d t f d s g î n t à i à â i e t b
m m t e f è â f i p ô t y n u e m p v a i x p a n j î f
é z f h o d a a j o s i e g e k a m s o i a l è ï u r ï
r à w s h l p d â ê u d a t ê r e r é g r a y x d y y o
a w k f i s t v e l c r b u r n a i n e b h a q i o w g
f f s h e l f s p e r à ê ê u a ô p n j n è f n f î i e
g f o o r ô s a b r e a d h k g c t f s q o g u â j c t
p d v t g a n é n n e c o a t g s d a d r p t v e k h i
m u t p t t s b x e r u t r e v u o c â a e z u g o è m
c a l o a h a ô â é è ô p c o c h o n n a g s q o ê v r
u u i l p y î z j i p o i n g r f î p à i ô r u b m r a
p r o s s r b l a n k e t a j à a i à w h e e l o î e m
x n o t o i t z u e r è g a t é g z a n e y h à o r y à
h o u s e n l d w è à p l u a e t n a m p a p a y à t é
```

Find all French and English words in the puzzle.

French	English	French	English
couverture *[f]*	blanket	poing *[m]*	fist
cochon *[m]*	pig	hyène *[f]*	hyena
marmite *[f]*	pot	sucre *[m]*	sugar
étagère *[f]*	shelf	papa *[m]*	dad
poêle *[f]*	frying pan	carte *[f]*	menu
balai *[m]*	broom	maison *[f]*	house
pantalon *[m]*	trousers	roue *[f]*	wheel
parents *[mp]*	parent	manteau *[m]*	coat
oeuf *[m]*	egg	toit *[m]*	roof
pain *[m]*	bread	chèvre *[f]*	goat
tasse *[f]*	cup	mouton *[m]*	sheep

28

Puzzle #3

```
î ê e b m a j t y s ï f ê n o h c o c j x w m v î à l m
h y e n a b s d i o p b m ô j m e s s a g e e n è a w i
g p l ê q u o b i h d f a v n î u é i c ô f f i v u ê l
g i r a f e ï t j ê n y g i e m o r g k p b k e g n w k
ô a o s t c r ô ê y g e e ï b s a m è e e m h j l h î à
x e d s o o b x w a r c i r é t t h m t r c e a t a t k
m ï l r p ï a à é o e s e h j h y e z z è ô i d i f â d
a i n o l e g c p h c l e e c è s h v z m t u o i a w n
ï p r f a m i l l e l x f ê n s y d i a e ô l w r m e a
s é i s y j r y z a p f ê e a è f f g u l c p l a i h b
a à è g d x â w ï p a x d g h o r s e u l j a a m l c s
s t e p m o t h e r e y e f e h c a v n e r r è o y ê u
y t é n ê h â p i m r a a i r p o r t c b d a q c s p h
s â n q p f z g ï è v l c e l c n o â l ê y p ê a d o g
o â e e c è i n e è z î è h y ï u w t e z ê s ï s î h q
```

Find all French and English words in the puzzle.

French	**English**	**French**	**English**
parapluie *[m]*	umbrella	message *[m]*	message
girafe *[f]*	giraffe	cheval *[m]*	horse
belle-mère *[f]*	stepmother	lait *[m]*	milk
famille *[f]*	family	maïs *[m]*	corn
veste *[f]*	jacket	vache *[f]*	cow
poids *[m]*	weight	cochon *[m]*	pig
mari *[m]*	husband	jambe *[f]*	leg
hibou *[m]*	owl	pêche *[f]*	peach
oncle *[m]*	uncle	nièce *[f]*	niece
hyène *[f]*	hyena	chien *[m]*	dog
aéroport *[m]*	airport	sac *[m]*	bag

Puzzle #4

```
a  m  a  l  l  w  è  n  d  s  l  e  e  é  ï  ê  p  c  m  g  j  e  y  n  w  q  z  r
z  â  l  l  t  s  u  p  c  o  a  i  l  a  m  p  c  f  e  â  i  î  c  â  c  è  î  e
f  ï  r  r  c  g  y  a  z  f  o  l  t  é  v  r  m  o  o  r  b  r  ô  w  b  e  é  g
l  u  h  e  g  o  r  p  o  n  â  r  c  h  a  k  e  e  ï  o  è  î  a  r  b  w  d  i
g  a  e  e  z  f  h  r  ï  k  h  h  f  k  z  s  p  p  j  é  r  q  e  f  a  è  u  t
r  i  m  o  n  e  p  b  h  k  a  f  i  l  s  u  n  y  a  ï  b  g  d  l  f  o  j  n
n  a  r  p  t  f  e  k  n  r  k  é  ï  s  j  z  o  h  m  s  t  c  l  h  b  e  w  b
d  k  d  a  e  k  j  r  p  z  g  t  l  î  p  x  s  ô  m  l  i  e  è  c  y  a  y  l
q  g  r  i  f  r  t  e  f  t  ô  j  a  e  r  g  i  t  e  à  a  i  d  n  ï  n  ï  m
c  q  î  z  o  e  u  o  b  i  h  q  e  ê  ô  u  l  b  s  ï  l  n  o  u  é  u  m  s
n  p  s  p  y  à  y  m  t  i  o  t  m  f  o  r  k  e  v  w  a  t  o  l  u  j  j  ï
è  f  x  è  z  e  b  r  a  c  o  n  g  é  l  a  t  e  u  r  b  u  f  t  r  i  k  s
d  à  ê  s  u  o  i  d  a  r  f  o  u  r  c  h  e  t  t  e  ï  r  o  g  d  ï  e  ê
x  e  b  u  w  â  â  d  é  j  e  u  n  e  r  à  n  d  o  i  o  e  v  g  c  a  u  c
é  ï  b  a  m  a  l  y  n  o  u  r  r  i  t  u  r  e  v  p  n  e  t  r  o  p  h  i
```

Find all French and English words in the puzzle.

French	English	French	English
fourchette *[f]*	fork	balai *[m]*	broom
mur *[m]*	wall	radio *[f]*	radio
lit *[m]*	bed	hibou *[m]*	owl
congélateur *[m]*	freezer	tigre *[m]*	tiger
fils *[m]*	son	lama *[m]*	llama
déjeuner *[m]*	lunch	lampe *[f]*	lamp
zèbre *[m]*	zebra	porte *[f]*	door
jupe *[f]*	skirt	nourriture *[f]*	food
écharpe *[f]*	scarf	repas *[m]*	meal
ceinture *[f]*	belt	toit *[m]*	roof
girafe *[f]*	giraffe	oeuf *[m]*	egg

Puzzle #5

```
r a e p x u e v e h c u c o c h o n b a î h z t z z o é
x â r n s w e s a c k o o b d s l ô e a p q c o r n p t
e î e r e e z k q d g h d a d u i s u ê e a à z b é é g
k a n o r h h e c e i n a s e g c w r q s h p v z è é e
a à u â p p ï g d n o i n o u a y b r c e r c u s e a n
n q e à e e d e d t l i x c q r o u e o o â d n e u t o
s d j r n n e è i v u x o b è t i t l a b î k l a p ê u
a e é è t r h g h w n î â e h j g t m t u n c y r h s c
x c d e w m r a s d c m r ê t u n e m s é n î n q r ï s
g r i p f e t n ô i h i r l o y o r a t u a e p a h c ï
u e l c n o ô e c â o k w l i t n b n w v u h b r v w a
e t p i h h é c e p o j ê a l g w é t h g z b e x d z m
v a x k c c x è r n â e b p b q r c e ï a i g l à g m d
e w u ï l p v i f d k w e i i ï j d a x t i x é k ê o i
n à s î b b u n â p i g i n b q h x u q t a r ï i ê m q
```

Find all French and English words in the puzzle.

French	English	French	English
manteau *[m]*	coat	poire *[f]*	pear
bibliothèque *[f]*	bookcase	serpent *[m]*	snake
déjeuner *[m]*	lunch	lapin *[m]*	rabbit
beurre *[m]*	butter	sucre *[m]*	sugar
hanche *[f]*	hip	cochon *[m]*	pig
chapeau *[m]*	hat	papa *[m]*	dad
oncle *[m]*	uncle	oignon *[m]*	onion
nièce *[f]*	niece	cerf *[m]*	deer
neveu *[m]*	nephew	maïs *[m]*	corn
genou *[m]*	knee	eau *[f]*	water
cheveux *[mp]*	hair	tigre *[m]*	tiger

31

Puzzle #6

```
e d e i o f r e c s t t s o s h a n c h e f l a s f v p
t e b â h h t u v r o î p e g o l r o h n r é k w a h w
a b r p è e y â a t r u c h a i s e i g n è â o b g f p
l u o o t a e e a p t r z ô c h e v e u x r y b l u y u
p à t m i r s x j x u d w r i a h c m î f e r u e o c m
î u h m l t i c è h e é r e d é x h k c k g o o s e j i
e t e e z â o k a â e u ê l h z p t e t t e i s s a j b
l a r î m x t i è t q d h p f p e o f w é z o d c j i l
l x é s e n r é k c o l c p u o e é u s é g w e a s x h
i i q i u é o s o i d a r a n a i n z s è b x e h ê n i
e d s â î g t b r a i n h g b à é d e t e é w r ï e â p
r r e f r i g e r a t o r c o u g u a r q i ï f v n w ô
o t s n o c u a f p u a e v r e c r i r f ï e e c e ô y
w e s o n i à c o u g a r à è ê ô e g e p ê u q e z i â
e l a r é f r i g é r a t e u r y j ï a h z r g e o î ê
```

Find all French and English words in the puzzle.

French	English	French	English
réfrigérateur [m]	refrigerator	cerf [m]	deer
frère [m]	brother	hanche [f]	hip
tortue [f]	tortoise	assiette [f]	plate
radio [f]	radio	pomme [f]	apple
coeur [m]	heart	épouse [f]	wife
chaise [f]	chair	taxi [m]	taxi
cheveux [mp]	hair	oie [f]	goose
neveu [m]	nephew	faucon [m]	hawk
couguar [m]	cougar	nez [m]	nose
oreille [f]	ear	horloge [f]	clock
cerveau [m]	brain	lit [m]	bed

Puzzle #7

```
r o r r i m â m â f z t r i h s t q v h o t é t m x ê f
r r i s â é t m f r d o n k e y î t u a f o ê c é é d î
b e k n o l e m i o o î r ï h u e c e i n r h n è a c n
n s e w e o e t n n v ê t e m e n t s ï b r i c e l i p
q o y r a l w h e t à t m b l e a t è ô ô a l h a l à v
r o l x p h m q b n à m z e u p b n é è k c e e i e e f
i g m e y e b r o w b s i s a k k s e l x r y c d n p t
o i z g m î e s r u o e e c é l t o ê x o e r d o g l é
r b t i g e r b r f u f g h w l è a e f j u q b n a f r
i o a é w q i o e a k z a e i c l x d i o a w r s t a w
m x e i o k s î s p e à m e l i t è e s l ê o p z r u e
à è c h s s f t â o b b o s à t t h v t i g r e f i c c
y w s a p e r e u j l s r e p y c m f r f l w l c h o è
j e t t o r a c v f b o f k à ê p ê v p e d p è è s n i
d e b s z p c l o t h e s z p f b g j w î o c l v t y n
```

Find all French and English words in the puzzle.

French	English	French	English
melon [m]	melon	miroir [m]	mirror
tigre [m]	tiger	fromage [m]	cheese
repas [m]	meal	ours [m]	bear
sourcil [m]	eyebrow	sel [m]	salt
vêtements [mp]	clothes	boîte [f]	box
carotte [f]	carrot	oie [f]	goose
nièce [f]	niece	lit [m]	bed
front [m]	forehead	lèvre [f]	lip
faucon [m]	hawk	T-shirt [m]	T-shirt
pêche [f]	peach	oeil [m]	eye
âne [m]	donkey	os [m]	bone

33

Puzzle #8

```
r e l l i e r o y p a r e n t s e s e n o b g d e i p â
o ê r m a a l k â b m t s h k i w e t t ï e â â m s x m
î î à f ô m a â a s ê z e y j v j b e t f ô n t p i l î
n c u g e e e r d r e y t u r e l a t i v e o s è d a é
e r u ê g s m ï n k r h t k d r î î u n n b o m à a i ê
z b i n u h z q a g è é e y j o u a è e o o p o i r t e
e k a ê n e j x p c i t s a y m e ï h z s w s s d l h r
k r ô p r l i v a w n w s z l t o é q i é l p o b u k è
o g è v n f q k r s i a u d â è c o u s i n f o c x g i
s à v g m l e u p t s t a g r f f o r e h e a d u k p l
a a l y a o o u y o i e h e u c o u s i n b c w â l s l
l k l j n t o b u v u r c a c m è s î f o o t y u t e i
a é ô a d o é r â e c t b u k x i a l a b x r e p a s u
d p a n d a s k b h s i d a r è y é z l a b v à z r f c
b d t j t e p e o r a n g e b t n o r f l w o l l i p t
```

Find all French and English words in the puzzle.

French	English	French	English
cuisinière *[f]*	stove	oreiller *[m]*	pillow
orange *[f]*	orange	radis *[m]*	radish
front *[m]*	forehead	pied *[m]*	foot
étagère *[f]*	shelf	gâteau *[m]*	cake
chaussettes· *[fp]*	socks	lait *[m]*	milk
repas *[m]*	meal	cousin *[m]*	cousin
cuillière *[f]*	spoon	os *[m]*	bone
parents *[mp]*	relative	balai *[m]*	broom
panda *[m]*	panda	eau *[f]*	water
bol *[m]*	bowl	nez *[m]*	nose
salade *[f]*	salad	poule *[f]*	hen

34

Puzzle #9

```
w â a f f a m é n k c a k e ô k i w é o à v p ê g o z d
d x s v t s m s è ô g m a n i m a l e n o m e l b k è a
e q u k w i n d o w m i u o i g n o n l e e h w ï l w e
b i k w u é c i ê ï a w r u o r u o g n a k e ï î f n r
m ô è i d i s o ê e a f f a w a u x y ô l f t p i e é b
a e e n k w m p x t u b r c f î a j o r f j o u o n e g
j é o e l u m î e z h o w y l e e e ô a g i ï i p ê ï m
e l k u è v l r e h t o r b i d t n r x e n a p o t g à
i r s m a ê g l a s s d l ô a n â i o ê l c u b ê r f d
é s è q y t î d e é c o u u w x g u o i k w i h l e i f
ê o ô r y h y v u a r d g à u ô r p n v n r v t e o l m
m x z m f g î k î â u h o o r a g n a k y o c n r o l î
c b l u o i à i c f t k f a n i m a l n x n g v i o e s
à e à l e e t i l e c i r a d i o t â d u f s k ê a n p
f d f e b w b a r m n w s o i d a r t p u v e r r e p s
```

Find all French and English words in the puzzle.

French	English	French	English
mule *[f]*	mule	poêle *[f]*	frying pan
girafe *[f]*	giraffe	oignon *[m]*	onion
poids *[m]*	weight	lit *[m]*	bed
kangourou *[m]*	kangaroo	eau *[f]*	water
affamé *[adj]*	hungry	gâteau *[m]*	cake
radio *[f]*	radio	animal *[m]*	animal
frère *[m]*	brother	roue *[f]*	wheel
verre *[m]*	glass	pain *[m]*	bread
cou *[m]*	neck	genou *[m]*	knee
citron *[m]*	lemon	fenêtre *[f]*	window
fille *[f]*	daughter	jambe *[f]*	leg

35

Puzzle #10

```
u s s m f l o w f d e s s e r t w z n x x m t w r i s t
x b a n a n e ô j î e c s î a h c a m o t s o e f é s k
è w c y h e b e l t è l p h è g l a s s t y j o e é c â
z u e a i u n o s p i f c h f c k r r a i s i n r f a r
o y w o m f s k l f x e u l v é z d i b p i e d s b p d
e s s a t o p b a à s k h ô t e l e s o w é e ê g y a c
q n d a d m t p a n s z l k n m m s l w o b p u o s p e
l à f c l é o s i n x o m a r i ï s s t n e d v p p l i
k î w s o i q s e l d n u r l e w e t g w z n u u u ï n
o g l r g m i l è v r e y p r c v r y t n o c o m e v t
à f ï n c a d l i p g j m r e x v t q y â l l v o g h u
è o e x r o m è q f r u e s è f w x e n f w h o t e l r
h t e e t u u i e w d v z o p ô à k g i p m w i x è k e
d k é z l ê à c é p a n a c f e ê é b j a n a n a b y y
ô n c e z d x t h w q n o h c o c x v t d i l b a l a i
```

Find all French and English words in the puzzle.

French	English	French	English
tasse *[f]*	cup	loup *[m]*	wolf
estomac *[m]*	stomach	canapé *[m]*	couch
bol à soupe *[m]*	soup bowl	lèvre *[f]*	lip
raisin sec *[m]*	raisin	fils *[m]*	son
clé *[f]*	key	banane *[f]*	banana
dessert *[m]*	dessert	papa *[m]*	dad
dents *[fp]*	teeth	hôtel *[m]*	hotel
poignet *[m]*	wrist	ceinture *[f]*	belt
mari *[m]*	husband	cochon *[m]*	pig
verre *[m]*	glass	pieds *[mp]*	feet
mule *[f]*	mule	balai *[m]*	broom

Puzzle #11

```
k t î à è f s p î q l ê f u d j o j à s é q s â h r v p
b o y p ê é k a l a ï x b è a â l o o p g n i m m i w s
à e l d e m v r e i a è a z b e d z â d x k n i f e a c
ï î o i é a f e c g o k w r a l t q a r r p i s c i n e
a g j l e j u n i q é n à t m i x u j a d n w w q p z s
c â è a l o ê t v d n l f n g o p n o p é h g a o k a p
ô h v m m g c s â s e e c e l n à i t c t è e t î x o h
g s i p u t x h o a ï v ï r a q c k a é o s u e b k b ï
l y i e w t w t j r ô o j a c m i s i e o ï o r e s q s
i é n z n g a n t b é l t p e s n n l y f a r y h î ê t
e g j m e m l h g p w g a t a b l e l e s è r e m k e o
t â ô f o e ï d e i p s x d i x a t e â i m e n u h w m
r q u t e h l o p m a l i r q é à c i i f t f f e ï r a
o î è h t r i h s t a e w s y ô ê e z c p d u a e o b t
ê î w ê z ï ê b z p e l b a t r i h s t a e w s ê ï v e
```

Find all French and English words in the puzzle.

French	English	French	English
roue *[f]*	wheel	pied *[m]*	foot
clé *[f]*	key	oeil *[m]*	eye
parents *[mp]*	parent	lampe *[f]*	lamp
sweat-shirt *[m]*	sweatshirt	taille *[f]*	size
peau *[f]*	skin	glace *[f]*	ice
piscine *[f]*	swimming pool	orteil *[m]*	toe
eau *[f]*	water	table *[f]*	table
couteau *[m]*	knife	lion *[m]*	lion
taxi *[m]*	taxi	gant *[m]*	glove
tomate *[f]*	tomato	chien *[m]*	dog
bras *[m]*	arm	drap *[m]*	sheet

37

Puzzle #12

```
é o ô o f t î s t n e d h f n y p m e m o â v a y u j î
g b q à t r e i x a t l a ê q d q n r u l i t a r a x i
e n è y h a y b e l l e m è r e t q g a é î l e g e b v
j a g u a r t i r x r t j n p n k m i e f i h u l s t à
r è h o e e v o n à g o c a i é m u t s a t a e r a g h
p i l a l t a é p g t h r v h s y é o p o r g p c à ô y
i v t i t p m e m s p g k z r t i e b m y i r o â t ï î
m b x h t w t e q ï g a t j i e é a p e f à e ê e d m c
o a a c o a l a n n f r n u k è t e r è d h e l d n e q
t o n l b o l f h a r i r u m u t a f r e c d e a o b î
s e e z n c è o n c u f q p n s u p w x à c e g g x m è
c u y l l c v b c q i q e o p o m m e d e t e r r e a o
w f h e k w r w j ô t x l n o w o b y e k n o d y d j à
j w h à a l e z è c h e î è â è y l b f h t e e t à a a
e l l i e t u o b â m n h â t r y f b v s f r e g i t w
```

Find all French and English words in the puzzle.

French	English	French	English
belle-mère *[f]*	stepmother	bouteille *[f]*	bottle
lèvre *[f]*	lip	jambe *[f]*	leg
melon *[m]*	melon	âne *[m]*	donkey
pomme de terre *[f]*	potato	dents *[fp]*	teeth
poêle *[f]*	frying pan	taxi *[m]*	taxi
hôtel *[m]*	hotel	seau *[m]*	pail
oeuf *[m]*	egg	lit *[m]*	bed
tigre *[m]*	tiger	cerf *[m]*	deer
fruit *[m]*	fruit	eau *[f]*	water
jaguar *[m]*	jaguar	chat *[m]*	cat
raisin *[m]*	grape	hyène *[f]*	hyena

Puzzle #13

```
l z u k y ê c o ô b l ê t z a g n e a u j k b î f p u v
l i a n r e g n i f e q e ô d v t t é b i n o î e f t â
ï g v z t w a é u g e j c h ï d ê v à u w e x i p x i ê
a ê î i â z è b r e q t w e f a t r r i q e e e x i o z
â c p j n r e w a r d ô i a l j e s p u m x r d n y t ï
x k o e e u g k à b â y f r q i r u e o c è k k r o f v
q m s é w î e î é q t î e t d é a h b q p x r t é u w b
c e t è b y a i l a m a l l o e ô p ô n a t é i o m m i
l n e f o u r c h e t t e e n v x ï x w o p y c o a c u
é u t î w f s s k e r e é î k à î f a o o z p q l r â a
f h r c l c e u t ô à e â b e l v t f u q e o i ô c i e
o ê a o v a o î p n u a h l y â e a s f z b n ê e à m t
o m c a u n o è d e a j e t j r g e s h s r g g à d â n
r ô v t e b l d r c e f b z a n o i é e x a l q i è z a
à s q g ê g z b j k v a s e p f à z a l î w e h e a d m
```

Find all French and English words in the puzzle.

French	English	French	English
tête [f]	head	seau [m]	pail
fourchette [f]	fork	boîte [f]	box
tiroir [m]	drawer	zèbre [m]	zebra
épouse [f]	wife	toit [m]	roof
âne [m]	donkey	lama [m]	llama
père [m]	father	cou [m]	neck
ongle [m]	fingernail	genou [m]	knee
eau [f]	water	pied [m]	foot
coeur [m]	heart	agneau [m]	lamb
clé [f]	key	vase [m]	vase
carte [f]	menu	manteau [m]	coat

Puzzle #14

```
p o i n g c î y à ê k i r u j l l e e h w u è t j o s c
g w k a y è e o n c l e a a è m a y s a r b n t g â â h
e o ê b n y s s c à u e d u d t o d r i n k f m u é ô s
l l à k t o o m ï a p o p r s i e è i g è m r a z e f t
c f b ô y g o p e t z i p w c t o î ê w r a e o r m d c
n w o b l e g ô b e è d r p y j n l w o l s r r y o c b
u é d î k j b î f e e a n s u e l a v r i ê o l z m o n
u à y c f o r u r f z r t i j k ï ê l o o c u b i r d m
ï à c r n u s â u t u o g t k ï w z u l c i e j j h m d
ï r t e b o l b i r c l o u p s b ï b t o o e ê i r h k
n m a r m i t e t k o o â b î s d e i p s c u b v t î i
l j s l d f r u i t r w a t e r z q c a k i o d u z w ï
î w k w f m j n a r p v e p o t k c v î ï u f u e h î ô
e l o c ï l g f f ê s t n a h p e l e b o i r e s d i c
à o m b l s c h a m b r e o a t n a h p é l é â v i k x
```

Find all French and English words in the puzzle.

French	English	French	English
roue *[f]*	wheel	radio *[f]*	radio
eau *[f]*	water	coude *[m]*	elbow
marmite *[f]*	pot	boire *[v]*	to drink
oncle *[m]*	uncle	bras *[m]*	arm
collants *[fp]*	stockings	oie *[f]*	goose
éléphant *[m]*	elephant	bol *[m]*	bowl
corps *[m]*	body	oiseau *[m]*	bird
os *[m]*	bone	poing *[m]*	fist
pieds *[mp]*	feet	peau *[f]*	skin
chambre *[f]*	room	fruit *[m]*	fruit
loup *[m]*	wolf	hibou *[m]*	owl

Puzzle #15

```
f r k c t i r o i r s w w n ô i b o l z i t s i r w e y
n d e e n o u r r i t u r e e b î é l u a e b r o c à x
v h l g r p a r e n t s l z l i x e e ê c t c p p t q t
e ô t a n h b k k r n j q r p é z u m â f r o o o o g o
j r d m o a i y m u f â w y p d t î g m k o u i i p a a
d i c t l n m c k e e q o ô a r g â f i o p y g n y ï d
s n e u t e y à a o s r r p o t r i h s t p x n g t d c
d l u l s r f x e s o â c t m l è p h ô t e l e s e é p
s o ô q n f s d y l n g d d r a w e r s y m r t b a w f
m o o r g n i n i d l l a o g o b t r i h s t z q d i v
î x î f h u e f g x j a q w o t d u a p a r c i t s d l
q à j j î r e t s i s s s b k r v m a r m i t e t d j k
q s u g a r z é s ô e s v s y u l f t n e r a p à u g o
w h p l w o b v t i l o h r a d i s h x w y o b a g à h
m b m ô t o r t o i s e d c b e r r e v f e f ô è ô l v
```

Find all French and English words in the puzzle.

French	English	French	English
salle à manger *[f]*	dining room	nourriture *[f]*	food
tortue *[f]*	tortoise	sac *[m]*	bag
pomme *[f]*	apple	nez *[m]*	nose
parents *[mp]*	parent	corbeau *[m]*	crow
sucre *[m]*	sugar	radis *[m]*	radish
poignet *[m]*	wrist	bol *[m]*	bowl
tiroir *[m]*	drawer	verre *[m]*	glass
hôtel *[m]*	hotel	crapaud *[m]*	toad
porte *[f]*	door	T-shirt *[m]*	T-shirt
soeur *[f]*	sister	marmite *[f]*	pot
poing *[m]*	fist	lit *[m]*	bed

41

Puzzle #16

```
a g ï p a n t h e r ï e x u p x k s j c m r x b é r é e
d r a n e r r è l w à s n e v e u s m h ï r a f e e m l
a é p m a l e i g e r è h t n a p v a w a g ô k t v è l
m d t u f g x ï n o ê ê t é à z b u i c ê n k x t i à i
â g e n y u p è e ô a x i n p l m q n n p c d d e t c a
f ê f s d z l s e h t t g d e l f r h n è k r a i a w t
t e e f s e h i x é e n f p v r a l l a w s l g s l e s
j ê è k m e b r t b t r e a w ô a t â t w k q j s e h t
s e r è p u r è è o â r v r t f i p e i a k a s a r p n
i l a m p e r t e n t t e è u h k w ô f a u c o n a e e
z a n e y h e c u e â r k s h a e s s t n e r a p o n r
e s x ï c u i s i n i è r e s c t r d c n j q ï i â a a
x o f t n a r u a t s e r e o e d s c e h y è n e w ê p
u e r e n n i d o k é h ï z î s d u e q i e é ô k m g q
i y w r e n î d b k g e v o t s n y f r p p l k z ï p y
```

Find all French and English words in the puzzle.

French	English	French	English
panthère *[f]*	panther	lit *[m]*	bed
dessert *[m]*	dessert	dîner *[m]*	dinner
lampe *[f]*	lamp	chèvre *[f]*	goat
faucon *[m]*	hawk	pieds *[mp]*	feet
restaurent *[m]*	restaurant	parents *[mp]*	relative
sac *[m]*	bag	renard *[m]*	fox
hyène *[f]*	hyena	taille *[f]*	size
assiette *[f]*	plate	mur *[m]*	wall
neveu *[m]*	nephew	os *[m]*	bone
main *[f]*	hand	père *[m]*	father
parents *[mp]*	parent	cuisinière *[f]*	stove

42

Puzzle #17

```
n u v j b n â ô e ê z à k o k q s p p e c a l g ô é à ô
è à j e h d é r â e h c n u l m ê e d a i n i e c e ô m
s o z r î c b â s a d è â s s c p e l j ô a a e a u d a
f h o u l m a y u j g b a a h o n q n b r p v g z z e r
c o h t a b l e f m u l l e ê f w c n o a z a g f e n m
m ê k h n j y î p q a a a l t a h c u i b t l v g e n i
î w c é m a f f a d d e e d x c ô j ê f è y i p c k ê t
s f i o c l p î e p é t s é î ê a m w e ï c s k e i g e
n y p o e n o s e k i u t a è x ï t w b t p e y f è w y
a g u l z ï b l ê d a c o e c i ê i a î t n e p r e s y
k v y è d é j e u n e r p p p t n a p g n i y r f d n r
e g a r e v e b s é s c è h s r i q w r t a p i s â i g
ï t n a g î é o j ô g l o v e l a u w a t e r e g f a n
a x é ê z b è è ê g g î q c l é w c s e n u c a v r m u
s q h a n d n f f y f i n o s s i o b b ï i â s m é c h
```

Find all French and English words in the puzzle.

French	English	French	English
poêle *[f]*	frying pan	chambre *[f]*	room
nièce *[f]*	niece	main *[f]*	hand
boisson *[f]*	beverage	os *[m]*	bone
déjeuner *[m]*	lunch	serpent *[m]*	snake
nez *[m]*	nose	chat *[m]*	cat
pêche *[f]*	peach	eau *[f]*	water
valise *[f]*	suitcase	salade *[f]*	salad
gant *[m]*	glove	glace *[f]*	ice
marmite *[f]*	pot	cou *[m]*	neck
affamé *[adj]*	hungry	clé *[f]*	key
tapis *[m]*	carpet	table *[f]*	table

Puzzle #18

```
â r ô k z w b e a ô e c h e e k e l c n o f m e ê t e g
é c h a m b r e s f r e c d y r t s a p r î k l ô u p d
e o n c r o c o d i l e d è e y é h p o î u n e m e z z
é c c ô l é î t g u l r y a z e à w n p ê j l r l b ï p
u m n a f ï o s u t w a e g g b r t m c é i o i e w f t
s à m à o f ê â i a k i v n r è t q e s t o d d é c i w
u b z ï r i a ê l a r s ô e l e l d à q m o g y a b ê l
i n à o e l n l s e o à a a b u d î q ï c v h r b p e x
t â p è h l x c s u v d ê u è o ï t y o t l t a e e i r
c t a m e e x s r k y â x q è j n m r y a e r r h n l l
a w i g a ê i i ô e l c n u z l o c e ê h e è w i î f ê
s r n s d t s l ô r o s v e è u c k j ô c m x p r e à x
e u b j â d a u g h t e r v s p n a h g n m a h a o q m
q m m p q m o t i u r f r e n o r v t k g l v i â u u ï
i s v r e h t o m m h e m f d n ï d t i u r f w r t j e
```

Find all French and English words in the puzzle.

French	English	French	English
lèvre *[f]*	lip	chambre *[f]*	room
fille *[f]*	daughter	mur *[m]*	wall
crocodile *[m]*	crocodile	âne *[m]*	donkey
pâtisserie *[f]*	pastry	lapin *[m]*	rabbit
agneau *[m]*	lamb	joue *[f]*	cheek
chat *[m]*	cat	roue *[f]*	wheel
front *[m]*	forehead	pain *[m]*	bread
valise *[f]*	suitcase	lit *[m]*	bed
souris *[f]*	mouse	carte *[f]*	menu
fruit *[m]*	fruit	cerf *[m]*	deer
mère *[f]*	mother	oncle *[m]*	uncle

Puzzle #19

```
u î d f t n a h p é l é n i h c h ï x b i l l e t n b é
a m e s a v y q i i ê b h a n c h e b i r t s ê t d o ê
e u b m i l k a s a v o n q q d f s p i n a c h e k q m
n m ô f f è l t v a s e i q t j m e n t o n h k n n h z
g o i s g a n b f l o w ô r e n a r d u t w a e l î g t
a o ï ô b s u m a t o p o p p i h q p i h c e p a r d z
z r è a b b l d l i h c d n a r g è a k e l e p h a n t
x b l i i n ê o é ô p e t i t f i l s n r e w a r d ô r
â q à e r l â è a h w a i t e r à y s i j s u s l k z b
p è l w d u a w j b j é q l f ï o ê ê k x p é a t x v u
r i o r i t ï m a n u a e b r o c u e b y w a o e c t o
v v h o r s f p b î c r o w î t x g r g t e k c i t l n
p s v k a e e m a t o p o p p i h d o s u a e s i o â e
p u o l e t f c è o f b o s e r v e u r s é w u î b ï g
j î ê e b u b r j h s â s s d r a n i p é s h e e t c v
```

Find all French and English words in the puzzle.

French	English	French	English
éléphant *[m]*	elephant	balai *[m]*	broom
hippopotame *[m]*	hippopotamus	serveur *[m]*	waiter
agneau *[m]*	lamb	loup *[m]*	wolf
hanche *[f]*	hip	genou *[m]*	knee
tiroir *[m]*	drawer	menton *[m]*	chin
épinards *[mp]*	spinach	ours *[m]*	bear
billet *[m]*	ticket	lait *[m]*	milk
corbeau *[m]*	crow	drap *[m]*	sheet
savon *[m]*	soap	oiseau *[m]*	bird
gâteau *[m]*	cake	vase *[m]*	vase
petit-fils *[m]*	grandchild	renard *[m]*	fox

Puzzle #20

```
g s y n t s é d e p r ï t l n t k d o o r a n v d à v t
o e l o o s y c n a g o r r e h t o r b l i t â v q o k
r r r i i a x é i p m é y e k n o d o o e y l n g i u e
i v a l l l b ô ï a r n o i l l z k ï c t s ô e l a l y
l i e h e g e t t â r e d x n i t n â j r v d e b ï è e
l e ï b t è a o h ï o e g ô t e r i p d o w t z e b r a
e t j l t g r z z i e e b n u o a f a z p à m t r m u z
z t i a e â z è b r e t u é a â t e b é i ô r é ô r l b
e e t h s k y ï t u ï o è f ô m j n l é e a e o l y s t
u a g p b x y s é p t m n l t s d a a r c c f s d o z o
r p n s w g z u i p d a k x ô n è à r p g c n a e l s e
m a l l i r o g n s e t p c t é x e w d k i d u c ô r a
s x è v w d é ê a e t e b e p â v q g n ê i r â l t u t
l c h p f e é ê x v m e f r è r e è n g ï n n i l b o s
b j u a e t u o c c u o r f ï ï î c â b q l f g r u w ô
```

Find all French and English words in the puzzle.

French	English	French	English
tomate [f]	tomato	oeil [m]	eye
verre [m]	glass	carte [f]	menu
zèbre [m]	zebra	porte [f]	door
manger [v]	to eat	tôt [adv]	early
serviette [f]	napkin	âne [m]	donkey
frère [m]	brother	lion [m]	lion
oeuf [m]	egg	cerf [m]	deer
couteau [m]	knife	ours [m]	bear
soeur [f]	sister	rat [m]	rat
toilettes [f]	toilet	papa [m]	dad
gorille [m]	gorilla	lit [m]	bed

46

Puzzle #21

```
p b é p ô g s c a r f s e c i é u a e p z z s ï ô e è c
t r m y w s p o i g n e t l p y e d ê b e a e t â m o î
d a d â l è y l a h l k a o r â h n p o n u v a i e à j
l s x g n r u à y s z v e à n o g j w i j à i c i l l l
h c c d r o a e q d e t ô u i n o f s s p h t l g p d j
ê h f r e c t e g h i a ô b k ô a m j s ê s a t é u î v
t a b l e s f n c a e e e t s d f p d o s e l e c l a y
ê t e c t c ï é e é r s c e a w c e a n r a e d h w b e
î l d ê h h â n q m a e i a v a e y e p q u r ô a a q x
à i w è t a i p j v s w v a l r r i o r i m î î r t k l
f a k y s i m p d m e w i e h g b n t î ô l s à p e e b
o p b g i r q b t à v k è z b c l t b z è u i à e r p ê
p d l t r ê è v r s é e s a v c h o r s e m e l b a t f
v è p i w ê t â p e b m i r r o r h m r a p a r e n t s
ï b c n i h c e p a s t c t t l o m k e l ï g é t î t â
```

Find all French and English words in the puzzle.

French	English	French	English
chambre *[f]*	room	peau *[f]*	skin
écharpe *[f]*	scarf	menton *[m]*	chin
boisson *[f]*	beverage	tôt *[adv]*	early
miroir *[m]*	mirror	oeil *[m]*	eye
parents *[mp]*	relatives	eau *[f]*	water
cheval *[m]*	horse	lit *[m]*	bed
poignet *[m]*	wrist	glace *[f]*	ice
vase *[m]*	vase	cerf *[m]*	deer
table *[f]*	table	bras *[m]*	arm
chaise *[f]*	chair	papa *[m]*	dad
seau *[m]*	pail	chat *[m]*	cat

47

Puzzle #22

```
k x z p q o h b m s o p a o s f a b q x o f x e h k m j
l l b ô a n v m a î ï q s d t p n h t e e t p q t u k a
n à o è r p ô z ï c â s r s x p w n t è c e x a r ê r y
à v l o ê d a d s g w a o r a o q l l v i l w o b e t c
t z c e w s i ï b r n î c n d l b l q t c y x â s l a y
a s c r a v a t e e e e é n o ï g v k à r z s t n s e e
b s u r t n p m r â é s i h z j x c u z i w a à e t l k
l y q e e a i è o â t w t e â q e o î n f u h c t n b n
e u â v e p e q f ô a h w a é n f d i v r h k ê t e a o
g c u n f k d z q m g q è d u u p e e a w s h p e d t d
à a ê s e i s o c ô è u k t u r p r n s f o o t i h â m
o n p h w n g a f d r r c é e c e t v ê s f r w v î à l
p a j e i w î î v i e a e i ô l k n y c t e y m r i a l
o r u l q e â à à o l î n p i e d s t o p r r a e r r a
à d b f é ô f v j u n s t r e s s e d u è ô e t s n m w
```

Find all French and English words in the puzzle.

French	English	French	English
maïs [m]	corn	dessert [m]	dessert
cravate [f]	necktie	pieds [mp]	feet
étagère [f]	shelf	savon [m]	soap
restaurent [m]	restaurant	dents [fp]	teeth
âne [m]	donkey	fils [m]	son
pied [m]	foot	canard [m]	duck
fenêtre [f]	window	tête [f]	head
verre [m]	glass	papa [m]	dad
cou [m]	neck	mur [m]	wall
serviette [f]	napkin	renard [m]	fox
table [f]	table	bol [m]	bowl

48

Puzzle #23

```
q e ô q y i è l b m a l è t h g i e w l e i é m z f i c
i r h z v r z h c u p x b o w l è f b c â r o o e u z h
d e h c d o t k w r d r i b î t ï l o b x à t i n e g g
u r l r u o w i n d o w â p h î m f z q o ô p ê s o d p
i e e p o o m è j q d e b u c h r z a a à b u ï n e ô y
r d m t p v b e g g l v m e n n a p è m e ï o ê n e a i
i l m x f a ê y c b ô b i z n o k o à j i â l c â m f u
a u o s v u l c u i s i n e d o s u v g x l h k d à p n
h o p m a i ô l e p h p ï h w e h e v k i e l h t u o m
î h z u m r â s ï a m c y u k o n p i i v r c e l l i t
g s b a à y b b e g i r a f e p l t e e o y a f à â c c
ê g f à p o i d s v g b i c o o c f u l s f p f é q o c
s ï w r z b z r o b f ô a u e h z x é m e a r ê f l r d
a g n e a u a i b â l p c s e z y ô b m d t i u q e n â
e g j a é p a u l e n e î n e n o h p é l é t t a s s e
```

Find all French and English words in the puzzle.

French	English	French	English
oiseau *[m]*	bird	dent *[f]*	tooth
téléphone *[m]*	telephone	nez *[m]*	nose
pomme *[f]*	apple	girafe *[f]*	giraffe
maïs *[m]*	corn	bras *[m]*	arm
famille *[f]*	family	poids *[m]*	weight
agneau *[m]*	lamb	bol *[m]*	bowl
cuisine *[f]*	kitchen	tasse *[f]*	cup
fenêtre *[f]*	window	pouce *[m]*	thumb
bouche *[f]*	mouth	loup *[m]*	wolf
cheveux *[mp]*	hair	oeuf *[m]*	egg
épaule *[f]*	shoulder	lit *[m]*	bed

Puzzle #24

```
z a é p z à r e w a r d à p i v e r r e t e d e m m o p
ô s o î g e f f a r i g k s j c w c è à q e h w a o w s
z ê z ê à o d v t h n s k c i k o v y e l t c t n b h m
d e n t d x r o r w u w t k u r b u s h e r a j o e f t
f à k e y à a g t q ï e a u x d u u c g d a e x l c j i
h b v d î h n n e a t c o a p i o o é h j c p f ê ï n r
b j d ï c b a è è a t è g e ê m y k s g z l i a p n n o
v â e o d â c j o m e o w s c è h g i r a f e l é i è i
i î â u n à o r p ô g n p w h y è n e u n r a e p â p r
y u n e m k h è l a a c s m e g n u l c h è v r e t n c
t i i î n t e q v n s j ô p u ï s h z y z p h é o v x e
ê k v x i ê è y é e s r y l g l è ï s c o t é l c s c l
n n u o c y z j g y e c d s n à e m n i o p k c e n h u
m e s s a g e t z h m d v m o à e î r o c a n a p é k m
e u g n a l a n o m u o p r t t u e t u e r è g a t é d
```

Find all French and English words in the puzzle.

French	English	French	English
hyène *[f]*	hyena	langue *[f]*	tongue
poumon *[m]*	lung	chèvre *[f]*	goat
souris *[f]*	mouse	âne *[m]*	donkey
seau *[m]*	pail	clé *[f]*	key
pomme de terre *[f]*	potato	canapé *[m]*	couch
poire *[f]*	pear	canard *[m]*	duck
girafe *[f]*	giraffe	mule *[f]*	mule
dent *[f]*	tooth	tiroir *[m]*	drawer
carte *[f]*	menu	gorge *[f]*	throat
pêche *[f]*	peach	message *[m]*	message
étagère *[f]*	shelf	cou *[m]*	neck

50

Puzzle #25

```
î t g i o d é a t l e s ï ï j y g s u i o j c o v c ô s
z h e b a m é l p o f s j e t r a c a m w s p q é v o q
â a u u d r a n e r i a y e y l r a e m t o k s u m r w
u l q n a t c e y b m l u i u b j p p n u â e g z v è â
l à à u u a g t z b h à e c g n q l a c l a è n e c â v
é o n ô n é s n e s é a s t o r e l e p u u f i p a i l
l t u a t o u a u a e r u a t n l m h a w k n k ê k c o
k y r è a k u t i k é ï f à î o l ï j y é h l c a j c v
t d ô p y c n ô r i b e i w c l b g b s e h t o l c x a
ï ô d p y m ï è z y o t n a î p i e d à ï é à t z t g c
i b t r e t i a w s x î g t q t ê b i ï è f h s e à e h
n p a r d j é h n a o o e e r u e v r e s f p e d f l e
q q ï k c u d ô t v ï b r r b m u h t è o e h p q u o w
s k e s à f à ô j o s t n e m e t ê v o n s f t l a s x
j m â g ô f b z ô n q d w e è ï s e t t e l i o t s ï c
```

Find all French and English words in the puzzle.

French	English	French	English
vêtements [mp]	clothes	tôt [adv]	early
tante [f]	aunt	serveur [m]	waiter
faucon [m]	hawk	sel [m]	salt
taureau [m]	bull	boîte [f]	box
collants [fp]	stockings	pied [m]	foot
carte [f]	menu	seau [m]	pail
savon [m]	soap	canard [m]	duck
doigt [m]	finger	eau [f]	water
pouce [m]	thumb	vache [f]	cow
renard [m]	fox	drap [m]	sheet
toilettes [f]	toilet	jambe [f]	leg

51

Puzzle #26

```
î ô g p j s g j q d d a l a s r e t i a w e e n n é l m
v ô à l o à z u d t r i k s r b â g b i ï r f o o r s k
e à d k a i è p î u y q î t a c é n a ï s t è ê f n a y
r r o ï w s n t s i f m j h u s b a n d i ê x n ê p l n
ê c r h s d s g k r i n j b à g v d a n r n i q a z a d
è j t e è l o o p g n i m m i w s r n e q e h d w t d r
w b z e v t a h c e b d o v m s o p a s r f a y r s e a
n s a n p n o i n o v u z w o a e j i i ï u t h f h ô p
p o o n n r p h ô n t s k i n ê u g ô m e v e o u i é é
q e n e a c a y i h z p p n m b f n q e n a e v i r g u
î w a g s n a c n r y b t d w o ê t t h i è h e r t l g
à u â u i o e s e â a é a o â u x j p c c z c l g e è î
p g g e o o n v z v ê m n w f c f z y j s p x i r a s f
t ô e â c j g j u p e â t u x h j n n h i j l o i î b b
ï y y d x s i p a t v i e ê e e â b à î p c e n o i l u
```

Find all French and English words in the puzzle.

French	English	French	English
oignon *[m]*	onion	salade *[f]*	salad
piscine *[f]*	swimming pool	toit *[m]*	roof
oeuf *[m]*	egg	jupe *[f]*	skirt
banane *[f]*	banana	tapis *[m]*	carpet
bouche *[f]*	mouth	tante *[f]*	aunt
serveur *[m]*	waiter	peau *[f]*	skin
fenêtre *[f]*	window	sac *[m]*	bag
verre *[m]*	glass	nez *[m]*	nose
lion *[m]*	lion	mari *[m]*	husband
chemise *[f]*	shirt	chat *[m]*	cat
guépard *[m]*	cheetah	poing *[m]*	fist

Puzzle #27

```
c t w a s w g î r e t h g u a d b e s o n w ô â e q e â
ô h r o o u f è e h a n d p a r e n t s d k r ï b k d m
z v u é c é c a d l x ê ï s s a l g t a s s e i e ï a ï
e l b o w s o r u o l t u ô à j h h ê i è h é h s h l d
u u j à t a a b e c u i à ô a x c t t m à t c a o t a e
ô à è a ô r h o w c o f f g ê à s u b q e a n w q a s s
h è u q g r e i b r y n u g e a b o v n v â o k l i t s
p n é i q u x s b e z a ê g l h è m g ê m k l m k y n e
d a t m â z a l s o r g ê a é z c i à e e h a w t z m r
c r r a i i ô r f e u é d o î l o u g q l n t y n t a t
l d a e e s h e e t d b v n j p h c o î o m n ï z t i b
n è e p n o r e g n a m e l o n î x r b n d a o ê e n à
d o ê b î t t î o c s î v h v e r r e p g ê p p k ê n t
è w p s â h s w r u x u î é s u g a r w t r o u s e r s
e l i e d u o c é p h d è f p è r e c q f a t h e r a b
```

Find all French and English words in the puzzle.

French	English	French	English
bouche [f]	mouth	tasse [f]	cup
drap [m]	sheet	verre [m]	glass
sucre [m]	sugar	père [m]	father
salade [f]	salad	faucon [m]	hawk
parents [mp]	parents	coude [m]	elbow
melon [m]	melon	manger [v]	to eat
pantalon [m]	trousers	main [f]	hand
dessert [m]	dessert	fille [f]	daughter
poignet [m]	wrist	hibou [m]	owl
vache [f]	cow	lit [m]	bed
jaguar [m]	jaguar	nez [m]	nose

Puzzle #28

```
i y d e m è r e è w n â w l b h ô v a s e h e a ï m r a
n z s g b ê n h b o j u f v b m a s w î b a l ï b q l u
v e g n v f s v s r l c ï e u x c w m n u t b e p z é q
j f l o w j h e ê e n h é s l a i l k u r e a g g à t r
s s q m k x e ô r l a a t t l u a e t â g e t e e a a r
è a é b o w l d é a k m a e ô i m v t â g h ï s ï î g à
à l y p p a f é d t m b u l p a r e n t s c f a r i è g
m t ô u ï è b n r i k r r o a g k d n a h â e v o n r à
t z o â ï p e o a v è e e b o c r s p d k a s j o k e b
a l h l f t d i p e n i a m a e â e j o à b u é m r f r
b l x è y a o l é ï n z u j h ê è l q c è w o e k a c a
l h h b a g c j u y o e j t c w u k a b é ê h m u d g s
e ï w h e à b e g u i à o k n u y s ï n n b é c ô w é l
m è ô a d o k r o f l m f o u r c h e t t e o t y i q u
z z w j s e c i f i e g a s i v ô z à h w n n o s i a m
```

Find all French and English words in the puzzle.

French	English	French	English
loup *[m]*	wolf	taureau *[m]*	bull
guépard *[m]*	cheetah	fourchette *[f]*	fork
parents *[mp]*	relative	bras *[m]*	arm
chambre *[f]*	room	vase *[m]*	vase
gâteau *[m]*	cake	lion *[m]*	lion
nez *[m]*	nose	sel *[m]*	salt
faucon *[m]*	hawk	visage *[m]*	face
étagère *[f]*	shelf	veste *[f]*	jacket
sac *[m]*	bag	bol *[m]*	bowl
mère *[f]*	mother	maison *[f]*	house
table *[f]*	table	main *[f]*	hand

54

Puzzle #29

```
e c i r p g l ï r c e r ô t v s o r e c o n i h r u h é
r n é g o d z e n â l g î i n u a e t â g e â e x i r p
r p l c o u c h s m b s b o w w k ô h r ô g g ô ê î è z
c l c e x â x â c e u s r t a f q i h e y c q y t r é f
s h i v e f j h c s e a k g e l t i d î é c o c h o n u
ô z a i n t e a a p m m ô i m ï n h h o e s o o g h m q
f î o t a m l l y e u e â p n o e t a c n h r r à h h w
l é h x i g t v m r d c n x c f r â ê à e k t p e ô y c
i s i s k n ï o z u à c e é a i b m d f s â e a d o c p
o l e t a x i à f t â ê r t h è e f o h s e d y q l ï j
n u r c a n a p é i n o h s t h d o n ï a t a c e k ï y
i a q ô l i t é é n s e d f e ê r ê o y t ô ê r l é e h
x e ê o e e v y q r r i g à î r t é i ï v p t y l k â é
g p z s p m d j z u g c u e l à è e l x f n q ô é y f g
e k a c d s g î g f â e i v b t é p l r ô q ê d t g ê g
```

Find all French and English words in the puzzle.

French	English	French	English
âne *[m]*	donkey	prix *[m]*	price
meuble *[m]*	furniture	cochon *[m]*	pig
rhinocéros *[m]*	rhinoceros	tasse *[f]*	cup
chemise *[f]*	shirt	toit *[m]*	roof
oie *[f]*	goose	taxi *[m]*	taxi
tôt *[adv]*	early	gâteau *[m]*	cake
glace *[f]*	ice	tête *[f]*	head
père *[m]*	father	chat *[m]*	cat
canapé *[m]*	couch	peau *[f]*	skin
lion *[m]*	lion	sel *[m]*	salt
clé *[f]*	key	lit *[m]*	bed

55

Puzzle #30

```
è è i a s a s v n m h h x q f l é c o e u r y p r i x z
u d t a x i a o a q j u a e p a h c i a v u â h q w u t
n ï m v l à l d m e l o n g z a w e m e a l r t o i w r
i g è r ô e b w ï a à t o e a t â f é y î g y v â a z a
a o a l m e a l r u e v r e s e p u o s à l o b i r t e
m t é é f l t h m a i l l o t d e b a i n é i t è e o h
è a s k s b h u f ê u t r k h q b e c i f r e m p g d q
p d o m a a i a r i a h q â l v é z p t x r e m v n r u
f n u â p t n e x u e v e h c r n î a m â a a h p a i à
r a p à e e g b o o k c a s e ô m h l w a l t o t m n r
e h b a r g s g î b i b l i o t h è q u e l k w b a k a
t i o b x e u d s f u r n i t u r e b f t é b o x s f z
a u w k o v i é à b j a r r e m u g é l r a l c l ï a c
w d l p é w t a a s n s a z m e c i r p e à r n h z e c
ô t e r è p l g f à l u e r i o b n u f m e u b l e b r
```

Find all French and English words in the puzzle.

French	English	French	English
meuble *[m]*	furniture	melon *[m]*	melon
maillot de bain *[m]*	bathing suit	sac *[m]*	bag
légume *[m]*	vegetable	coeur *[m]*	heart
manger *[v]*	to eat	eau *[f]*	water
bol à soupe *[m]*	soup bowl	repas *[m]*	meal
bol *[m]*	bowl	père *[m]*	father
serveur *[m]*	waiter	boire *[v]*	to drink
prix *[m]*	price	main *[f]*	hand
chapeau *[m]*	hat	cheveux *[mp]*	hair
taxi *[m]*	taxi	rat *[m]*	rat
bibliothèque *[f]*	bookcase	lampe *[f]*	lamp

56

Puzzle #31

```
i d â c r e n î d b a l a i é e r v è l c ô p î b n n î
d p h q g ô p o g e t h t e e t l b e h ê o t i g r e t
k i c b y p u c t p g ï u r i à x i i y i e v n y ê b a
u s a e n ï k ê t â j g t u x m o n p d g s o t e r o x
a c e a y h o n o t n e m e a â i o s o d s l â e h l i
e i p u é r o w e i u f d o t e g é r s p a ê n b a d à
l n l f â e r b î s c i u s à i e g a e i t n s l î r ï
b e w i z g e r w s l ê w e s ê e q t y l i s z y z e b
a î o l h i h o c e l m b l o ê i s j è d w g m r e s ï
t d b s x t t o é r d î ï l p l o o p g n i m m i w s p
e l u o p î o m l i u ô ê e c ô c o n c o m b r e z ê e
s t n e d e r v n e à é d b j w ô c t h g i e w w c r à
r o b e c è b q ï w x n e s t e p s i s t e r m h è n l
p d d h j k p a s t r y x e r u t c i p h â b e r q a t
o i x t a o r h t a ï x g c u c u m b e r è ï f x a à v
```

Find all French and English words in the puzzle.

French	English	French	English
pâtisserie *[f]*	pastry	poids *[m]*	weight
dents *[fp]*	teeth	lèvre *[f]*	lip
piscine *[f]*	swimming pool	tableau *[m]*	picture
belle-soeur *[f]*	stepsister	bol *[m]*	bowl
beau-fils *[m]*	stepson	frère *[m]*	brother
concombre *[m]*	cucumber	pêche *[f]*	peach
tigre *[m]*	tiger	robe *[f]*	dress
taxi *[m]*	taxi	balai *[m]*	broom
menton *[m]*	chin	tasse *[f]*	cup
dîner *[m]*	dinner	poule *[f]*	hen
gorge *[f]*	throat	oeuf *[m]*	egg

57

Puzzle #32

```
d m y q l i o n b é a é è g a g â f p y c r a u g u o c
è r ï x o e u o r l j g n i o p i a â ê k i v p b ê ô k
è s e n i s i u c è â p e e k l s u ô e e m m l ï e o è
e l f s k w a h g y z t r e s t r v g b s b e i o i m z
é r y d s j m s q c r r f m r e i e o o o o é z t r x f
x ô o w î d h à m o u u f y o a a r r w o w n q p e z w
x a é o r a u x p e t o m x r r h y l g â s b q e s p l
e y x â d d t z b f l f ô s a l a d e z p â e b t s g e
p o t ï h r â k i y a e l b a t s a l a d t n x i i v e
j é q n i f a s i ô s é v è ê t ô è p w z o a d m t s h
a o e h b x t q y k k i t w ï s î a ê y s r q d r â a w
m z s w w o r e t t u b h s f h a t a b l e z â a p o g
f t s e l q l y g n o c u a f i s e q o à l e c m b e t
u f j î i c h e v e u x e j o r e i l l e t î v z t â â
i k k i t c h e n n o i l r ï t z m d u o r a g u o c i
```

Find all French and English words in the puzzle.

French	English	French	English
beurre [m]	butter	marmite [f]	pot
robe [f]	dress	nez [m]	nose
oie [f]	goose	oreille [f]	ear
fils [m]	son	faucon [m]	hawk
bol [m]	bowl	sel [m]	salt
cheveux [mp]	hair	pâtisserie [f]	pastry
porte [f]	door	lion [m]	lion
cuisine [f]	kitchen	couguar [m]	cougar
papa [m]	dad	roue [f]	wheel
table [f]	table	poing [m]	fist
salade [f]	salad	T-shirt [m]	T-shirt

Puzzle #33

```
i  è  d  m  q  n  d  f  i  n  g  e  r  n  a  i  l  u  i  m  e  u  a  e  q  d  r  c
à  e  à  n  i  t  c  n  e  r  o  b  m  u  h  t  g  i  r  a  f  f  e  c  y  r  m  h
b  l  e  p  i  o  o  i  à  c  t  h  q  w  m  s  h  u  z  e  m  l  l  f  c  a  î  i
d  i  a  b  j  k  t  e  è  v  u  l  e  l  l  i  f  c  î  â  s  e  è  q  s  d  n  e
o  l  b  a  g  x  z  c  k  t  z  o  i  r  k  h  r  d  o  b  a  u  g  v  d  i  x  n
r  a  d  i  o  é  z  e  a  u  r  k  p  l  o  o  x  o  m  e  q  a  o  r  r  o  q  ô
r  i  t  w  c  r  o  c  o  d  i  l  e  r  c  s  l  i  a  p  b  c  f  p  q  e  l  y
d  ô  i  h  z  e  î  z  h  s  d  è  s  o  m  k  î  d  d  o  g  l  o  n  é  à  a  l
ê  f  î  ê  f  e  e  t  r  j  s  e  ï  f  o  â  w  r  f  o  ê  d  r  e  v  v  o
e  s  è  o  x  s  w  y  è  m  z  i  e  ï  e  g  x  e  q  w  p  a  r  d  n  r  e  u
j  c  a  s  o  à  n  n  a  h  l  i  r  y  q  s  t  w  h  g  i  r  a  f  e  k  h  p
g  e  n  o  u  ï  â  ï  r  e  p  y  b  n  ï  a  d  a  u  g  h  t  e  r  ô  p  c  e
o  a  g  n  c  è  s  e  c  è  i  n  è  h  w  j  é  e  g  z  e  b  r  a  a  p  e  y
ï  l  x  v  h  e  x  e  a  â  c  ï  z  u  a  e  s  q  i  ê  s  k  o  f  i  n  ê  ï
o  n  g  l  e  è  î  i  s  h  e  e  t  n  ï  w  j  j  x  p  l  î  w  l  k  g  è  i
```

Find all French and English words in the puzzle.

French	English	French	English
lèvre *[f]*	lip	lapin *[m]*	rabbit
sac *[m]*	bag	cheval *[m]*	horse
pouce *[m]*	thumb	seau *[m]*	pail
nièce *[f]*	niece	eau *[f]*	water
fille *[f]*	daughter	ongle *[m]*	fingernail
crocodile *[m]*	crocodile	chien *[m]*	dog
zèbre *[m]*	zebra	loup *[m]*	wolf
girafe *[f]*	giraffe	genou *[m]*	knee
maïs *[m]*	corn	épouse *[f]*	wife
pieds *[mp]*	feet	radio *[f]*	radio
drap *[m]*	sheet	oie *[f]*	goose

59

Puzzle #34

```
p ô c w t t p a r d j a c k e t q é v w c g ô e v a ï m
ô é a é r o p o r t p e e x e x l u w a r é u e e u t e
x é y p è r e a v t o d r i n k e e r p a l g i s h s n
ï b â u s a c à m a i n t a s s e t u t i k g q t u w u
e s a v n f w o n o n g i o s i e c m f r d e y e s c ô
î â è o i ï f s v b o d y p i î m â z â p x w â é d r h
ê h i î î r ï i î ï d h t r e s s e d i o è k x e e a h
h n l o u d s è o o y x â w v o q j n o r m s s l n n q
o à l i q a n t o o s b g t i s o e u f t o s a d j t r
y t t e g q e r q d t g f h a p o l g w a e t b s b o e
e i n e t e o t v r n o a g g r s j g p r i a j k è e h
g r u f h r i f a a e o j i y o a f à t v g r o â è a t
e o i s b u o è s w r s p e è c v z é e f h a r i q t a
j i p o r y â p e e a e s w y w o m a n g e r k l e s f
e r à f b u n ô j r p o i d s â n d e c a f x o è q é â
```

Find all French and English words in the puzzle.

French	English	French	English
porte [f]	door	parents [mp]	relative
poids [m]	weight	sac à main [m]	handbag
dessert [m]	dessert	veste [f]	jacket
drap [m]	sheet	tiroir [m]	drawer
oignon [m]	onion	vase [m]	vase
boire [v]	to drink	carte [f]	menu
aéroport [m]	airport	manger [v]	to eat
tasse [f]	cup	savon [m]	soap
corps [m]	body	oeuf [m]	egg
oie [f]	goose	visage [m]	face
fruit [m]	fruit	père [m]	father

Puzzle #35

```
t c a e a j é d r s q c p î s h e e p d t ô t ê f u w y
u é p m o n k e y p t e z u ï v o q à z f f t d m e a g
e t a m o t â k l h g n o h i n e a ï e r r h e ï h e ê
ï î p b o w l b x u h b e r â p l s r o e u t e î ï b t
h k t n h h m b f g i à à m a b i à t m c i m r m o â v
r u e â o a s â c h m d ô v e n u e e e u t i o l f z t
x a n r l o c l o t h e s m è t g x d r â j u i è c t u
d î ê g i f p r î t r i h s t é ê e f s è t a r j e r a
z â b b r o z s u o w l h î ï r p v b d o i x c v a i d
o é ï h é y p e a r l y x u a e n g a n ï d l t k n h h
t p e i v m v q e p n s ï a m o r a n g e l l l y e s x
a e a d k e r s p s é m a f f a i c n c o r n r i h t b
m a n x a q h à l i e t r o ê v v h ô f ê c é v q u r f
o r u ô à d p o t y r f n r p y n c h î à m f p s a c è
t e g n i s o j â g h ï â u n i k s b c h é w y s e o t
```

Find all French and English words in the puzzle.

French	English	French	English
T-shirt *[m]*	T-shirt	orteil *[m]*	toe
vêtements *[mp]*	clothes	poire *[f]*	pear
cuillière *[f]*	spoon	peau *[f]*	skin
fruit *[m]*	fruit	tomate *[f]*	tomato
singe *[m]*	monkey	maïs *[m]*	corn
agneau *[m]*	lamb	papa *[m]*	dad
affamé *[adj]*	hungry	orange *[f]*	orange
pieds *[mp]*	feet	bol *[m]*	bowl
cerf *[m]*	deer	hibou *[m]*	owl
mouton *[m]*	sheep	tôt *[adv]*	early
veste *[f]*	jacket	bras *[m]*	arm

61

Puzzle #36

```
â  y  w  g  t  e  j  ô  î  s  l  à  f  v  t  e  k  c  a  j  u  r  b  è  k  w  e  h
j  w  a  e  t  q  w  l  i  ï  t  q  h  a  t  e  e  h  c  a  o  w  è  p  d  z  â  m
p  b  r  p  h  a  a  s  l  o  v  e  a  u  b  v  é  s  e  x  d  f  i  e  t  l  a  s
c  è  c  d  h  p  t  v  é  u  ô  f  e  r  h  î  e  r  è  î  k  l  h  t  s  o  m  c
h  o  s  o  s  e  e  b  è  à  b  g  o  n  g  u  u  s  y  f  l  j  k  î  z  o  a  à
e  s  f  o  r  u  r  n  r  q  o  t  è  u  o  a  w  i  t  o  m  q  v  o  x  n  a  v
e  d  e  r  e  l  è  g  p  h  h  w  é  t  t  b  à  o  w  e  p  i  c  b  a  f  c  w
k  u  r  v  c  d  u  c  k  e  d  p  f  n  r  t  q  h  k  ê  î  ê  l  r  t  a  x  i
r  z  e  i  y  î  a  a  r  e  a  k  u  p  e  y  e  p  o  y  à  p  d  k  s  d  î  â
a  n  l  y  o  s  c  d  u  r  w  p  o  s  a  l  o  n  è  r  ô  k  c  o  l  c  z  i
d  ô  l  o  e  i  l  n  d  k  y  r  r  s  à  p  c  w  f  à  l  f  t  ï  î  s  n  b
n  a  i  b  v  é  j  a  x  k  t  a  s  i  r  f  r  è  r  e  ô  o  b  j  k  l  e  s
a  b  e  u  q  à  v  p  ï  e  j  w  y  i  c  e  e  c  e  s  a  e  g  w  h  h  v  j
p  j  r  i  c  h  l  a  i  t  c  é  x  g  l  e  v  g  b  o  x  c  î  e  ï  ô  a  a
c  v  o  d  i  e  u  o  j  t  a  x  i  z  m  o  o  r  g  n  i  v  i  l  d  f  f  b
```

Find all French and English words in the puzzle.

French	English	French	English
soeur *[f]*	sister	oreiller *[m]*	pillow
taureau *[m]*	bull	sel *[m]*	salt
horloge *[f]*	clock	boîte *[f]*	box
frère *[m]*	brother	oeil *[m]*	eye
porte *[f]*	door	os *[m]*	bone
canard *[m]*	duck	eau *[f]*	water
neveu *[m]*	nephew	taxi *[m]*	taxi
guépard *[m]*	cheetah	veste *[f]*	jacket
sac *[m]*	bag	joue *[f]*	cheek
salon *[m]*	living room	prix *[m]*	price
lait *[m]*	milk	panda *[m]*	panda

62

Puzzle #37

```
e n o i n o z ô c u i s i n i è r e l è v i s o â l m j
l à i r l ô q q â v m a n g e r r r h t z t d m u i k i
t c g o n c l e n o i s i v é l é t v o o e e t ê r k x
t e d t m x e o è q s t o v e c e u h i z p i i m h s â
o i r ï e t l l z i q k à v z n z v z t è è p l o b ô e
b n ê é r l e r è m à p h i m e j w i m v ô î f t o z i
o t w o s é c r ê è j a t h r o a t h t ô h f k h u k f
n u p o l r w n d e e r k n i f e u r e a g b f e t b o
e r f o o r s r u m a e w e r x e k c a e l b e r e d c
v e b c a n a p é s u n è g e o u n o ô e l e t d i é a
d j y î è p y h ô ê b t d r t l o o u k c b a r p l q n
u t e e h s s n j e j s f o a l r n t k w e w r p l s a
c é b â é g v p l n v ï v g w ô r g e h o f e e t e g r
k â v î o w p t ê â c p é x y m q i a t ï ï o p r o o d
s s n o i s i v e l e t o ô g u u o u u n c o u c h x u
```

Find all French and English words in the puzzle.

French	English	French	English
oncle [m]	uncle	bouteille [f]	bottle
ours [m]	bear	toit [m]	roof
manger [v]	to eat	ceinture [f]	belt
drap [m]	sheet	canapé [m]	couch
parents [mp]	relative	cuisinière [f]	stove
porte [f]	door	couteau [m]	knife
télévision [f]	television	os [m]	bone
roue [f]	wheel	pieds [mp]	feet
oignon [m]	onion	lit [m]	bed
gorge [f]	throat	eau [f]	water
mère [f]	mother	canard [m]	duck

63

Puzzle #38

```
e p l i o n n d g r ê w e n m m w ï r e g d a b x x v a
e x y î ï n d o p m é r g n o n b n f g d î m y ê a ê q
l x m j o r o o ê j u t o u t ï t h r a l y k s c t e r
e b g i a s w r w t ï r t r e a ô z u l t o n h f t e m
f v l n e m t y r q t h f b c r h y a c y h e v r v s o
a g e w l e a e z i p o r h ô g è w h u ê a e o l e s â
ô r w b k y v x c k r y a à o ê d p f g d m p r ô h a r
w à c n d u p i c e m p j t î è f s r u o a s â n c t p
v t a k o p u o h u e ï ê a i è a a o a e l e ê t u à y
c l à c c v c e r a n q ô i m l à m n e r z l a n o b p
b o m w c w a q u n e b p ô t a ô a t r v l o l â b s d
â k w a o d i a m o i à x a t v s l o i è g m h l i è a
e d t a k z m y a m o o z a n a w l a a h f è g z à h o
t b r a b b i t o e f d o s g d h n x l c î i e i w v k
f y k t i t a i l l e z p a n d a c p b a t m l a p i n
```

Find all French and English words in the puzzle.

French	English	French	English
père [m]	father	panda [m]	panda
mur [m]	wall	renard [m]	fox
citron [m]	lemon	blaireau [m]	badger
pyjama [m]	pyjamas	chapeau [m]	hat
couverture [f]	blanket	lapin [m]	rabbit
chèvre [f]	goat	vache [f]	cow
sel [m]	salt	tasse [f]	cup
bouche [f]	mouth	chat [m]	cat
taille [f]	size	porte [f]	door
oie [f]	goose	lama [m]	llama
front [m]	forehead	lion [m]	lion

64

Puzzle #39

```
ï c r o c o d i l e g d p ê c h e e m ê à l o d â è g g
c d d e s o n a s a r b r c y ô t n e d t h a g î i d d
o ï u e ê z e n s f m i a j é l î à p ï w d g l i t s z
u f t h e l i d o c o r c s e a i c w t é ô i n e i h c
k u e c h é w o l f l o u p d e r m r f a m i l l e j c
m r e u p g o d r u x r u p u b s i a b r t h f p é h h
o e f o g l o v e i a s p n o a k e d f e q u e s a â n
q m u d é è k ô i ê a m ï é c s q î k g ï d a j i t j ê
ê s ô h p a p a e u r h a u ê v a p v j â c c s u é j v
e ô h t o o t h ô a r m c n j à a j a è h ï e b y t â w
f x s à à n c e g a s i v d r e s s à e à f e p u j o g
v y s è e n t n a g u h k e x b p e c a f t p u p b à f
h â k g a u o c a è é h u v f k î l n v k n i a l v ê é
é y i h h r o b e k ï p i e d s z i h ê i t h e g ï l j
i j n r e w o h s w i f e u o ï n e c k h â g p l p p a
```

Find all French and English words in the puzzle.

French	English	French	English
loup [m]	wolf	gant [m]	glove
famille [f]	family	bras [m]	arm
visage [m]	face	coude [m]	elbow
robe [f]	dress	pêche [f]	peach
chaise [f]	chair	chien [m]	dog
crocodile [m]	crocodile	cou [m]	neck
dent [f]	tooth	hanche [f]	hip
douche [f]	shower	nez [m]	nose
jupe [f]	skirt	papa [m]	dad
épouse [f]	wife	lit [m]	bed
peau [f]	skin	pieds [mp]	feet

65

Puzzle #40

```
r a d i o q i h d d k p s r m w m z z i y r z u c t h a
l n â é f p a c r n v a a c c k o e x u â e r v è h c g
d r i b o x d a x t l d m r u i t e m d m b l d g v p u
d â p w x n p s s l i l n p e r m l j o c u o o s a v e
k i a i a e m h e s e a w o o n à b x r o o r l i b ï m
t g r h e i e à h m j i h p s u t a f a r r a l l a d a
a o e ê é e m o o d o u c h e o l t t i w à g â v a z i
b a n ï t a w n d a d î k c v i t e r s h e n n o o w n
l t t b n e i o l é g u m e t d w g d i p l x w i j ê v
e x s g r m u l s é ï î v d r a n e r n e î r s n ô v
î ï e i s a a s v q u s l i f r s v x s g f d e e o i y
e r d i k p e g a m o r f f t a b l e e k a a ô a s à d
o n d j t a s d r ô j é k a l z é e u c d ê u u u c a m
c a o à a p ô k v ê ï e e p j â h è h t b g j j è d è e
r f ô b j y l f j e g é w b c c c i t r o n i s i a r l
```

Find all French and English words in the puzzle.

French	English	French	English
parents *[mp]*	parent	porte *[f]*	door
fromage *[m]*	cheese	table *[f]*	table
fils *[m]*	son	oiseau *[m]*	bird
salle à manger *[f]*	dining room	chèvre *[f]*	goat
légume *[m]*	vegetable	douche *[f]*	shower
renard *[m]*	fox	citron *[m]*	lemon
radio *[f]*	radio	mur *[m]*	wall
papa *[m]*	dad	seau *[m]*	pail
main *[f]*	hand	drap *[m]*	sheet
radis *[m]*	radish	os *[m]*	bone
raisin sec *[m]*	raisin	poule *[f]*	hen

Puzzle #41

```
w î j c y à m o f w ê c t e v o l g s q l x ô f x ô s l
r c â w t ô a n e a o d n e è v f a l t a u q g y o w p
a e p m a l n u n b è b m j a n v e m o m b s e e o j ô
t w x j o g g f o l c i l s m o l d k e p g r u b e j r
i n r l y n e o h s l i d e n n n u a a i b r b è p a a
k o v g ô e r ï p k b e p b e j e o w t m x f e ï o s y
v m î z p u k à é r m g h é h à h c t a à t a ï v r s k
c u t j l l n y l o z o v b c x t â h e e î a t j c i r
l o t d a j i d é o i l n m o r ê c r w l d m h x u e a
é p a w t l e s t m l r s a à g o t e w m e c ô é p t t
l e x ï e l w t c s o o t ï z n i p t è m y p r à i t e
p î i s u a è i s a b h ô î s u é g s n u u l h t n e s
î é e c f w n a a s m b t o v l a ï i e r y v r o e x o
î f i l s ô â l d o u è a è e n d i s z r i g t a n h n
ê e l u o p ï i ê n q p y c t y g r c l o c k à x e e q
```

Find all French and English words in the puzzle.

French	English	French	English
porc-épic *[m]*	porcupine	gant *[m]*	glove
coude *[m]*	elbow	bol *[m]*	bowl
téléphone *[m]*	telephone	poule *[f]*	hen
horloge *[f]*	clock	savon *[m]*	soap
manger *[v]*	to eat	chambre *[f]*	room
taxi *[m]*	taxi	lait *[m]*	milk
assiette *[f]*	plate	nez *[m]*	nose
mur *[m]*	wall	rat *[m]*	rat
clé *[f]*	key	fils *[m]*	son
poumon *[m]*	lung	soeur *[f]*	sister
lampe *[f]*	lamp	tôt *[adv]*	early

67

Puzzle #42

```
a ï e b r ô r a u g a j o a è m è c h a p e a u w e i a
ê z r w o e p m t a h b e a r s h a n d é r e g n a m d
u s t u t f h r l b e m p r r ê b o u t e i l l e r è î
y j s r u o ï t d i r t o e a t q ï c l x r t q e t î l
p b f t a r î l n a o e y g a p a y a d p r t l r n a ô
ê î p k t ï u f g a p n a a c r n m è q i m t w v p t i
m i o â e a x t c u p r c d c e i â d h i t i j i p w t
l l i a v è s b a p â s t è b n m h s è o y h n c o r r
f g r l n w n s l x a â s m a s a t e b z e k h l p t w
à x e ï i d è e e i n a k j a l c p l l x b f à i p ô
x w u u k o g y j h g j t l i a ï s u n é è a y b n n y
y v a s d w n ï d o i g t h â r g i j t b q v b l i i p
k q e f i n g e r p u o l f è j t u x c f ô a r f a a d
n ô p z î s g s â t a f è q o r a t a a ô r î t e p m k
g w â t y t s h i r t l â w u i e h g r t o i g à u c r
```

Find all French and English words in the puzzle.

French	English	French	English
panthère *[f]*	panther	jambe *[f]*	leg
taxi *[m]*	taxi	rat *[m]*	rat
loup *[m]*	wolf	lapin *[m]*	rabbit
bouteille *[f]*	bottle	pain *[m]*	bread
lèvre *[f]*	lip	chapeau *[m]*	hat
poire *[f]*	pear	jupe *[f]*	skirt
animal *[m]*	animal	manger *[v]*	to eat
doigt *[m]*	finger	main *[f]*	hand
tasse *[f]*	cup	ours *[m]*	bear
jaguar *[m]*	jaguar	lion *[m]*	lion
peau *[f]*	skin	T-shirt *[m]*	T-shirt

```
c î t ï î ï q î â d n e c k ê c à d t s e x s o z u a a
k f r e n a r d î x k e y b x q o î c a t t q g x o ô q
u ê u é i q g u o c é p o u s e f î n c x é î i x t i f
é d é j e u n e r c c x é d î n e r r à r i h o ï u i d
s w e z r e n n i d w i f e h f d é e m é o t v b l p s
î o a s t l c n m r i s ê l u e f c c a m f u k s u ô e
è c i è s f i u c d n h n â n n s ê è i a e c e ô r r é
c r l â g e j n e ê d c h v g ê g é i n f h e e x u s m
o t è é c y r s b b o t a z r t é t n z f c r j t n o s
w n â e s j s t i s w s n v y r o j e k a a v r p i n d
p o i n g e o a x l z i d è b e i a c k g v e x l m ï d
v v ô f r e b t a e q f b r à i y m v e n v a o u î u a
a u j t à t o f t e g m a ï é y v b l î u a u f n j x e
e c o z â ê n x â h ô i g k è o s e l o ï k l h c n a h
u ï o a p t e â q w n l à a o ï b y c ê g b è b h u j t
```

Find all French and English words in the puzzle.

French	English	French	English
fils *[m]*	son	fenêtre *[f]*	window
nièce *[f]*	niece	dîner *[m]*	dinner
déjeuner *[m]*	lunch	cerveau *[m]*	brain
boîte *[f]*	box	vache *[f]*	cow
affamé *[adj]*	hungry	roue *[f]*	wheel
couverture *[f]*	blanket	clé *[f]*	key
jambe *[f]*	leg	sac à main *[m]*	handbag
dessert *[m]*	dessert	tête *[f]*	head
épouse *[f]*	wife	os *[m]*	bone
renard *[m]*	fox	taxi *[m]*	taxi
poing *[m]*	fist	cou *[m]*	neck

Puzzle #44

```
w r j q h c g â h e s t n e r a p a ê v u e â c a s ê â
s ê à r m v o s f x r e b t b e l l e s o e u r k v ï u
r è î o o q z x e e y è c r r e t s i s p e t s a g n i
e e y i p t k a b g b k p r x u c o n c o m b r e c v n
h î g o a t a m z z n w t a p i s ô l e u e y ê l s ô e
t e r g s l u g z w g a e v i t a l e r a i w e p o s h
a s v a y c h r i t a x r à r m s g b u i g s i l e o c
f o ê e u r o â e l v l ï o c h è v r e â f c i g u a t
è o i c r l g p v n l p l a l l i g a t o r j l n f p i
k g s è î r r a o a w a e p c d v o n c l e a p a e z k
n o v a s a e b b n q d t ô n c c o é w â s v ê r ô z î
t r u è c â o q m m i r o i r p v i i i s v u c u j ê o
a a w r x n ï t e l e p h o n e l x i e g r o g m î y u
r t z w e n o r a n g e d r r e t a w q v m d î à c o b
t é l é p h o n e é à é t h r o a t m i r r o r g s é â
```

Find all French and English words in the puzzle.

French	English	French	English
chèvre *[f]*	goat	os *[m]*	bone
alligator *[m]*	alligator	gorge *[f]*	throat
concombre *[m]*	cucumber	tapis *[m]*	carpet
verre *[m]*	glass	eau *[f]*	water
miroir *[m]*	mirror	oeuf *[m]*	egg
parents *[mp]*	relative	sac *[m]*	bag
savon *[m]*	soap	oie *[f]*	goose
téléphone *[m]*	telephone	oncle *[m]*	uncle
cuisine *[f]*	kitchen	orange *[f]*	orange
belle-soeur *[f]*	stepsister	mur *[m]*	wall
père *[m]*	father	rat *[m]*	rat

70

Puzzle #45

```
n q o v p â e t e n g i o p s t i n q l ï g l o v e é z
x i e l n j p o ô x c d w w ô r n b k e y o p a n d a i
p q a l s p a k m î q o o g o z e a e h c ê p d a e r b
é y ê p l w o s j g u c s r r k h e g è à r a d i o h g
e r g i t i s p â à ï a r t g e ê ô d h o i d a r u c n
j à z à k c a l k y c i e c u j w è ï r e q i t a r a d
b l h w f d a t b e m t o s è m u a i g c c h x s s e m
e r a i h a y r r è u i t z i à e o r é d r a a f e p z
a h r â d q u f o f v g i w p o r o w d o r d r d o v ô
r c r é z t e c e t n e u q x i g è u a s g i n r r m ê
à m o g k n c z o ï t r s ô t k s à t p v ô d o f o i i
s n l j a v i î d n z e i w s r e s u o r t u j r x t b
é è è n l s t à e h c a v à t s i r w s é d v s j i ï h
r k a k â n o v a s a n o l a t n a p è x l e i o l m o
m b o î î w î k h j g s â b a n a n a ê g h c p a n d a
```

Find all French and English words in the puzzle.

French	English	French	English
miroir *[m]*	mirror	oiseau *[m]*	bird
tiroir *[m]*	drawer	panda *[m]*	panda
faucon *[m]*	hawk	tigre *[m]*	tiger
pantalon *[m]*	trousers	cerf *[m]*	deer
pêche *[f]*	peach	pain *[m]*	bread
gorge *[f]*	throat	radio *[f]*	radio
taille *[f]*	size	gant *[m]*	glove
carotte *[f]*	carrot	vache *[f]*	cow
savon *[m]*	soap	clé *[f]*	key
poignet *[m]*	wrist	costume *[m]*	suit
banane *[f]*	banana	ours *[m]*	bear

Puzzle #46

```
d é b t o a d ô e e s a v u è v f j k ï j z ï g l a c e
b ê f f u e o g e n o u è à à e î z î é d r a p o e l c
g î r c h t s j t r ô s o b e p e a r c k g t h f à y p
a u ô l h b n z o ï e i q t l ê n d y h î r t a y b i r
î x é é r o î â î à s g x n w ï g o o s e ï ê w o e r q
v y u p n v p è r e n o d h e b l a i r e a u é d r k k
j u l g a ê h î a c f c c a é e è î v k h c h s z i h i
à l i d x r î u g p h l s c b t i l ô y â k h r v c o t
k o y b i r d l g o v a s e m é h a t e e h c a a w r à
v e g b e e n k e i e m â d r a p o é l f î j t t e e t
f é c e j n h a à r n h é n à t c q e é b a b ô m g g h
o q z i l a s à s e e k p o d y e k n o d e t à t r ê m
r m à v è c m ê c ï o g y i j è o l â k d â n h n o a ô
k k m ô o p î b e i o q e n f o u r c h e t t e e g i n
d u a p a r c è e b m l k o r e n a r d e i m o s r ô f
```

Find all French and English words in the puzzle.

French	English	French	English
gorge [f]	throat	oiseau [m]	bird
guépard [m]	cheetah	renard [m]	fox
âne [m]	donkey	oie [f]	goose
oeuf [m]	egg	poire [f]	pear
blaireau [m]	badger	genou [m]	knee
fourchette [f]	fork	père [m]	father
léopard [m]	leopard	crapaud [m]	toad
pieds [mp]	feet	chat [m]	cat
jambe [f]	leg	oignon [m]	onion
vase [m]	vase	clé [f]	key
glace [f]	ice	lit [m]	bed

72

Puzzle #47

```
w b o l à s o u p e ê â u z b o u c h e x ï r u n r w g
e m à s c h e é é r a t y g l a c e d t p g r w h o n é
o v e i t g j t k p î n w d d x w î n y y e a o h i s â
e b e h a n a n o v u a p j è h f h e d t i r p l b è e
a z d c y r e w i c t h e ê r r z k z s t s s i q q a d
u n w n i u v r e d n p é l t a e h i e e z e n t p ô g
h v t e e s a c a y a é z a j d m s r r m c î a m g l t
y k a c g è a d s p h l i v x i u â r u i t r a t a q b
s o s k ï h t u o m p é à e a o t g p u o l l l m ô c s
g w s è i î z a r ô e j j h y p s l j l e à è p p a t c
e ô e w r a d i o n l î â c l z o j d x a v e k w w p b
ï p r e l a t i v e e ê o à r u c p a m r f r o î a l è
è g g e è q g o o s e î e m a m o u g e s h o e v t i e
y o é l z t i u s c z e u é e m è c m r m z f n s e p â
l w o b p u o s î v x u f w à s o e u r t i è y d r j f
```

Find all French and English words in the puzzle.

French	English	French	English
plafond [m]	ceiling	lèvre [f]	lip
parents [mp]	relative	eau [f]	water
glace [f]	ice	oeuf [m]	egg
soeur [f]	sister	tasse [f]	cup
sac [m]	bag	cheval [m]	horse
éléphant [m]	elephant	oie [f]	goose
serveur [m]	waiter	radio [f]	radio
bouche [f]	mouth	tôt [adv]	early
costume [m]	suit	nez [m]	nose
bol à soupe [m]	soup bowl	rat [m]	rat
lampe [f]	lamp	cou [m]	neck

73

Puzzle #48

```
î s ï è y g a f m w o b l e n â l é o p a r d l e o n m
é e p à r ô p f ê é t ô v n ô d l e i e u e a t k s à c
g t î e r s h é l a f b m e e g t t b o î t e e i q o a
è t y p e e j e i e v ô t z s ê j a l è v r e l t c g n
m e d r b à h l a q s c e i a k î m â b m m e i c u g î
q l e a w y l c r c t o e s c è t o n g u e e o h r n j
î i s h a e g f r o g u h j t k î t x l k m e t e i z t
x o s c r k b p m i f d s d i é c u i s i n e n n l r t
f t e é t t x a b s z e n f u j s d â e s b o i i e i m
r i r t s v t w e c e a r h s m g r x f x u p t s b c v
a c t t i o â c d a q f r u i t w a z w i a t s b ï w p
i l i p l u o î r r d o n k e y n p b l l s e a o o n â
s p z t r a r d a f i e l l i e r o l o ê d r z é t n d
e b x é z l s f p â j î n î d y r e ô o x î o p t n é j
ï l a k p s f f ï ï k l a n g u e l b u v e s i l a v a
```

Find all French and English words in the puzzle.

French	English	French	English
valise *[f]*	suitcase	toilettes *[f]*	toilet
écharpe *[f]*	scarf	oreille *[f]*	ear
grenouille *[f]*	frog	tomate *[f]*	tomato
léopard *[m]*	leopard	lit *[m]*	bed
fraise *[f]*	strawberry	lèvre *[f]*	lip
langue *[f]*	tongue	fruit *[m]*	fruit
drap *[m]*	sheet	lapin *[m]*	rabbit
sel *[m]*	salt	cuisine *[f]*	kitchen
dessert *[m]*	dessert	boîte *[f]*	box
âne *[m]*	donkey	nez *[m]*	nose
taille *[f]*	size	coude *[m]*	elbow

Puzzle #49

```
t c w u x l e t o h o b ê w à b d i à î î a i o m y e i
n a e e ô e d x â y p d o x a o p ï x r î p e r r y â î
i s r y o d q i n è o c r o w n y k à s b p e l p n f k
a j u e e s r ï î c m a q a k e e l c n o l k l x è c q
g n t n i k q a h ï m n y g p j k ï t n u e à p b q r w
n i i w u i n e p l e t ô h î o s g o i t ê b j a u g e
e s n w m î v o f o î à o u l h é d r s j à o p r i e d
a u r p l e s p m q e è g u g a b l r u s k i n e r l m
u o u d u a d f e h v l z w à ï h i a o t s s s h m r e
s c f x s n m w y a x ô t v n â î i c c u a e s t r x l
g t ï a a l e b d s u e g n i s d g ê h p z z r a â g l
g w p é a f t h e t a m o t z a c a r o t t e i f n r i
h e l à z j i b n u a e b r o c â n m e a l s a p f x m
r c y l i m a f t h i r s t y p o u l e d t b h q b t a
e s u n c l e é t o m a t o e b n é f f i o s s a g w f
```

Find all French and English words in the puzzle.

French	English	French	English
cheveux *[mp]*	hair	léopard *[m]*	leopard
meuble *[m]*	furniture	carotte *[f]*	carrot
assoiffé *[adj]*	thirsty	seau *[m]*	pail
cousin *[m]*	cousin	famille *[f]*	family
tomate *[f]*	tomato	repas *[m]*	meal
poule *[f]*	hen	os *[m]*	bone
hôtel *[m]*	hotel	singe *[m]*	monkey
oncle *[m]*	uncle	pomme *[f]*	apple
sac *[m]*	bag	agneau *[m]*	lamb
peau *[f]*	skin	corbeau *[m]*	crow
père *[m]*	father	clé *[f]*	key

75

Puzzle #50

```
j t ê y p t a r à à y n m m s x p l w i b c è v c u p t
w u o p ô f t a s s e v g ï u t î i à â s t a f e m n d
e s f o o r é f f a u c o n h r n m e w j e ô n a y u o
r q p y f k s i z z ô h q l y w e e y d k z a t a v ô i
è b l i a p a h à f a m i l y d b u m l c w h u y p ô g
g c l o t h e s e l e y â m à k o é o e r n a e k i é t
a è q k c e n t m l ê c o k v n q b f z t a k h l b ï u
t p à e à j i w g f f t s j é i t z a è h ê e s o b l o
é â i c é o s a r b h è z a ô r c b m a e p v i é p a c
e k h â t m k d ê e d é h i a d o j i a a j r é m t p t
w k c c z r o m r s r ê o y m o r ê l f r e e p u è è t
é ô e o u a à b w î q a ô o e t p a l a t h y è n e r v
è h e c e o n m â h x o t r r n s â e u ê p d l n w ô e
a u y m a u c à e g a s i v f o a è e l b a t a y c w l
a e x l v f r x o v l l a w w j f i n g e r j à v r è w
```

Find all French and English words in the puzzle.

French	English	French	English
boire *[v]*	to drink	mère *[f]*	mother
canapé *[m]*	couch	corps *[m]*	body
faucon *[m]*	hawk	mur *[m]*	wall
bras *[m]*	arm	coeur *[m]*	heart
vêtements *[mp]*	clothes	visage *[m]*	face
étagère *[f]*	shelf	famille *[f]*	family
rat *[m]*	rat	doigt *[m]*	finger
tasse *[f]*	cup	tôt *[adv]*	early
hyène *[f]*	hyena	seau *[m]*	pail
toit *[m]*	roof	cou *[m]*	neck
table *[f]*	table	pied *[m]*	foot

76

Puzzle #51

```
b e d s k p o i n g s j p n î s l h n u l ê a f r o g n
j t à a s e v v k q v r i j è à ô n k e n â o p â q k ô
v i p c g t e g é à p a â p g f o u m x o h o t c à à ï
g n i d a a h h l o r b a ê ê s è o a v s t u i h ô à e
m h n r ê ê b c c b ô e b h ô c n l î f z t t j o ï e t
o p j a s x â m a x w t o j z ï h ï à l à r c à t j r i
u e m n p p é l u e b a n f i s t e r j o a h t e p b m
t e y a d b i l o r p l e e u o j a î n n j é m l a m r
o h c c e c r n d z s o é u y p i r x a d q s y ê r a a
n s o o z o m u a g c c l e t ô h m p à r ï m a o q h m
m h g ô o ê c m m c t o k x d b b é t i i c é ô r w c f
s i c m l k r â f â h h a c e r v e a u b à b r x b î j
l u q u x u r p d u v c w b a r r e d e c h o c o l a t
i ï à l o l s d r a n i p é ê o i s e a u r a t à w g g
f y ô b i c v x l e l l i u o n e r g j l a x k l l a w
```

Find all French and English words in the puzzle.

French	English	French	English
canard [m]	duck	bras [m]	arm
pêche [f]	peach	marmite [f]	pot
canapé [m]	couch	cerveau [m]	brain
hôtel [m]	hotel	rat [m]	rat
barre de chocolat [f]	chocolate bar	chambre [f]	room
citron [m]	lemon	fils [m]	son
épinards [mp]	spinach	mouton [m]	sheep
grenouille [f]	frog	oiseau [m]	bird
poing [m]	fist	clé [f]	key
mur [m]	wall	os [m]	bone
sac [m]	bag	joue [f]	cheek

Puzzle #52

```
e r o o m g r e n o u i l l e m s t r w b w f i â n e r
f j b y r g e m w o b l e v z p o c c o o b ê e d r c e
u é p h e e ê d è i b g w x ê r t o l o o e à a r h g n
e n f m t s è o é n o y e n j p é f r w ê r u u e i i a
o o o é t â a g t r i d e s s e r t l b b g e m p c é r
s l x ï u h g e f w w ô t ï q e l l i f h b i c o c v d
b e n b b e r b m a h c c l n s ï k m t j s e a o n m d
k m e i d e m i f r è r e ê g b v i e v i n t c î u r s
l p i â n s é f h n o j è t u r q r h e x è j m i i d t
j é h v k y â y i d l l d r e h t o r b p e t s b r a e
ô e c i w p c o x s e s u o l b q n o h c o c r b s p z
s d n e z r e d q v t z n î d e s s e r t é h ê s j s ê
è c z n x i d a w b p ô n c o i s e a u b o n e ï o q k
ï ô à w è x s l u t c b a l a i d z c â è b g n i o p y
f n ô ê u ï m e l o n v o u a e t n a m p u c â w q s r
```

Find all French and English words in the puzzle.

French	English	French	English
fille [f]	daughter	dessert [m]	dessert
demi-frère [m]	stepbrother	chien [m]	dog
balai [m]	broom	melon [m]	melon
peau [f]	skin	poing [m]	fist
prix [m]	price	renard [m]	fox
beurre [m]	butter	oeuf [m]	egg
bol [m]	bowl	coude [m]	elbow
chemisier [m]	blouse	oiseau [m]	bird
cochon [m]	pig	tasse [f]	cup
manteau [m]	coat	chambre [f]	room
grenouille [f]	frog	os [m]	bone

```
p k m t y v m g à q n z p f f è r e f r i g e r a t o r
t y s g j à d e é m o p ô u d q î n q p r u m s z c o à
q s e o y ô à e u ô s à î r r j z i w p u c k l n h î à
s e r d î ê a l s b x q è n a ê n k a g e à h i e è k v
g r v ô d a l n l s l a o i n e x p t é t f c f i v s b
c v i z f a v ï i u e e l t a ï u a e o a a v x h r h k
e e e é w e j p t î â r l u c a é n r w r l c h c e s â
g u t y q t w u y t m b t r z é g b t a é d r a p j x o
o r t e e ô n u e o e c a e l c n o r i g e s i a h c r
a z e e v c î e o d l e ï s t n e d e t i w o w ê s ê t
t â h y l o t r r é k â m z m b e î s e r ê t d u c k e
p s k e ô h b d i i e r m o z a n à s r f l j o j f v i
â d p y f t s a a s y ô h b y l ô v e a é a t q e x à l
y e p m a l r d h n z o j o m a à é d b r m m t î k e s
b e s i m e h c c â z u a e q i ê r a p a p t r i h s s
```

Find all French and English words in the puzzle.

French	English	French	English
chèvre *[f]*	goat	clé *[f]*	key
chaise *[f]*	chair	oncle *[m]*	uncle
meuble *[m]*	furniture	drap *[m]*	sheet
dents *[fp]*	teeth	chien *[m]*	dog
serveur *[m]*	waiter	orteil *[m]*	toe
réfrigérateur *[m]*	refrigerator	eau *[f]*	water
dessert *[m]*	dessert	mur *[m]*	wall
canard *[m]*	duck	papa *[m]*	dad
chemise *[f]*	shirt	balai *[m]*	broom
serviette *[f]*	napkin	fils *[m]*	son
lampe *[f]*	lamp	lit *[m]*	bed

Puzzle #54

```
q é y q n p k b o c n a y e k ê h s f r u i t w u f w c
z è e t r a c c m e ê n t d h e x s i p a t g o t c ï q
e r é w â i c u v l e t o h n c s b à x j c â p w ï o s
ï t o g p l l ô k h ô t e l i â ê b f u a e p a h c è n
l l n ô ï e n e c k e p z d a a v p o o o r a g n a k a
f a c e o m l v z k l g g e m c l y j c o u u n e m è k
p j t e p r a c f s u a e s l u t a r ï t i b w t a r e
t e é c t r u o r u o g n a k u f s a g t n r q a v o w
z o a e u n e è k h p ê b a t f m q i r n i a j h i h s
o ô i c p e a s n t n t n s a i ô t o r s u z h d n x é
é e î d h d s h ô l n à p m p a u p w t u ê h a p ê ê q
c ê u o a h x u p t z e é c z k o r x k v o r k c é c c
n é o f t r s o o e î r d g i r à i f ï y n s u n e l â
c g m m ï ê é é s m l y ê w é b t r o p r i a d n a h é
p o i g n e t s ô y è e j a s j â l o u p m t o o t h ô
```

Find all French and English words in the puzzle.

French	English	French	English
pêche [f]	peach	poignet [m]	wrist
kangourou [m]	kangaroo	tapis [m]	carpet
souris [f]	mouse	fruit [m]	fruit
dent [f]	tooth	carte [f]	menu
éléphant [m]	elephant	main [f]	hand
aéroport [m]	airport	loup [m]	wolf
affamé [adj]	hungry	chapeau [m]	hat
serpent [m]	snake	oeuf [m]	egg
poule [f]	hen	seau [m]	pail
cou [m]	neck	hôtel [m]	hotel
mule [f]	mule	radio [f]	radio

80

Puzzle #55

```
é e t a m o t m t m à j l l à u e o t ê b ï l j s n l z
ï u è e r v ï c w o u l n r o c o t a m o t m f d t u é
a i o g e e î a y p e u x c î a l î r v u o c x i v m h
i d m n r y g g e r ô a è d e i u l p a r a p m j l y h
n a y i i ê k n a v ï k t d o b r ï f x o b r e n n i d
r e g o o c â d a è l p g n é k x e r è p e ê o v t n c
a h f p p b i f r m i a l a b v c à c l é t s è é i w x
e e f i m o r ï i ï o k e m o o r b d q q r v p k s a t
p r i u ô o e m v v n î d r h a n m s î d o u s k l r p
ï o ô é n x s ê l ï b o î t e r e p a s n p d i l a é o
d f g t â a a k i â m ï q d g h m z î à v e r e d u u u
a ô s ï a m v c e î e y v ê e p t z ï i q t r i a r î l
ï à t s i f n e t v a z â a e n c a r j x b o y o r i e
v ô c b p i e n r x l q k a s è t t f z m a x o y x k j
q t o o t h h l o è u u u p ï e è m v u n w d à i î p ê
```

Find all French and English words in the puzzle.

French	English	French	English
père *[m]*	father	poing *[m]*	fist
balai *[m]*	broom	manger *[v]*	to eat
jupe *[f]*	skirt	poire *[f]*	pear
orteil *[m]*	toe	front *[m]*	forehead
dîner *[m]*	dinner	parapluie *[m]*	umbrella
porte *[f]*	door	cou *[m]*	neck
peau *[f]*	skin	boîte *[f]*	box
vase *[m]*	vase	poule *[f]*	hen
tomate *[f]*	tomato	dent *[f]*	tooth
radio *[f]*	radio	lion *[m]*	lion
repas *[m]*	meal	maïs *[m]*	corn

81

Puzzle #56

```
e w s a r b q â j è f z n i x o f m ô p â z u ô à p u b
s m ï j h z f o t è r k p v v h v f n g o r i l l e e n
c d e g e l f î h e a n î j r é t à o à s p i g c g r ô
a u e r g n c i g p c b e è ê d o r m m î é q u l c e t
l ê i n è x x z i r s b t h r t i s u v g s c ê p y h k
l p k s t p e c e a â ô â a c w t e o z w u o l f ô t l
i ô c o i n u r w h i c n c d t e à p s m l é e o v a r
r f o o r n p a z c j e o g ï b i i y b d h n e u h f e
o ê w s h e e p e é r y u n m w v k e s m i u è l r p t
g g l ï t a e u ï b t ï o a c y z r n a o f o t o k e s
a n e e p t s e t e l w j î e o f d m è u d t p m n t i
î u g z i p o é e r a o é k ê k m s î t t e c r k t s s
c l g i o c n t s y v t a i l l e b b a o n h t o o t î
ô n s s l é h m a r m i t e b u é ï r a n t m w c a s à
è a j é ê s q z n o h c o c î m ô m y e g s r t o p à u
```

Find all French and English words in the puzzle.

French	English	French	English
poids *[m]*	weight	jambe *[f]*	leg
taille *[f]*	size	dents *[fp]*	teeth
concombre *[m]*	cucumber	marmite *[f]*	pot
mouton *[m]*	sheep	nez *[m]*	nose
poumon *[m]*	lung	toit *[m]*	roof
beau-père *[m]*	stepfather	cochon *[m]*	pig
cuisine *[f]*	kitchen	bras *[m]*	arm
gorille *[m]*	gorilla	clé *[f]*	key
soeur *[f]*	sister	sac *[m]*	bag
renard *[m]*	fox	écharpe *[f]*	scarf
dent *[f]*	tooth	oeuf *[m]*	egg

Puzzle #57

```
m h c a e p c d r m ô ê v p e z d î l o u p c e z â e a
f g a ê c i t n o v a s i h z z x î n e é e u l m i e e
j n c x h e n s f c é g c ï m è t o s c r â e c n o s l
â é g z i d e l t q l ê b s b o s u h l l a w n o n ê u
a s l ô e s d g p n p ô o n i i o a m q s r h o t e l m
â p t z n l o ô h a e m l i a h r r è p t x g c à l i b
ï ï p r é r u g â ê b r m m t p i r q l n r t b z r i è
l b x l f i c m j à h a a o e p e b o r e k n k u n e f
x s h p e s s e r d s u o p q f q y p n r t â m p p à i
x r ï o g r g b v s c t s p l m t a o ô a y ô l c t g l
w a u i r d à v i r a a è o m r o u e â p s a h e m ô s
a e q r q g è e n j r è w m w s i l ô w h t q e r l p d
i p r e ê e t é p r f n h m j l q c p l e è f l n ï a o
o à ê y j t c h a m b r e e l w è t e n o b u n c l e g
d h k s e y n o h c o c à e é v â c j â h é ô p u j c r
```

Find all French and English words in the puzzle.

French	English	French	English
écharpe *[f]*	scarf	loup *[m]*	wolf
grenouille *[f]*	frog	parents *[mp]*	parents
hôtel *[m]*	hotel	robe *[f]*	dress
cochon *[m]*	pig	oncle *[m]*	uncle
assiette *[f]*	plate	pomme *[f]*	apple
mur *[m]*	wall	fils *[m]*	son
poire *[f]*	pear	dent *[f]*	tooth
chien *[m]*	dog	mule *[f]*	mule
chambre *[f]*	room	pêche *[f]*	peach
savon *[m]*	soap	maison *[f]*	house
pieds *[mp]*	feet	os *[m]*	bone

83

Puzzle #58

```
u w h e e l f a r n k ï v c à x d e p p a n z d p à v é
f r o n t s o u p b o w l t â ô a t a b l e c l o t h e
ô f i q x s g ô n s s c e ô a r c ê s r e n a r d q u r
l o g e r ô m e n u l p u s ï s h h r u l d h ê î o y o
u r â a u e w n ê v u c l a l y s ê e e g t i î r o d b
h e g a n ï p h x o u ï l ê f p x e s v n a m n q k r e
v h h r é t a a s p q v a g r é s l g q e î r m n k i v
î e v m v w n à s t w î w r o ï r x o f n u d t m e o a
c a u y k r l i z o h a i r o c e u p w w q x t t â r c
h d m â h o e c h a t b î b m g w l c e u t i a l f i p
a m s m b c t n h f g r r p y l a î ï â v d c o e à t z
m ï u u x l t i t g é a t w à o r e t i m r a m t x è à
b r e b c f u m a t s l ô a d v d m h â ê e i p r s u i
r n ô â e r c q o é a ï i l a e m q l x l s o d a a w f
e f é i n t e p e s o w d j x t s ê s l j s k t c g à k
```

Find all French and English words in the puzzle.

French	English	French	English
laitue *[f]*	lettuce	bras *[m]*	arm
chambre *[f]*	room	roue *[f]*	wheel
dîner *[m]*	dinner	faucon *[m]*	hawk
bol à soupe *[m]*	soup bowl	front *[m]*	forehead
gant *[m]*	glove	renard *[m]*	fox
carte *[f]*	menu	sel *[m]*	salt
sucre *[m]*	sugar	marmite *[f]*	pot
tasse *[f]*	cup	chat *[m]*	cat
repas *[m]*	meal	cheveux *[mp]*	hair
robe *[f]*	dress	nappe *[f]*	tablecloth
tiroir *[m]*	drawer	mur *[m]*	wall

Puzzle #59

```
l t r t j â m o t h e r l ï â o n o u r r i t u r e b o
g e n â r ê â m ô y h i w q f i â l y j s o t à r a v r
r x s a d i h y l ô j f x v h d r a y l à n c g q p c e
a e ï i r v k i k m o è g a b a i è a l e s g à ô v r i
n e r l o u ê s x o ê d k g t r m v b r e h l h m è o l
d j r b i t a e d a m o u t h s e l u p m m î i d b c l
f q t è m h r t y v t o e u f h o a u u u è l g e r o e
a m k o p a b o s e q c r o c u t j l l ô ï r f e o d b
t o i d a r h ô t e q l â o s s t e e z b a a i t ô i m
h n e b ï w è c ê a r r ï e e k h t ê o n t s u b ô l b
e t r l e v a v ê r à ï o r u g e x n d h i b h k k e g
r n c v r r a t o f i w i o l t n e p e m t o u f v g l
i d u w è x k p o u l e ï u m j r è r e i r a c o e f g
s w s i m e l i d o c o r c y a r o h h s â y r q y o a
t ô b o u c h e s u g a r z y e f c t e î i v z ï x j h
```

Find all French and English words in the puzzle.

French	English	French	English
nourriture *[f]*	food	sucre *[m]*	sugar
crocodile *[m]*	crocodile	rat *[m]*	rat
grand-père *[m]*	grandfather	poule *[f]*	hen
chemisier *[m]*	blouse	oreille *[f]*	ear
père *[m]*	father	taxi *[m]*	taxi
cheval *[m]*	horse	oeuf *[m]*	egg
chambre *[f]*	room	jupe *[f]*	skirt
mère *[f]*	mother	tortue *[f]*	tortoise
restaurent *[m]*	restaurant	oeil *[m]*	eye
mule *[f]*	mule	radio *[f]*	radio
os *[m]*	bone	bouche *[f]*	mouth

Puzzle #60

```
m a r m i t e r p n i s i a r e k a c i p u o l q é e o
l j k r i o r i t a d â n i a p e î x ï r n g o b p v z
b o w r c e i l i n g r ê p w g t a b o x f x â s l l n
e u q e u v i n e g a r a è m é t c e g n a r o t y p a
a e p l a p l a f o n d v w ï r e r g i a n i v o e é â
r j j l e o e ï h a n c h e e l h x u s l k i s c é a b
t o p i n e t î o b g r v t l r c l w o b r t f k q b u
e q f e g w f l o w j k n à l u r l f d h n e n i î b g
s r m r a e p a î è l a m b i î u d a d a r î v n z s à
t r è o q d r l f q b m j ï a t o o r l p i e b g î î p
t ô u r b x a b l o b k p î t q f e l l p i k h s y i a
t w â o f p â e m z r é r o o m s o i l é ô l e t h m u
q w g r a p e î r a j k s q à k c g n â e d k l e o è î
g b g v a à q f r b h j f j o r a n g e r y e v o h r l
k e r s t a x i â l t c r g e s i z e d g o ê q p w c b
```

Find all French and English words in the puzzle.

French	English	French	English
fourchette [f]	fork	loup [m]	wolf
chambre [f]	room	taille [f]	size
collants [fp]	stockings	joue [f]	cheek
frère [m]	brother	gâteau [m]	cake
taxi [m]	taxi	marmite [f]	pot
pain [m]	bread	orange [f]	orange
vinaigre [m]	vinegar	raisin [m]	grape
tiroir [m]	drawer	agneau [m]	lamb
oreiller [m]	pillow	boîte [f]	box
hanche [f]	hip	ours [m]	bear
bol [m]	bowl	plafond [m]	ceiling

86

Puzzle #61

```
j g l o v e e l u a p é s â k k y f b r n e h m m î i g
e à l n o e i l à ô o f ï p x l â i à e y u p a k a r â
s à t o e r c b a h o a i ê d i ê l a t k q t â c b l ô
l e l h u w h s i q l h p l z m q l o h a è h z w t e n
p w c p e p e p p a c o i f s d y e è g è h à î f l o w
o ê m i ï m v o i a k b o o k c a s e u i t r t n a g y
p o g ï e a e t e c h t b o è e â s j a j o e e â o e é
h h ï é p n u p o t i o y r f t i ô a d b i d r j k e î
t i b o d y x ê o ê e r a o p i ô o m e é l l t x d b w
ô b b j n o s m p y e t c t a m f u b à h b u ê k u è b
a è y o ê é a o e u k o ê a r r f g e l à i o n h é l à
d w g ï u t i r t t o i t m e a m s m m u b h e j a u l
x k a u e d w r l m r s m o n m w i n d o w s f q c i o
k à w l s t o r v q g e q t t j e h c n a h s f b ê é r
c o r p s t e m s s e r d é l h t à y t p a r e n t s é
```

Find all French and English words in the puzzle.

French	English	French	English
bibliothèque *[f]*	bookcase	corps *[m]*	body
tortue *[f]*	tortoise	lait *[m]*	milk
hibou *[m]*	owl	robe *[f]*	dress
fenêtre *[f]*	window	pêche *[f]*	peach
loup *[m]*	wolf	fils *[m]*	son
fille *[f]*	daughter	jambe *[f]*	leg
tomate *[f]*	tomato	oeil *[m]*	eye
épaule *[f]*	shoulder	marmite *[f]*	pot
poids *[m]*	weight	toit *[m]*	roof
cheveux *[mp]*	hair	gant *[m]*	glove
parents *[mp]*	parent	hanche *[f]*	hip

87

Puzzle #62

```
a b n y e t m l e s u o l b f z d i o r u m o u è e à ô
à z é è ô d l e o p a r d ô c y a r g z v n d u q l h î
a m a j y p ê n o i l c à f p w é r a s i l a ô ï ê a s
p c l é u n k s s l n a ô e d e e r à w n x p ê w j e f
a e ê s a v o n k l d r à ï e è d e n t e w i f e t ï î
à r b y r c j s o a p o w p r f w s t w g r q b t t s a
d f o t y o t ô t w g t g r g y u z q x a m i e b a s r
u y d h c r p c à n g t v i i s o n t g r l s d m h p l
c b y s à p p a a x u e u o a t s i h j l s r a e c i i
k g ï w è s q t o o t h d r n x ê o a e u a j p à u k o
n ô t i b b a r a h f q à i i è t c t a p y e s u o h n
r e i s i m e h c ô i s d t v e ï s h o p n i p a l s e
r è î à v h o ê ï t l x b ô l t ê c é â w c a r r o t ï
a e f é p o u s e e s e a r l y é l g t e k c i t a h â
â n o s i a m g p l f m s k c o s c a n a r d u s b à à
```

Find all French and English words in the puzzle.

French	English	French	English
vinaigre *[m]*	vinegar	corps *[m]*	body
chemisier *[m]*	blouse	maison *[f]*	house
lion *[m]*	lion	carotte *[f]*	carrot
chaussettes *[fp]*	socks	cerf *[m]*	deer
léopard *[m]*	leopard	lapin *[m]*	rabbit
fils *[m]*	son	chat *[m]*	cat
billet *[m]*	ticket	tôt *[adv]*	early
tiroir *[m]*	drawer	canard *[m]*	duck
pyjama *[m]*	pyjamas	mur *[m]*	wall
dent *[f]*	tooth	hôtel *[m]*	hotel
épouse *[f]*	wife	savon *[m]*	soap

Puzzle #63

```
j e v a c h e e r è h t n a p s a ô v è n u t ï l à î h
t f b x g j k q u f ï c s j j g b e è ê s s i r u o s n
k i r c o i m p à ê o s â j c t h r l é t d a e h n i n
e n a b o z x u x u a e t u o c l c j e s o n ï u n e f
u k g w s c â ê g v n r o c w é v u é r e n u e j é d z
q k u a e à h u b o n e o z r è u s k é i x y s u g a r
o s o m è b a o s l i f u a e b l s p a n t h e r â â è
h a c a â r à b n ê w t i u r f à u m è c f w ï k è o y
n é l l a j s â o s t e p s o n l r n l b r o c f e l a
n r s l i ê à s r e d e f f a r i g ô c î u b m j w i f
o o y l r l b x q i c l b e t ê t î g a h i l e x g ê f
s p n a p g z n m b c o u d e o e s u o m t e q i ô v a
i o j m o h b î p k e f a r i g e e i o ô a î p o é ô m
a r x a r p s ï a m g s v a l n s a o è m h u n g r y é
n t x s t h o u s e c é n z x î v v t g m r e g n a m t
```

Find all French and English words in the puzzle.

French	English	French	English
fruit [m]	fruit	panthère [f]	panther
souris [f]	mouse	maïs [m]	corn
déjeuner [m]	lunch	coude [m]	elbow
beau-fils [m]	stepson	tête [f]	head
couguar [m]	cougar	girafe [f]	giraffe
maison [f]	house	oie [f]	goose
aéroport [m]	airport	nez [m]	nose
cochon [m]	pig	lama [m]	llama
couteau [m]	knife	vache [f]	cow
sucre [m]	sugar	manger [v]	to eat
os [m]	bone	affamé [adj]	hungry

Puzzle #64

```
b à ê m ï b m s r y e y e b r o w o i a p a p m ï n l è
e s y e c n o i l l î q ê u e s z i s x é w z u o c x ô
t t u y e k d n i s i a r q t m z é i h p f a é é i t l
v u n ï à e b a g t c f m n o i î r u a t v é s à e l i
k s o a a e d b n a s x e o k j p a n u i r x o l g e c
e q u u t o à u r r n m r v n e s t é o b ê o e r n p r
t â r o o è a r u s e g e o à a h k n r r e v p p k a u
t j r f y ô o o a t n n i î v e n î x v o i d a r q r o
o c i r e t f l ê i a s é o r r s é é l s p o f t i g s
r i t z y c o v v l i o n ï c è c à i i r s o o i p a i
a î u f w n i i p v d à n q l h d o o t v r k r l x u h
c ô r n k é l r é n k a u y é t n n t r a e b t t c j i
h ô e y o g i l p e s g d w m n q c l o t h e s h t a c
a k ô l p a é à p c g a o g l a ê q a m é è ô a â ô o y
ê r c u r t a i n k o f c h o p ê j î î p h t é n o ê k
```

Find all French and English words in the puzzle.

French	English	French	English
panthère [f]	panther	lion [m]	lion
vêtements [mp]	clothes	cou [m]	neck
lit [m]	bed	ours [m]	bear
aéroport [m]	airport	savon [m]	soap
nourriture [f]	food	raisin [m]	grape
sac [m]	bag	sourcil [m]	eyebrow
télévision [f]	television	avion [m]	airplane
carotte [f]	carrot	clé [f]	key
salon [m]	living room	tante [f]	aunt
prix [m]	price	chat [m]	cat
rideau [m]	curtain	papa [m]	dad

90

Puzzle #65

```
t l x â c l é h t u o m e h c u o b n i l r é l a p g e
g f h l w w s p b q o t o d r i n k g r e g n i f a y z
i y e ô w g g o r r u t à v w a e t î o b ï â j a r h x
o p r s g o n u o ê à m o t h e r s i e a f y i x e n d
d l è n k b b l o i r e n a r d e i j i l u h y e n a e
c o m f l i ê e m a î e r i o b n è r d a ï l ô k t t e
m e s n r r r v e u o j t f n p n t i b i e x d h î s r
c t r u w u i t u o n x r a e a i q à b p o z t y o h k
î é b f è s i t h à n o é m h w d ô h u f a a p è s i a
l â î â a e l t a ê o b î i c ô c è j d k h a ê n k r n
u p ê g f d t v f c l x u l z n f b t x c r o z e e t h
n n e y u d h p o u m o n l j a t d d m e j à q à y c l
g i t k b o l m e p i n w e c x c é p n t i u r f k ï v
i v h h î y è k e e h c ê e â â u d t s h i r t â v j a
u d è w c f v ï e k u y l i m a f s ê y ô i d r e n î d
```

Find all French and English words in the puzzle.

French	English	French	English
jupe [f]	skirt	bol [m]	bowl
T-shirt [m]	T-shirt	dîner [m]	dinner
balai [m]	broom	renard [m]	fox
doigt [m]	finger	bouche [f]	mouth
visage [m]	face	poumon [m]	lung
joue [f]	cheek	boire [v]	to drink
parents [mp]	parent	cerf [m]	deer
chat [m]	cat	boîte [f]	box
famille [f]	family	hyène [f]	hyena
clé [f]	key	fruit [m]	fruit
poule [f]	hen	mère [f]	mother

91

Puzzle #66

```
z s p e x a e l b u e m n h v p e a c h v e é p o u s e
b u ê z n o n g i o e y e t m k c é h b o u c h e é b i
x m c n g r o g ï a g k r u ê d w k e r v è h c j t f i
g a h a e o è l s e d k î o ô ô k a z b à é o f d a n d
p t e p r z a e t i i k u m l g e l l à f g n y i g o z
h o i p g o a t p v ï t c o c m l m h l a ê î ï y è i i
t p v e i k v r b m k q k i c s r e l a t i v e s r n p
o o ô n t ï i p h p c o a c p l a x w a w p v t j e o r
l p â o ê x y a a j e v x b e é e r e k g m z a s d l a
c p à s g k i r t f n q î à z n c c b l v ê m n h i r e
e i b e m e e p o r c u p i n e a r i l l b â f e m è m
l h m v l n a c w u ê ê m k î r n w o r e i j o l y u y
b ï a l t b u a e n g a e f i w k h f p p è e é f r o ô
a à l s e t a v a r c s e m a t o p o p p i h r s é x c
t e è t f u r n i t u r e é q d t i g e r î z o o ê w j
```

Find all French and English words in the puzzle.

French	English	French	English
oignon [m]	onion	cou [m]	neck
porc-épic [m]	porcupine	meuble [m]	furniture
hippopotame [m]	hippopotamus	tigre [m]	tiger
prix [m]	price	mur [m]	wall
parents [mp]	relatives	étagère [f]	shelf
bouche [f]	mouth	oeil [m]	eye
jambe [f]	leg	épouse [f]	wife
agneau [m]	lamb	nez [m]	nose
nappe [f]	tablecloth	bras [m]	arm
cravate [f]	necktie	pêche [f]	peach
chèvre [f]	goat	oreille [f]	ear

Puzzle #67

```
x u è e v p o i d s u î t ô s t h ï e n i s i u c m î q
ô à c t i d e t t e h c r u o f n o s e à g é e r h w n
a g e n o u e z z u d r e s s c â b p m à ô s v x h i e
ê p o m m e e l u o p e è e u n e s i m e h c n e a m j
e r e g n a m â f q q i î b b k f o r k â ï s a m s a è
t s a g r p t h a n d s e o h i b f t ï k l i m c c t w
u c u t q h j s e y l i p r i t c e s i i x y r k t l e
m l l o r r e m à î e m u j b c à c p f a z l e x o u y
é w e o l i p n è é r e j h â h é c w w c l t e p e c y
l e â l t b k i y u â h ê l n e e l a l à s o n l a h f
r i c o q h n s e u f c z k p n a a i t ï v t â m t a î
t g i o i n e o é d a o d e b r p î r z o l r k â o t m
a h q r e e c s j v s r t e e f p f r t e i i t n o g j
r t c c c z s t n e m e t ê v d l j r h é t h p x e q d
n r a t o e n h ô x g k i è ê é e f u s s l s h m g e î
```

Find all French and English words in the puzzle.

French	English	French	English
pomme *[f]*	apple	coeur *[m]*	heart
poule *[f]*	hen	chat *[m]*	cat
chemisier *[m]*	blouse	nez *[m]*	nose
fourchette *[f]*	fork	veste *[f]*	jacket
pieds *[mp]*	feet	rat *[m]*	rat
cuisine *[f]*	kitchen	poids *[m]*	weight
fils *[m]*	son	genou *[m]*	knee
chemise *[f]*	shirt	lait *[m]*	milk
manger *[v]*	to eat	lit *[m]*	bed
vêtements *[mp]*	clothes	jupe *[f]*	skirt
robe *[f]*	dress	main *[f]*	hand

93

Puzzle #68

```
l x ê o v e h j a s t r o o f â t e f p g o o s e t x z
a u î c ô g p w l m c è g n c ô p r s o è c h a m b r e
v n z ê r o ï e t r a c d a h k a p t r e p a s m p z à
e l d k ê a â k c e n l r r e è ô i o t o n o t u o m a
h è i l v z p z j r â n l r e m o a ê e z h é e â f o à
c w e o g n g a à r d f e w t t r l f i c a v ê f î n r
y s y ô n o g g u r e a u p a î a l r i x e p v ô k a l
l g u é p a r d e d e n p e h t t i y t n z j e z e a s
r e n n i d è i q l r e m q o e é r i l e e h w e m ô î
q à î l ê m h à l o a i a w h k w o n è y g q g a h d k
î j y v t p n ê ô l ï e l a m p e g g t o e t h d z s z
c k q g c o d w é â e a m é p u r g p p ô l i î r k t ô
ï q k â i o â j w x u n e m y o a i a n j a n o z o m p
f o j l o r i x c e r f ï è ê c t î n x â e u v a î a f
s y e r à è i a o k t p ô g è q m ê e t r e j d à x o j
```

Find all French and English words in the puzzle.

French	English	French	English
poêle [f]	frying pan	oeuf [m]	egg
gorille [m]	gorilla	crapaud [m]	toad
lampe [f]	lamp	cerf [m]	deer
lion [m]	lion	lama [m]	llama
guépard [m]	cheetah	repas [m]	meal
cheval [m]	horse	carte [f]	menu
roue [f]	wheel	chambre [f]	room
mouton [m]	sheep	toit [m]	roof
dîner [m]	dinner	rat [m]	rat
neveu [m]	nephew	oie [f]	goose
cou [m]	neck	porte [f]	door

94

Puzzle #69

```
t i e b q é s f d r a n e r i z î à b p ï g c h è v r e
v i s b r e w o h s r t e e f v k v e x i u p g a x w à
y r g r m y ô s c t i i q g è c l c a w r e m b t i u s
l î n e u a g a a e o s a r o b e q r ô n k d f ê r e j
z à e o r o j v m e ê w ô h u â s f s f l ï m s e e b l
d e b s s s v o o e r u n e c f f i o è n a p p e h t e
g q ï q i p r n t d b è m s t l t i l k x g b x o t a g
t é â t p a e î s h v u m s u i e w m î z c d s ô o b î
î r e y u ô h t x r t b l e s p w y y s h a o l q m l t
â ê o ô t ï ô c s s z h p m l e ô m e q n m u i n p e i
ï n o p e a c e o u a d â a è l r y k r o o c f h e c g
l o e ê r r o c j s l i o n z k e d n x t t h u â t l r
m r l c p i v g e o ê y t m x o e b o v n s e a f s o e
è c v l a è a è r a u l i o n i h c d ï e e x e o a t z
b o n e ê d î q l p w p t r o p o r é a m x m b x q h â
```

Find all French and English words in the puzzle.

French	English	French	English
belle-mère *[f]*	stepmother	costume *[m]*	suit
aéroport *[m]*	airport	pieds *[mp]*	feet
chaise *[f]*	chair	jambe *[f]*	leg
estomac *[m]*	stomach	renard *[m]*	fox
nappe *[f]*	tablecloth	savon *[m]*	soap
lit *[m]*	bed	âne *[m]*	donkey
lèvre *[f]*	lip	ours *[m]*	bear
robe *[f]*	dress	menton *[m]*	chin
beau-fils *[m]*	stepson	douche *[f]*	shower
tigre *[m]*	tiger	chèvre *[f]*	goat
os *[m]*	bone	lion *[m]*	lion

Puzzle #70

```
r è e n e i h c m c é é v v o â k w o i d a r e m b a à
a è m d y î x d r l k â a f d t n x i e w w d p p u n f
b î m u n c h x o r t ô t ï c k c e n r r t s f e a t é
a h o î l j n f a n ô m è r e ô v e u a s b â g f e r x
w ô t g p e k e u m k ô t j ï c g s a i v b è f x e h g
g t h i a s p m q r j e t o i t c r e s à q l z r n j s
é e e ï a n ï i à a k ô y l b o p o s i m f b i s u ï n
s l r v b l t a f t l s â c u h z h ô n y n o n m é i c
f s e m i l k r h r x z c h e v a l m s f p â o é v b t
è r g y é b u è x s a l t t f q x h b l n l u m r e e à
a o t j î i à z q l à a u s l z a j u e i t u u s l v p
p r i e t g f a t h e r i p ô u a r a t o a x o l e o h
è u b d l q h d o g î t i x t o n j a n t d p p n l l ô
r r î e a u ï p â è é p o g p k k g u i y l b m e h g x
e é î p z r m é y l r a e h é ï e r à m z h i s z â b t
```

Find all French and English words in the puzzle.

French	English	French	English
poire [f]	pear	tôt [adv]	early
lait [m]	milk	cou [m]	neck
mouton [m]	sheep	toit [m]	roof
poumon [m]	lung	père [m]	father
cheval [m]	horse	hôtel [m]	hotel
âne [m]	donkey	mère [f]	mother
fruit [m]	fruit	mule [f]	mule
seau [m]	pail	gant [m]	glove
zèbre [m]	zebra	rat [m]	rat
chien [m]	dog	raisin [m]	grape
sel [m]	salt	radio [f]	radio

Puzzle #71

```
u t x u g a g f o x è e w i h f c k z q y z o t î b î a
o f q v d r a p é u g h w ê r h ï v u a e p u e w p k u
c c n ï u t r s n o i n o v a r o f x c l é h b à l s n
e h o z c j o k i u r ï s m h o c f î h e h c u o b à t
l e t w w g z i t e t v b y y o p l a t e l l i m a f j
t e n a b o d n b h u r è e v f t e é c i g r m o u t h
s t e t o r t o i s e n k v â b a c o h c ê y e y o a v
a a m e r ê é u e v e n m y h k n h g i e l e h n s è h
w h k o d ê c v n v g o k y c n t a a n i u ê h s n ï r
y c e o h r g d à o o t e e î t e t b m g d t i i u i i
q d é w t q a o h r n n n f j w à p a l z à e r à b c d
x î q i a e x n o e a g j l t s è f h d â t ï e o u o t
î n i v s n é a e s i j i b ï t j v q e t l x s p t k u
s e h o s ô h x r r e o é o a i e n l e w w l x â ô l u
ô r z m e b w f ê t o i t c f h ô r u b n o r s a c v a
```

Find all French and English words in the puzzle.

French	English	French	English
hibou [m]	owl	neveu [m]	nephew
sac [m]	bag	renard [m]	fox
menton [m]	chin	tante [f]	aunt
peau [f]	skin	toit [m]	roof
dîner [m]	dinner	hyène [f]	hyena
tortue [f]	tortoise	tasse [f]	cup
chambre [f]	room	clé [f]	key
oignon [m]	onion	chat [m]	cat
guépard [m]	cheetah	oie [f]	goose
bouche [f]	mouth	cou [m]	neck
assiette [f]	plate	famille [f]	family

```
p è c é e j â a b t o â x y g p q x e e s e j c e r f i
i w h c n o o e i z o n p k g q n y à s r x à ô s p f i
e x a c o x a u e y a o î f m m e j o b u t c e j k g ï
d f z j b r r d e à n c f p a r d i è â g o t e é l g h
m m e v l y u x u è e o è k s d c z q i d o m t ô q g y
v g b z i o w j g ô y s c è q e s ô o e r a u ê s s f è
n l r n c s u ê w w h t p r k i ê d q s è o q t l ê m n
u a a h s k a î h o i u w g r d â î ï l h à u i â n h e
c c é é w x y g e b e m e u c e h u x w p e f e j à o s
h e f i n g e r e l i e o è i e m s o a p u e m e a l z
e v r a d i o p l e î s î x a r ï è o v a d m t b k ê d
e y z é e l i d o c o r c d q ï e q s e ï l i e o m l t
k a s u i t s a v o n f à k k â s p b q s t e p s o n d
é r a j î p â î c e l i d o c o r c a j a s t x y s ï è
à t n s r u o a î t c b w a l o c g g s x i n r a d i o
```

Find all French and English words in the puzzle.

French	English	French	English
costume *[m]*	suit	coude *[m]*	elbow
doigt *[m]*	finger	ours *[m]*	bear
crocodile *[m]*	crocodile	drap *[m]*	sheet
beau-fils *[m]*	stepson	joue *[f]*	cheek
radio *[f]*	radio	pied *[m]*	foot
visage *[m]*	face	cerf *[m]*	deer
tête *[f]*	head	glace *[f]*	ice
souris *[f]*	mouse	zèbre *[m]*	zebra
hyène *[f]*	hyena	oeil *[m]*	eye
roue *[f]*	wheel	repas *[m]*	meal
savon *[m]*	soap	os *[m]*	bone

Puzzle #73

```
w x ï i a f â l a j q â a j ï è ê s è p g ê g h k f à w
x r j y e m e s i m e h c c d a e r b c u q ê e i h t u
f t t a h c â v l t n s i t p s z e u y x c d ê t h r k
n o i d î d g t e g m i a z r v z i j s b o n x c n i y
l q o o a e a s g o w c a l è i s l d e i p f s h o a r
w b i t t k i d o ï u v r p o i k v l o b ô d t e o h o
o f a ê î a t r o b u t e e n n m s à ô f w e s n p c q
b t y n h s g r t w l n s e t k v a s e o r ê y k s k m
ï b d c a n w k i à m a s è q a e w e j è v i s a g e o
è t f l i n e c s h b g a b d f w v a i r r u k n ï è r
d w t v â n a e q i s s t z î b o m l ô e a u e s a v l
x z i a a y c î t î â r â c b l b l h t o l c e l b a t
z l ê n c a â j î ô q n v c g e i o j u p e e c i à s d
î à a w l q e c a f n a p p e u î p g x i k f o o r è f
x b n g t b p l v p a p a e c l d l d r e n a r d o w â
```

Find all French and English words in the puzzle.

French	English	French	English
nappe [f]	tablecloth	glace [f]	ice
cuillière [f]	spoon	banane [f]	banana
jambe [f]	leg	renard [m]	fox
tasse [f]	cup	toit [m]	roof
salon [m]	living room	papa [m]	dad
gant [m]	glove	vase [m]	vase
cuisine [f]	kitchen	pain [m]	bread
chemise [f]	shirt	chat [m]	cat
pied [m]	foot	chaise [f]	chair
eau [f]	water	jupe [f]	skirt
visage [m]	face	bol [m]	bowl

99

Puzzle #74

```
e f t t h à f à m i à s t a i r c a s e q h s a n n g g
s n i a i i l j s r s r c u l l w n i a m g a u r c ô l
o é r n u à v c e t a w c e z s o à f h l e r b p h o o
n a o e a ê ï n n m h n l r i p i e d a t n b è a j â v
x y i y e î î e s q i t n n e n n é m l i o g w r a g e
p c r h n d d ï f w l c e a p w t b d z c u o b e n é v
q x w j g g a w e o â g o e î l a u d s l l g f n q e k
j b e a a m ï i u p o l a r t i i r r é f n i î t t n z
é g p l t â g p o u z t r n n a q k d e o l ô x s e i â
g l p ï ï h è i à a r o o f t p b e l t s l e d e z x u
z a î q t e d h y e k u p e v i t a l e r k t t o i t y
é c l y t s s k t s n o s f g d â v y g a ô v n t i i d
m e a e f z d i n n e r é s f f n l e â y q ê è u p i d
e r e i l a c s e é â c i î x p ê a p n è é â s t r n o
z k h y è n e c o s t u m e y n à î h à g i c e n d g m
```

Find all French and English words in the puzzle.

French	English	French	English
dents *[fp]*	teeth	toit *[m]*	roof
ceinture *[f]*	belt	main *[f]*	hand
poids *[m]*	weight	gant *[m]*	glove
parents *[mp]*	relative	hyène *[f]*	hyena
loup *[m]*	wolf	costume *[m]*	suit
escalier *[m]*	staircase	genou *[m]*	knee
seau *[m]*	pail	nez *[m]*	nose
pied *[m]*	foot	glace *[f]*	ice
dîner *[m]*	dinner	fils *[m]*	son
tiroir *[m]*	drawer	bras *[m]*	arm
agneau *[m]*	lamb	maïs *[m]*	corn

100

Puzzle #75

```
f i s t k e j n u é ô m n r s a p e r y c c k y l î è h
o i m p î w c i o à è h o e î o b p o y m f l o w x s e
n r m w h o e a r s u o i d o e î i p h u s u p i f d f
h l f h v r r u t d è n u s l g o d ê f p e h q a e o
b y p o ê b v b o y ô h o o â n i f e ô a s h o y c i g
q j è c ô e e r g h c q o c o n o u i d i s a y t e p â
l è h n î y a t n f y g k n g m o î n m h z d à p s l j
j g x e e e u i a ô k e l a p i n a e i è w n é p o i î
l o i v k q h b k ô a é n j l t p h r r o t a â q u e è
v m t s g c n b à w n j p a x e c t s i w i p l e r t i
d ï z h u e r a l r g o ê a à e w s s a f e e g b c r b
r ï r o e â o r u w a à v d n f c e l n w o b l e i o d
i à c î j z c m s î r k u v m a a l à é h l a e m l z p
b x n n v i s a g e o ê m v r u c j w è m s ê p o r t e
w î m k b à o w e q o â d f e p r a h c é k t m a ï s q
```

Find all French and English words in the puzzle.

French	English	French	English
panda [m]	panda	coude [m]	elbow
cerveau [m]	brain	loup [m]	wolf
sourcil [m]	eyebrow	lapin [m]	rabbit
chemise [f]	shirt	pieds [mp]	feet
canapé [m]	couch	oie [f]	goose
oignon [m]	onion	porte [f]	door
écharpe [f]	scarf	visage [m]	face
mur [m]	wall	poing [m]	fist
kangourou [m]	kangaroo	orteil [m]	toe
oiseau [m]	bird	repas [m]	meal
hyène [f]	hyena	maïs [m]	corn

101

Puzzle #76

```
b î l é g u m e g r e n a r d t d l è t k h é ô î ï l p
r p o i g n e t a f ê e e j w k u e q b y s ï n a è î r
p b i x t l a s t s o l e t r o p g c e d a t t o n f i
t z ô b o ô r â w s s o u r i s r n n i z o î b ô v p c
h è f f u f b p e r t ê t b u i ô a ï e r ê g u ô è a e
f r ï h n î i l î m i x r l f q p r i e s t o m a c o s
l l h c a m o t s é b s a é a x c o v k t a h c x s s k
w o c h i e n t o i l e t t e s i o w w e m e f i y ô à
j e u q e g a l l i r o g f é é q r g h h n k s e â q k
a e g p l g d i f c j ï t o i l e t p o t p t u g é t ô
n l j n b g k e t a c d p r u e o s d ï r e s y b d l ô
i b ï w a i a g i t a r v a n i m a l è r i e ê ê à h c
m a z o t r e x î p w h y è n e p q d f h p l h l h q y
a t x l g i o y à é e l b a t e g e v o o i l l o m r e
l g ô f c u b a d o o r d â e s u o m h z p j q e v c k
```

Find all French and English words in the puzzle.

French	English	French	English
souris *[f]*	mouse	loup *[m]*	wolf
estomac *[m]*	stomach	animal *[m]*	animal
poignet *[m]*	wrist	chat *[m]*	cat
soeur *[f]*	sister	renard *[m]*	fox
toilettes *[f]*	toilet	table *[f]*	table
hyène *[f]*	hyena	prix *[m]*	price
savon *[m]*	soap	clé *[f]*	key
gorille *[m]*	gorilla	chien *[m]*	dog
orange *[f]*	orange	porte *[f]*	door
légume *[m]*	vegetable	rat *[m]*	rat
pied *[m]*	foot	sel *[m]*	salt

Puzzle #77

```
ô n d k p m e v o l g e n o b i s o c m a r m i t e g d
s ê d à f e l l i v e h c m c n r r a d i o y g ê e â r
b e o u ï e l k n a e e n c p t i n a z g q x f a v à r
t t z t n z o ï l m n c d q e ï i p k i t c h e n n y è
m è c è a ê v h z c i d m i t a s o a c h e m i s e t ê
s u h h î m î k w l s f l p t n e c k l h c î h e a d u
t h r n a c o j d é i z m r n c f k e y o e f a b î j h
r a s i c m o t w j u c u o t r a e j r t o r f t a r e
o c t r d à b u a b c c e a o m ô t n y u e î v ô w d a
p a t d a e ï r s a p f ê s a r r a ô a n ï c r a d i o
o c i k o t a h e k m ï h l u o u m p s a e c ï z u n j
r q b m é n i u s é o a â r p o i o o î e y t g è t e u
é y b i a r k ê y â d i l r è n l t t j p o k ê l o n f
a o a o t ï ï e h n ï à i l y ï o b b c n z y é t q f s
î ï r o j t s m y e à a j é p r e i s i m e h c a i è t
```

Find all French and English words in the puzzle.

French	English	French	English
tomate *[f]*	tomato	rat *[m]*	rat
cuisine *[f]*	kitchen	chemise *[f]*	shirt
maïs *[m]*	corn	aéroport *[m]*	airport
cacahuète *[f]*	peanut	cheville *[f]*	ankle
lama *[m]*	llama	orteil *[m]*	toe
rideau *[m]*	curtain	marmite *[f]*	pot
gant *[m]*	glove	chambre *[f]*	room
tête *[f]*	head	clé *[f]*	key
chemisier *[m]*	blouse	radio *[f]*	radio
lapin *[m]*	rabbit	cou *[m]*	neck
âne *[m]*	donkey	os *[m]*	bone

103

Puzzle #78

```
t v e v y e k c b i l l e t n ê î è g é o ô q é d k î l
l j s à t a i l l e b v b é g q b o l q u v c r e n c o
s a e a s h ô n e p h e w b o î t e ê d ê e q v n a g e
s ê h a î n p l ï s g n i k c o t s e g h è â v t k o m
z p t x n p î u e v e n n c c k è n c a c a h u è t e r
t è o f x e s x u h â v t t ê e t l a m p e z u l l u b
c ï l ê o y y è l u n c h a c s r n v ê t e m e n t s r
f a c l p o z h d p m a l c u f é f h t o o t i ê m e n
à ô m l t o r e z i s l à k p r s t s f v ô ô g u n w l
c x à o s i s a n w e n o b j j e t u n a e p l u e l t
r o o d t ô c c a n t à f q à x v a o y h à e e t l s b
n l c b d s i k h n i h h y è n e î u m z w j r e u c o
y n o e d é e ê e a o e è x s t w v k s a é i è e m b x
ô w e p l p a n z t t y s p à q c ï s d d c o k t c x j
l r q c e t r o p g e î s t n a l l o c â a h j h â o q
```

Find all French and English words in the puzzle.

French	English	French	English
déjeuner [m]	lunch	boîte [f]	box
estomac [m]	stomach	lampe [f]	lamp
cacahuète [f]	peanut	vêtements [mp]	clothes
billet [m]	ticket	cerf [m]	deer
hyène [f]	hyena	collants [fp]	stockings
porte [f]	door	os [m]	bone
chat [m]	cat	mule [f]	mule
dent [f]	tooth	toit [m]	roof
taureau [m]	bull	bol [m]	bowl
dents [fp]	teeth	clé [f]	key
neveu [m]	nephew	taille [f]	size

104

```
w p à l u t a r f z i j l à l q z è b r e k d w e j é h
j e j g r ï â u a e r i a l b s u â i n é ê g y w ï e o
p y h c e u a e s i o z e b r a a n à k e s a v l s î à
é î ô l k ô ï î é n e l d c s c e o s j s e s c o c p x
è n u c e h c ê p t ô q w e o é s i â e a é à n i h a u
y m e z h m é t à r o ê è o v r c l c r o w m u l e i m
m n q n k c y â o i r j s q a ê b e h p r o k à j î l f
o u b b î è a l è h f e a s g o e c è ô e v ê d m c b
à e i l u l e e v s i ô k l e j l b a i ê y g v i b a è
q r q j o c p h p t l a j l l l î f q u r s q d r g z s
d r v m c u h d p a l ï u i î i é i x l b p t f a e c m
w s i z c s l a é e e à o r i r r s a r b o c r n b m r
p é i a x i r p i w j l b o e r a o d u a p a r c z é a
m ï î b h â t u m s ô m i g b c â t g d x t a s s e e t
l n w b q c q b x u e l h ô s w e a t s h i r t î d é z
```

Find all French and English words in the puzzle.

French	English	French	English
cou [m]	neck	sweat-shirt [m]	sweatshirt
gorille [m]	gorilla	vase [m]	vase
zèbre [m]	zebra	pêche [f]	peach
mule [f]	mule	hibou [m]	owl
corbeau [m]	crow	prix [m]	price
crapaud [m]	toad	blaireau [m]	badger
oiseau [m]	bird	seau [m]	pail
chaise [f]	chair	sac [m]	bag
nez [m]	nose	tasse [f]	cup
bras [m]	arm	rat [m]	rat
oreille [f]	ear	lion [m]	lion

Puzzle #80

```
ê â l ê q f o x b è u n o s f l a m i n a q c a n a r d
â t s o ê q w t à o z r z t n e z h b d n o s e ê é r è
d a p u b ï ê ê ô t d ê w ê d s s x v ô w v n à r s e ï
y n r ô r r b o n e â y r d s i k r v c d u a g a x n d
u t o z â ô ô v p à é a a o d z ê t g h à a l c t i a e
c e c w s ê q x o b t ï a a e e e r l a f r d è h w r r
s h l r e t t o r a c c r z d f l u a t s ï l h o e d a
g e u à c é z î b o w l s a z p l ï m â y i o c g s à b
t o y ï i v p a p a à é e l w d i t i è q m d e l î h b
l o x e o d y u t h v r î a ï b a c n ê a e ê a i c p i
ê t r w é f è e i a b g b p m e t c a î r b e è r l f t
h b d r d u u c â f c h c i g a r f o v l b d p b e g g
c z w w a u i ê e t î o b n z r y e è i î d a r u r ê s
o c t m a c c o g b â r c è é r u l p r è i s é u l n o
â z o t n u a k s x o g g è u f o s ô à n x î t f f n
```

Find all French and English words in the puzzle.

French	English	French	English
lèvre *[f]*	lip	renard *[m]*	fox
radis *[m]*	radish	animal *[m]*	animal
rat *[m]*	rat	lapin *[m]*	rabbit
boîte *[f]*	box	chat *[m]*	cat
carotte *[f]*	carrot	taille *[f]*	size
corps *[m]*	body	bol *[m]*	bowl
ours *[m]*	bear	oeil *[m]*	eye
papa *[m]*	dad	os *[m]*	bone
vache *[f]*	cow	oeuf *[m]*	egg
pain *[m]*	bread	nez *[m]*	nose
canard *[m]*	duck	tante *[f]*	aunt

106

Puzzle #81

```
â ï è é t b p j ô t t s è è e r b è z x t s ï r ï é j t
b l a m p p ï c w n c é â u c h i e n w e e j î f a t o
s w ê h o t h é q e u î l h t i x h k h t n e i y e o r
è o î r ï e v ê k d c p h é l e a p t g o d l h t p r t
x i t à v m j é s d u â t z p i l o î u ô s i a s m t o
î e î e e o à ô o m m d o e r h l e f é m z x s d a u i
i î u a e e l r n â b w o b v c o r p c l i a o i l e s
p x l é e d o h l ê e d t r x h x n z h p d t î b d c e
l i l k c u u g a h r w z a s w g è e s o k z j f p a d
r w l è j o p q p c y a y i y à c â a w n q n m é î r
o î n e v c s e s o t c d g t d g s s n m m e o ï d l a
o t î e l r n f a d s a q i s t n e m e t ê v h k c e n
d ê a k v b e l p r r a x p è k s m w c t s s c ê f x a
e s o o g e o o e a f v e r b m o c n o c g v o m z x h
g z w i q ô u w r p a ô ê o c u o c ï d b u i c h r f x
```

Find all French and English words in the puzzle.

French	English	French	English
neveu [m]	nephew	dent [f]	tooth
vêtements [mp]	clothes	taxi [m]	taxi
coude [m]	elbow	fils [m]	son
radis [m]	radish	lampe [f]	lamp
téléphone [m]	telephone	zèbre [m]	zebra
concombre [m]	cucumber	cochon [m]	pig
lèvre [f]	lip	drap [m]	sheet
porte [f]	door	chien [m]	dog
loup [m]	wolf	repas [m]	meal
cou [m]	neck	oie [f]	goose
cheveux [mp]	hair	tortue [f]	tortoise

Puzzle #82

```
s z é o r a n g e è ô f z è t p j p q c m s s a r c a e
t î f t è p l x f p p e l u m b r a e m é a ô k t s f s
n c e j a a ê n l k n a u è o t x u c b x i x a i c o s
e é u p m g p o o g t t n w m ï é p g k e u i t n r l a
m à r p u m e v o v h b l d b j j a f f e l l è a p t t
e r e a c j ê a r ï u e w e a o t m b a l t n d a r d n
t i n m t f b s s è m a t n e e l c i e v p k n d o o l
ê o x s n é x g t e b s y ô e d â k o r i è d i n s w f
v r p î e m ï q o q e u f t é f e a é e r a m k e o j ê
g i o f g s è f r v f n h e l u m n d s e o e i â é y b
u m u v n â o t e s w c l e z i s c t t c y r b g î u o
ï e m é a ï f a y n e l a v x a g x ô s u ô p o n t n x
y u o p r l n ô p p ê e m s e h t o l c o w g î u y j y
y b n j o y f o o t a î p n c n à t y t p t h t l u w g
e l c n o c z l n d o â n e ï é v n w y à o é e b m e è
```

Find all French and English words in the puzzle.

French	English	French	English
âne *[m]*	donkey	savon *[m]*	soap
dents *[fp]*	teeth	lampe *[f]*	lamp
étage *[m]*	floor (storey)	pouce *[m]*	thumb
vêtements *[mp]*	clothes	rat *[m]*	rat
veste *[f]*	jacket	miroir *[m]*	mirror
poumon *[m]*	lung	panda *[m]*	panda
oncle *[m]*	uncle	mule *[f]*	mule
taille *[f]*	size	jupe *[f]*	skirt
orange *[f]*	orange	boîte *[f]*	box
pied *[m]*	foot	tasse *[f]*	cup
bol *[m]*	bowl	nez *[m]*	nose

Puzzle #83

```
î p f r e c z ï i j f c z b g k z è é j c ï h n é l j t
à o h v â ô à d h y w r é ô l î a ô d n e x o f k w z i
ô m p é ô ï b o s z a z o s e c t n q b o î e u j o ô b
c h è v r e o a f f a m é g a y a r g p k n k l o b â b
s c b x î î l f g o o s e i t p â r e o e c g î u p n a
b c e p v d à c h e e k n u a g e w p n u r o i e u e r
a h h a q o s v n h x b n i r e r r é e a r è u o o y s
d i c n y n o j v u n k z n s m o e é b t r o h z s c b
n e n t m k u d c n g i m g i u e x n l r n d u t o s e
a n a h k e p b m g o o p a s a o a b o i e â o u n r c
h h h e é y e y p r î e a a i è p c l o u a a s b b a f
t è q r h n v à è y p î u t l n h k n m m i i d m j t p
é î k a n g a r o o t p s j j i c i p o u n l a è è g
n w i t b q e h à e a d o g o b p à p o v n h l d f i y
k g d q r e e d y v r s i p a t b d é r ï c q l e k o è
```

Find all French and English words in the puzzle.

French	English	French	English
kangourou [m]	kangaroo	tapis [m]	carpet
cousin [m]	cousin	panthère [f]	panther
âne [m]	donkey	chambre [f]	room
affamé [adj]	hungry	lapin [m]	rabbit
renard [m]	fox	joue [f]	cheek
bol à soupe [m]	soup bowl	rat [m]	rat
grenouille [f]	frog	cerf [m]	deer
chèvre [f]	goat	main [f]	hand
hanche [f]	hip	oie [f]	goose
repas [m]	meal	pain [m]	bread
oignon [m]	onion	chien [m]	dog

Puzzle #84

```
l p g n h ï e l b t t i g e r y s o ô p w d u u b p t ï
p s t t ô u r t a r r i o r i t s q r î a e c j u p e d
n g a à p h t b i m a r t u j i y g a l r t q ê a y u i
h h i v l e x a e g p s i z z r d x a è e c o n t e î u
e à l p a d r o e ê r u l e e a l s r u e à è o y z g z
p k l t t f â i a o m e u l s e ê f t s t l d e m r a d
f l e g e v d n x n t s b s k v i r h o i r b n i k é r
t t o r t o i s e a a a i a r m o g à c i r n i a m ï a
ô à k à é m ê o x l t e n e e t b r r n o t a b l e è w
o h ê l a î ê p a e t s p d z e e u k w ï p w â n u à e
t v e l i é y d d t l a y o d g o t ê x d s e p m a l r
v r v r i m e m e a s r d k n s r e h t o r b p e t s ê
ê j i x i k s e r p e n t a w t i a l d i j b l a e m v
k s a k d o m â y ô a v m z a x q n b o n e g l s ô e d
â t d g s u b s ô h n q x è à n j t w x p l a m i n a ô
```

Find all French and English words in the puzzle.

French	English	French	English
table *[f]*	table	lait *[m]*	milk
tortue *[f]*	tortoise	main *[f]*	hand
taille *[f]*	size	lit *[m]*	bed
sourcil *[m]*	eyebrow	os *[m]*	bone
lampe *[f]*	lamp	boire *[v]*	to drink
assiette *[f]*	plate	tiroir *[m]*	drawer
serpent *[m]*	snake	salade *[f]*	salad
demi-frère *[m]*	stepbrother	taxi *[m]*	taxi
manger *[v]*	to eat	repas *[m]*	meal
tigre *[m]*	tiger	animal *[m]*	animal
jupe *[f]*	skirt	bras *[m]*	arm

110

Puzzle #85

```
l t o r t o i s e h y à e g a s s e m è n k v a è e w t
i p p r c r g j r v q r o q m u h p k î p m a l u s r e
c ê a e h m è t o r t u e n u a t ï e p p a n e o t w e
r w i p e q e k x a p i g y l e h e à u w è l y à ê v h
u l l a v è g a î q v è q à e s t n k à ê l ê e é t a s
o ô f s a g o p l a e â y a z d e o ê c i w c b h e g i
s x è j l s r â v é s â è j à e g h i a a n w r b ô m d
î î o k s e i t u s t p m e b b a c t w e j o o q è u â
u h è é t r l i n i e ê p u y m s o é i w w è w t u l i
ï y ê o l x l s o z v m w r e i s c h à f c o g d p e y
q n i d ô ï e s n e a m t r s x e c t a b l e c l o t h
r t o u a w î e g l z s c u h t m r o o f n ê k w i h d
g a r i î e ï r i q a u g è i é l b p ï j c q w z r w é
w w e l n n h i o p s a y l r ê ô î p f p a r d t e i b
g o d p é o x e g o r i l l a u h h o r s e b s y t t i
```

Find all French and English words in the puzzle.

French	English	French	English
message [m]	message	cochon [m]	pig
toit [m]	roof	sucre [m]	sugar
sourcil [m]	eyebrow	oignon [m]	onion
veste [f]	jacket	mule [f]	mule
cheval [m]	horse	tête [f]	head
pâtisserie [f]	pastry	gorille [m]	gorilla
nappe [f]	tablecloth	drap [m]	sheet
tortue [f]	tortoise	chien [m]	dog
repas [m]	meal	lit [m]	bed
lampe [f]	lamp	taille [f]	size
poire [f]	pear	seau [m]	pail

111

Puzzle #86

```
d j n p k g ô h u e s m u l e p p a è r i d e a u f s x
c e e e l c a t l e e q o p ï a o d d a d p n j v u t t
i l z l i è ï u a l f w l z t p i u v e ï n y y c e c e
l è é l m i m u r p r f p â e a g a g a s î c v k o d p
à k l i a p n o s i a m r o e c n r i â v s c o f l n r
î e s r t ê q d s k ô r v i h c e è ï r k i e k s b o a
x y q o c u r t a i n p d d s à t f d x p e o r t r l c
s m q g ô è â â t t e k c a j y v p y c ô l g n t a a b
g t e t s e v t r o u s e r s p x s r x h t a g è s t c
m s r â q v r e n a r d u n o p i e s o n a i n m f n è
c u y e q à i â g l n e h s k p r s ï f n ô t t e i a à
î g n u s u s u c r e r a o a x l b c i e a k a z o p o
l a i t z s g o r i l l a t g k h m à i ï r é h a l b x
a r l w î u e s w i m m i n g p o o l i n m s s s k b k
y s h u â w l d g n j c é k ô î h d y v x e u e s u o h
```

Find all French and English words in the puzzle.

French	English	French	English
pantalon *[m]*	trousers	seau *[m]*	pail
poignet *[m]*	wrist	nez *[m]*	nose
dessert *[m]*	dessert	chat *[m]*	cat
avion *[m]*	airplane	rideau *[m]*	curtain
gorille *[m]*	gorilla	papa *[m]*	dad
tapis *[m]*	carpet	maison *[f]*	house
piscine *[f]*	swimming pool	mule *[f]*	mule
oeuf *[m]*	egg	bras *[m]*	arm
drap *[m]*	sheet	lait *[m]*	milk
renard *[m]*	fox	clé *[f]*	key
veste *[f]*	jacket	sucre *[m]*	sugar

112

Puzzle #87

```
l i t x z t o w b x u w p ï e k e l l i r o g r à o r é
j h à k e p f r a c s o h f a h p u x e q g a t î w m f
i a o â p r â r î y t m x d u f t p p n v u a ï v e o f
a i ô v a a p a z b e d n c t o o g o i g r s h s o e u
e t ï e r i i t e s s a t a d t î h à u e g r s r à ô e
p n q s g s g ê à o p h p r a t c q o p a b a h t w z o
u e l w r i s a c ô y i i t p o d c r d j g l l e m â g
o d p s c n s î v y s n o g c k e a g é e f x c p t g ï
h t c é é r c o t w k k k â s r h g y o é f v è r e j u
c o h u à o à n i c o u j ô i c x w i m r g t m a g n r
ô o c r p c a n o d î s r o é d y t x x a i r n c è q a
j t ê l l î h d t î l h b x e l l i e r o ï l è i u c g
t h e r r e t e d e m m o p é k v n e c k w s l b a g u
a d n a p z â g g i r a f e k e s o o g g r v j a y ê o
v î e f f a r i g â ï r j è v r b l e g a s s e m g o c
```

Find all French and English words in the puzzle.

French	English	French	English
couguar [m]	cougar	tapis [m]	carpet
pomme de terre [f]	potato	maïs [m]	corn
boire [v]	to drink	gorille [m]	gorilla
lit [m]	bed	raisin [m]	grape
rat [m]	rat	oeuf [m]	egg
toit [m]	roof	panda [m]	panda
message [m]	message	cou [m]	neck
sac [m]	bag	cochon [m]	pig
oreille [f]	ear	girafe [f]	giraffe
dent [f]	tooth	écharpe [f]	scarf
tasse [f]	cup	oie [f]	goose

113

Puzzle #88

```
q u d z t e u i c e p p è î l d p m a n t e a u n x ê ê
h a w m l t k ô v e ê l l q g d m t è o à m h k u l v r
p a l d a t q ô a c w ï e w i z a h l x m s u g a r w e
ô k n m s e a u h o é d w n n a l f r è r e q x v o f i
e è z d g h v e b o u v n i j ê y u w a l l i t b r à l
w p l a n c s é o o î e k c a c e j f h t c v l u s d a
é b m o v r î t c t r s i u ê n j à r o w o e i p t î c
p r l a f u z ï a l z p m ê i g e a u m j a t w i s n s
h e t y l o k m ô i é f ê p s e m a i n l t u é l y e e
m c t a c f a c ô c r c u è u d y g t n i k é b l c r l
è y a j à n é u r h r c k ï c r f à o b r o t h e r à j
n f f e g g n o o f r u a t r h z l g l a c e v t ê f s
j ô j e p e p d a o o v m s e d e w k e c y w q g è m h
d à r k m l o b p j î r e m e m o m o e r v è l u o é r
g f è t a h c m y x b y k î c a r t e a t v m t y ô i é
```

Find all French and English words in the puzzle.

French	English	French	English
lampe *[f]*	lamp	fourchette *[f]*	fork
manteau *[m]*	coat	coude *[m]*	elbow
porc-épic *[m]*	porcupine	mur *[m]*	wall
frère *[m]*	brother	fruit *[m]*	fruit
pêche *[f]*	peach	sucre *[m]*	sugar
manger *[v]*	to eat	peau *[f]*	skin
escalier *[m]*	staircase	bol *[m]*	bowl
melon *[m]*	melon	lèvre *[f]*	lip
main *[f]*	hand	carte *[f]*	menu
dîner *[m]*	dinner	sel *[m]*	salt
glace *[f]*	ice	chat *[m]*	cat

Puzzle #89

```
y n i a r b t t v u q r y c c â é u à g s t f d j c b ê
n x p i e d s ô i r l e à r u m t p i i c c h a u l a s
c e i m g l y d t j k u a è r d r a z j m h ï e r c o é
s l a c c t è v m n n t h d t â j e r s x a f h t i p b
i l à r e f r v o î i i o e a n g a e e e t t e m i ï ê
p i l i m y n m r g k r t b i t ô r a n c i à r l e g g
a a e d y l l ê b e p à i a n v v h s k f f k o î d è e
t t e e y e à r r b a x m s y i a i p s ï u î f é f z e
l j h a u ê m e a f n r o b e m s b i d t e p r a c u c
o è w u x o f d k e ê s e t h r y o n r h o l y u t o g
r f o a î s r î a ê é î t z v a v u a a k m w w i t h l
a h e o r a n g e g k e g u z a n l c n p w i a o ô a a
n p e g n i s h t n o r f b m r î d h i g l l r é b p c
g e c u t t e l î q w p f e e t i v q p e g w a u m é e
e i u a e v r e c h y d y f d r e s s é d c e o o b o ê
```

Find all French and English words in the puzzle.

French	English	French	English
rideau *[m]*	curtain	taille *[f]*	size
laitue *[f]*	lettuce	épinards *[mp]*	spinach
serviette *[f]*	napkin	bol *[m]*	bowl
hibou *[m]*	owl	pieds *[mp]*	feet
tôt *[adv]*	early	glace *[f]*	ice
front *[m]*	forehead	main *[f]*	hand
tapis *[m]*	carpet	chat *[m]*	cat
cerveau *[m]*	brain	orange *[f]*	orange
rat *[m]*	rat	roue *[f]*	wheel
robe *[f]*	dress	lèvre *[f]*	lip
singe *[m]*	monkey	oeuf *[m]*	egg

Puzzle #90

```
b i f a u c o n h k c y t ï d l w r i f r e t a w r r i
e i à b r n v m b a q d a e r b o s a v i o n v p a â â
e p e d u o c î z e t m a n z f y a x u a e x b x t â e
m l e c a m o t s e v z é d v e k p â f i q f r t a o g
e h b q s ô g è a î p e a è k â s e î b o i s s o n d ê
l j d a n l r t l j ô î r n c l k r j s a l ê ï o i î b
o s o n t s r m p a p a o a i p y h f o f w k c u d ô f
n è f d o d i q î n o m x f g c n z y e c x h a z j q y
d r a n a c k n e d e ê h é e e l o é u p h c u r a t j
g e v k t n b l g m e a l a w l n e l r e n a l p r i a
h ê î j e h b ô ô e b é h è t h b c s e l i m p k i e w
t m k e m a n o p o t a t o w a r o a s m a o ê e â é p
h w é t t z s ô à r x t ê t e w w f w b a p t k é a p v
v y p o m m e d e t e r r e à k q o î r e t s i s u u â
f g e n o u n ï e b l ô c h è v r e h k a o à è c p q j
```

Find all French and English words in the puzzle.

French	English	French	English
pomme de terre *[f]*	potato	canard *[m]*	duck
singe *[m]*	monkey	chapeau *[m]*	hat
tête *[f]*	head	eau *[f]*	water
boisson *[f]*	beverage	pain *[m]*	bread
avion *[m]*	airplane	genou *[m]*	knee
coude *[m]*	elbow	soeur *[f]*	sister
papa *[m]*	dad	table *[f]*	table
repas *[m]*	meal	estomac *[m]*	stomach
faucon *[m]*	hawk	tasse *[f]*	cup
chèvre *[f]*	goat	rat *[m]*	rat
melon *[m]*	melon	fils *[m]*	son

Puzzle #91

```
d r a p ï s w w a v l e l b a t e g e v q â u r z g j p
î f r e ï î e h a e l l i r o g b f e d q b i c ô y ô î
ô w y b p é y c n c b o p e l i e o p r ô r a e b a h â
ê m f à n è h é è o a i ï d c î f î x a î î î ï a g g h
x o f t n e p à b h c s ô a d a ê n g n à x e s r u o â
l e z e r o b o u t e i l l e h a t o e l g é l q c u d
ï â r e g n a m u ê è i â a é a d a a r b u z ï t a j a
f e e c y e d r t a h c ô s t é l q t è t a p i s t u o
s l m l o u e m a x à è v c a î i l s s u â k l s o o t
v t r s a w b e m u g é l e g d e e i h n t o e a t é b
n l n p k s o u o b i h ô e è î r ï l r e z k h t e e t
i u a e a h î o w l i e y f r x v g u y o l ô u è g i p
p r n l d g t d é g ï e r f e ê è a k f î g f q f e k a
c e a â ô y e é s h e e t t b c h b p z u a e p a h c i
g d h y e n a â i u a e l b a t c o c a r p e t o n w u
```

Find all French and English words in the puzzle.

French	English	French	English
étagère [f]	shelf	ours [m]	bear
renard [m]	fox	tapis [m]	carpet
manger [v]	to eat	chat [m]	cat
bouteille [f]	bottle	chèvre [f]	goat
crapaud [m]	toad	chapeau [m]	hat
tableau [m]	picture	oeil [m]	eye
légume [m]	vegetable	gorille [m]	gorilla
vache [f]	cow	boîte [f]	box
drap [m]	sheet	hibou [m]	owl
hyène [f]	hyena	salade [f]	salad
dents [fp]	teeth	sac [m]	bag

117

Puzzle #92

```
t h r l c m r â s ô ô v g l j h u e ï à î ï è f a n a a
i e u e w h o v y j o r a g u s n n l u a e n g a e a î
à n e a w n g s r g x s o e ô ï l l x u s n p m o r o w
g c t h i o v h f f î u â l d o a h z ï m p r y ê g r é
î e ê o s e h a a t k i c p r d m ô a y e o n ô s i e o
r j n y m o m s m e n t d y a q b î s n è u z e n t i t
n ê t a j e f m i s l k j c p t h ô k o d m i r è i l o
e s i f d s y é l i o o ï a q i é x e z é o p è o d l i
s n l e o h l à y m o i w s r g m f m r f n ô o î u e t
o q n é u i r l e e h w g é î e g x u l c o ê ô u e e o
n o e z c r b a k h h m f n r r a x t n a u o w è c h d
b a f p h t î m e c u b s à o i b g s p n g s r r e e e
u e v i e â p s u l s p j s é n s m o u v i o l k i è i
n à v à z w o i e h o y n i è c e z c v b f î s u n a w
h a n c h e b î h h t r ô g à h e f a m i l l e v à d d
```

Find all French and English words in the puzzle.

French	English	French	English
douche [f]	shower	os [m]	bone
roue [f]	wheel	nez [m]	nose
tigre [m]	tiger	hanche [f]	hip
famille [f]	family	chemise [f]	shirt
main [f]	hand	drap [m]	sheet
agneau [m]	lamb	pouce [m]	thumb
costume [m]	suit	poumon [m]	lung
toit [m]	roof	eau [f]	water
sucre [m]	sugar	sac [m]	bag
mule [f]	mule	nièce [f]	niece
oignon [m]	onion	oreille [f]	ear

118

Puzzle #93

```
b o d y d r a n e r e j j o ï e b r e a k f a s t m a s
h a n c h e q g m h i p l b e a u f i l s k e n â n e k
e à â l t q p e t i t d é j e u n e r x b r s a e l î t
é x p é ï a ô d à a g j q d b n ê c r r i w n s e ô p o
f o ô i r e c v p k u q a y a o g à e o i i a n c y s i
r f f ï s e l â e e e l i n t é u a b m a c è e h e s l
y î w j î c i c l k a i e n s k d t m p r y s a a k u e
i n y z e â i l n s ï y r w o î n i e i h i é c t n â t
n t r i h s i n a o h z e e e s n é a i m w q p t o k t
g à c v l e n â e c g x l r s g p t g e l n z a e d n e
p s p u r e l c n u s r t i p s s e h c c l h s l v i s
a a n o c q v a c h l e t o è n i c t o o i e t i l r i
n l e k ê h î d d r â ê o y u ô m t r s l u s r o n d g
u a î u é l l q a k g l b ï e â x p â i y c a y t é o u
é d ê p o l e e g r ï x p m p k s j c p ê e è v z ï t î
```

Find all French and English words in the puzzle.

French	English	French	English
bouteille *[f]*	bottle	beau-fils *[m]*	stepson
petit-déjeuner *[m]*	breakfast	hyène *[f]*	hyena
âne *[m]*	donkey	clé *[f]*	key
poêle *[f]*	frying pan	salade *[f]*	salad
oreille *[f]*	ear	cou *[m]*	neck
hanche *[f]*	hip	pain *[m]*	bread
escalier *[m]*	staircase	chemise *[f]*	shirt
toilettes *[f]*	toilet	oncle *[m]*	uncle
pâtisserie *[f]*	pastry	renard *[m]*	fox
chat *[m]*	cat	piscine *[f]*	swimming pool
corps *[m]*	body	boire *[v]*	to drink

Puzzle #94

```
s b o î t e n â j x k i j m d e u v y r r x a î x é r c
t t e p u j c r a v u g j q s q q â a à s â t q f h ï
e g n i s i a r o b b e g a ï d f t e q t h i j r w a l
t i t s j w p o f c n e v a d n a p é n t c s i o y i i
a u è a ô h f r a i s e s e d k u l a é k à ï h x r r a
c w g v a s e x b ô ô l z e h r z l a e y b a t u r m n
r a o l b s s k r i i p n ê w c l n t s p f m i ô e w r
l n p q i f g g x f l t t w q o é w o y o ï e l é b è e
i a a v x o h n c z s l e à c z d o à s t c l j ï w h g
o n n v î x n g i b w v e ï m e b m r â e v g l d a ï n
n a d s a l a d e k q p t t b i ô o y a c s n a c r x i
à b a y c t a h c è c n h y j x é i x j t i o e è t l f
r î m e n a n a b a r o k j g r a p e x d s q m b s e v
ï j l à è è b r e p a s t e t i m r a m y x s k i r t f
r é e p x à ï l o r k x r s b c o é c e c o a u b k s é
```

Find all French and English words in the puzzle.

French	English	French	English
cheveux *[mp]*	hair	lit *[m]*	bed
billet *[m]*	ticket	panda *[m]*	panda
collants *[fp]*	stockings	nez *[m]*	nose
banane *[f]*	banana	chat *[m]*	cat
boîte *[f]*	box	vase *[m]*	vase
raisin *[m]*	grape	lion *[m]*	lion
fraise *[f]*	strawberry	rat *[m]*	rat
salade *[f]*	salad	maïs *[m]*	corn
ongle *[m]*	fingernail	jupe *[f]*	skirt
marmite *[f]*	pot	repas *[m]*	meal
dents *[fp]*	teeth	fils *[m]*	son

120

Puzzle #95

```
é c ô î k y e k r h l l e m o n î â g n i o p k k f n e
l u o b i h v b ô o r a ê m è e s u o p é ô b m w e ô n
c r g g u h h f k r w ê m r s x e l à m c o p h p d n s
x m â r ï n o w q l g l r p t h s p v è â i a d j o e l
e l e à i o e s o o a y i s o é o d m l h e r o q u i y
é h î t r l u m g g e è r è i v c w t a n t e g u c h â
ï q c s r c l a i e e e h e t é é w e ô l q n s é h c s
z ï q a r a o e m ô t z â p t c e i é r d î t m x e ô t
j t c e v g c n p f k i à a k s f a c e k ô s w é c â o
t e k a c l o n g a i s x r t c a e k v è f f p s x x m
a w o c m r w à o l i s f e g t o o ô n i b u u t n u a
i é à e t o r o a l w n t n o l g l t o ô s g e a r u c
l è â i f u t z à t e f o t o è h ê c l é a a c o a k h
l ê c î t i î s c b w m k s s s é p ê e r ê w g m ô c t
e r i ï k f w k e s f ô ô z e n î h ï m q s â k e j q â
```

Find all French and English words in the puzzle.

French	English	French	English
douche [f]	shower	hibou [m]	owl
épouse [f]	wife	visage [m]	face
tante [f]	aunt	taille [f]	size
oeuf [m]	egg	clé [f]	key
melon [m]	melon	horloge [f]	clock
estomac [m]	stomach	lampe [f]	lamp
grille-pain [m]	toaster	parents [mp]	parents
carte [f]	menu	toit [m]	roof
sucre [m]	sugar	oie [f]	goose
poing [m]	fist	vache [f]	cow
citron [m]	lemon	chien [m]	dog

121

Puzzle #96

```
d t v s z à p g è m p i u g s h a n d b a g q r t ô î t
u e x f r e c p i e d s n o s l t ê c e f ê d h e o s q
z s n m ï s n o h c o c a r t x i j a e é n e a y f i a
s î b t a l a b é b b ô p i s s ê f y k a n é q e s g t
w t n o ô r r c o t n i k l i e m v n b n d p d c i c è
o e e x l m i i à î e c i l r r a d s l d i f o p c q e
r b l n g à r u u m ô e n a w v r u o â à a r s b y é o
b z z u g e s o s ï a l f e â i h u u à p n ê d u t k c
e e c j o i â o è k j i x t m e g o r i l l e s o c b c
y a t s ï p o l u p â h n s e t d d c n à e î u d t r h
e g z o u r i p è p o d k h n t ï e i b l x n g q m â e
e l c n o e à u q r e ê q i t e i e l c m u j a o a h v
s o b o o t l x s f v f v r o g u r n p i i r r h ï u a
o b f f i j h e q ï l é ï t n j c u c n i h c è o s e l
n o n j s o u p b o w l ï e â z ô b f q k t s h i r t v
```

Find all French and English words in the puzzle.

French	English	French	English
bol à soupe [m]	soup bowl	dent [f]	tooth
sourcil [m]	eyebrow	maïs [m]	corn
serviette [f]	napkin	mari [m]	husband
oeil [m]	eye	poule [f]	hen
sucre [m]	sugar	gorille [m]	gorilla
poignet [m]	wrist	menton [m]	chin
boire [v]	to drink	fils [m]	son
sac à main [m]	handbag	cheval [m]	horse
oncle [m]	uncle	pieds [mp]	feet
T-shirt [m]	T-shirt	cerf [m]	deer
cochon [m]	pig	toit [m]	roof

Puzzle #97

```
u s e r p e n t î x n y p u o l d v m e h d k e q i y è
é b è n ï u a k e e h c l q è z f w a u z u s i n m ê â
f i n g e r n a i l y ô é d g r l y c o î w g ê t â h a
t r k s w s y q ê i a e v v ô y o e o j c u n e m c l f
b o n p l v z g c x î q f s m q w k s p o u l e u e i c
a u e h à r n m h a i e l g n o t n t é y ô e o t s g o
n e e î t i t l l t l ï d t a r r o u n î r c x t r h u
a h r j o a a ê c a n a p é r e w d m e v g c é i c o k
n e f p x i r p i l s s â z w r h u e è h ê d u e u c p
a n m w p é r v b w e e i o q è e ï l î è n e r ô e l e
z e k a n s g u y p b g h ï r é e n a n a b r e n o r t
h r s x t b m u s b k s l g t d l q o e c o a w ï e d r
ï p u e q é r ê a d d i l a i s à u i v o i x a t i m a
n y i v è n e h c u o d y y s î ô g k d v e r r e l v c
t x t u o n e g m î i l c é v s r i o r i t l d d ê e ô
```

Find all French and English words in the puzzle.

French	**English**	**French**	**English**
douche *[f]*	shower	ongle *[m]*	fingernail
lèvre *[f]*	lip	roue *[f]*	wheel
serpent *[m]*	snake	taxi *[m]*	taxi
canapé *[m]*	couch	oeil *[m]*	eye
âne *[m]*	donkey	poing *[m]*	fist
tiroir *[m]*	drawer	carte *[f]*	menu
genou *[m]*	knee	joue *[f]*	cheek
costume *[m]*	suit	porte *[f]*	door
verre *[m]*	glass	rat *[m]*	rat
banane *[f]*	banana	poule *[f]*	hen
cou *[m]*	neck	loup *[m]*	wolf

Puzzle #98

```
v s c t k m a i l l o t d e b a i n f a t h e r y ô v q
h k a à z m g r e g d a b n é o à è e n m a l s e â f î
o m q r u m v e g n a r o ê v l m é m d t l n b ê e ï s
s s b s b s f w o j t b n g é n a a ï p j r m i p e a u
b o h o a è k v z r w o v à ï ï z m r ê t a i t m a ï u
l e g a â l a i i é a n b r o o m l a c j z p k b a a a
z a r p z s t h n p l e m r a g c ô u h x w n w s v l e
f m q j à e s ï p a l i n s m è f j p e ê e e p u j c r
v a z j e t w o o u i t b a t h i n g s u i t j n k l i
t l r f f e î n g l b a w m n v y c s à m g q o u r s a
r l e s h c a e p e t l l q é i ê p b k c h k p f â i l
i x e i d e g n a r o i k a î j m h è î c t e f r u q b
h o d è ï e d a w a â â f ô b y z a y r c o d ê e è q a
s â d o i m i s e t t e s s u a h c l c e p s è c r c p
t p o i d s v p d j â s h o u l d e r p r a e b l i p m
```

Find all French and English words in the puzzle.

French	English	French	English
os *[m]*	bone	poids *[m]*	weight
lama *[m]*	llama	orange *[f]*	orange
bras *[m]*	arm	jambe *[f]*	leg
animal *[m]*	animal	pêche *[f]*	peach
maillot de bain *[m]*	bathing suit	blaireau *[m]*	badger
peau *[f]*	skin	balai *[m]*	broom
T-shirt *[m]*	T-shirt	père *[m]*	father
pieds *[mp]*	feet	ours *[m]*	bear
savon *[m]*	soap	mur *[m]*	wall
chaussettes *[fp]*	socks	jupe *[f]*	skirt
épaule *[f]*	shoulder	cerf *[m]*	deer

124

Puzzle #99

```
e g d g b a w s g f y v s e l l i e r o g m ô d a e h v
i ê è o m k o o g c h m l a p i n n ê ê o w è z s à ê a
a w è a è i r w b q i g t s e r t n k n c ô y o j è p s
p h l g c g ô o à à p m g h t l h w k c g o u z â é l s
a f t t e a c y v u a i r a l b e l t a r r s x z a i
p g a f ô c t o c ê l l o b s j y o s c c r g n r w t e
y h s h l s o a l h n e d m p p p j w i d n o ï e o e t
c â ï t â z w a f l k u e o m è r e l r i a d t h r c t
v m a è h h â â t h a e t ê t o v o r k t s d j t b o e
m a m i e r ê f v a i n r o u e s r c i o m b é o e u g
i n ê e j e o f h m w b t è t b e o b s r p l m m y d l
o t l m y i s a j a o i o s r g t b k i r w g h c e e m
e e ê u y d v s t l r i y u n s a ï g n a c o r b e a u
ô a v l l w o g a l c é r i ï r q è ê g c o a k r a e s
n u à e z h é é v t v x f g î m f b w e n y g j j h h f
```

Find all French and English words in the puzzle.

French	English	French	English
lama *[m]*	llama	hibou *[m]*	owl
lapin *[m]*	rabbit	sourcil *[m]*	eyebrow
tête *[f]*	head	maïs *[m]*	corn
collants *[fp]*	stockings	gorge *[f]*	throat
assiette *[f]*	plate	doigt *[m]*	finger
mère *[f]*	mother	carotte *[f]*	carrot
manteau *[m]*	coat	chat *[m]*	cat
tasse *[f]*	cup	roue *[f]*	wheel
mule *[f]*	mule	papa *[m]*	dad
coude *[m]*	elbow	oreille *[f]*	ear
singe *[m]*	monkey	corbeau *[m]*	crow

Puzzle #100

```
t v î p e c u o p e s ê w h a n d t k i n e t a s s e j
x â t î è r é m a p e r t ê n e f i f m l o l î i x a t
l z a k n b î a e t i u r f z j c c r m e t n a t î o î
a z c r ô p u c z e q b m u h t q k d î n e r è è p j m
v î d i n n e r ê m z p f ê k é s e c t i u r f à m s z
e é b m t n o w m u i e p x h w y t g h é d a e r b y à
h z q a â n e î y t e u q k ô h é s â k a l r n j â m s
c b o j g m t i p s s d r a n i p é e i n t i u â n u v
k z s é q a e z h o f e s r o h r â â r ê i a e i i w é
n i a p x s è â d c y i a e c è i n n m v g e a t s e w
r à k i i t e l l i b n b l h b u t j a c i m c r r ï o
â é â u o n v d â î s l ô ï ê ê v é d o p y e d e p o d
b s u l è e a ô j l n ï î n g o d é r à b k h t a h ï n
t w a q n q u c g g e e a c b o â n d k g a i à t a l i
v g j c i c m f h o z v d m q ô e t i m r a m n d e e w
```

Find all French and English words in the puzzle.

French	English	French	English
pain [m]	bread	marmite [f]	pot
billet [m]	ticket	dîner [m]	dinner
maïs [m]	corn	costume [m]	suit
serviette [f]	napkin	nièce [f]	niece
chat [m]	cat	orteil [m]	toe
pouce [m]	thumb	tante [f]	aunt
épinards [mp]	spinach	tasse [f]	cup
chien [m]	dog	cheval [m]	horse
sac [m]	bag	taxi [m]	taxi
fruit [m]	fruit	fenêtre [f]	window
main [f]	hand	oeuf [m]	egg

126

Puzzle #101

```
r l t h l a p p l e s g f m ô r a t x à g o r g e y f o
l p a k b ê j d î r n ê â m x y c e p u o s à l o b o m
a m r m h x w i u g à f s o u p b o w l w ï à é l â x s
m l g z p ï r o â ô r u n s t à d e e r u z x g a g b d
i ô g u p r i x s e a o e p r e h t o r b t î u m p j r
n ê k d s p s w c ï v o t r j o k f h i p u v m i a â b
a é s e è c t q î a a a c o i e r u t c i p j e n o x b
t f l e g a t é s r b t m c ï è t u t n y ï e t a s e l
t e n g i o p i é l m h i m r l b h a n c h e f m l t e
p o m m e è m ï e ï u r ê e a l s o r e n u e j é d é â
p t î l e p m a l è h o é s u ô a t d è o ï y e c i r p
p k c ï â b u w a x t a y n à è r u t y h j z é ô g â d
m r a w c m c b f à q t c î é ô b e ï e l b a t e g e v
g z z e n e c u o p r h y e r o t s r o o l f m w z v i
q é i k z r r y ê f h b e a r f g r ï n o s e q r h a h
```

Find all French and English words in the puzzle.

French	English	French	English
déjeuner [m]	lunch	hanche [f]	hip
savon [m]	soap	lampe [f]	lamp
corps [m]	body	animal [m]	animal
poignet [m]	wrist	prix [m]	price
bol à soupe [m]	soup bowl	frère [m]	brother
pomme [f]	apple	ours [m]	bear
étage [m]	floor (storey)	pouce [m]	thumb
légume [m]	vegetable	cerf [m]	deer
tableau [m]	picture	sel [m]	salt
gorge [f]	throat	rat [m]	rat
bras [m]	arm	nez [m]	nose

127

Puzzle #102

```
è t c v f b f o o r y s e n u n d u c k g t n n ê n l q
i a y o e e t e ï n j ï r l e n t a y l b u e i t a r j
ê ô à c r o v î i v g l è a c p e ï w n e v e u e c n î
è è è h i n h a i ï é â i â d n h m g e g e t r a c o d
s i g t n x m x a â x à n e w i o e v o t s y ï é i e x
n j b y r à n r u q g h i l q l o t w s d à y ï e é e k
n e i h c o m q u w p ô s c h d p c r a d i o c r p m w
l o u p c l e t ô h ê â i n i n o t f p ô k é e t a w u
h i e u î p a r e n t s u u s a r b e î g ô t n î r h q
u ô a r w ô î a h x e r c b e h s g s r à t i o d e q h
h f e à r ï s é x s c e r v e a u à o d u a s r n n o t
v k l f s u u c o n v w z h a h ï c n b r ï a x p t a p
q k u g h v e o q ô c g t e t è w l q b a n ô m e r ê â
è ô o ê ê e g b é x h a w k n ê z â g m a w x l è r ô ï
n h p n a c k r r h o x h x ô ô f j g c j w o l f w k r
```

Find all French and English words in the puzzle.

French	English	French	English
carte [f]	menu	hôtel [m]	hotel
cuisinière [f]	stove	toit [m]	roof
loup [m]	wolf	canard [m]	duck
beurre [m]	butter	nez [m]	nose
neveu [m]	nephew	maïs [m]	corn
parents [mp]	parent	oie [f]	goose
nièce [f]	niece	bras [m]	arm
poule [f]	hen	oncle [m]	uncle
cerveau [m]	brain	chien [m]	dog
radio [f]	radio	main [f]	hand
faucon [m]	hawk	rat [m]	rat

Puzzle #103

```
i x c h l é o p a r d u l y n t f y à u o n e g î r b y
r î e n o n ô e l p n y r v q d h y a k h è ô q b i o e
b z â m i o à g î e j c è î d r s e r v i e t t e o n d
o z b e g i î t m g ê î t h x a a o f l y e e m r r e d
i p ô l n n v a g d o g l h é p î k n e e g u p o i d n
s u r o o o ô h t u o m à l â n e i h c a l à j r m s a
s k é n n b e v e r a g e t o e y ô a s e j a p r r g h
o e b r o o m q e i e s a c t i u s i d e à n î i m m n
n j m j d ê n r v e g e t a b l e v é s q a y è m u r h
a e è u f h t g ï u j u n j n ô z v o g p k x p l b w a
b d t ê g ê â â a k s b n o j î a a f k s h e e t r o z
t p t r n é d j s b e a i r l l p a i è n y s a r b d x
d a r e a f l p l o à l a u i e c n é b o u c h e è n q
r c f p p c n ô h a e a m s a e m o l i e t r o à p i a
é e è v z s a v o n a i e z é â p é l e o p a r d k w p
```

Find all French and English words in the puzzle.

French	English	French	English
serviette [f]	napkin	visage [m]	face
chien [m]	dog	savon [m]	soap
valise [f]	suitcase	genou [m]	knee
melon [m]	melon	légume [m]	vegetable
léopard [m]	leopard	bras [m]	arm
boisson [f]	beverage	bouche [f]	mouth
main [f]	hand	balai [m]	broom
oignon [m]	onion	os [m]	bone
miroir [m]	mirror	mule [f]	mule
carte [f]	menu	orteil [m]	toe
fenêtre [f]	window	drap [m]	sheet

Puzzle #104

```
x x g w d n o x r p x ï r k r c o i j é f c n à m o x ê
r s i i y f e e e h a g t ê a ê f è p é ê â u e e ô h d
a l c p r y î k q e m r r a t l n e v l q h e i z s l c
e i e h e a w e r ê t d e z r ô q s r c â z l è s z p r
p f b ï i ê f u ê j a b n n o c o u j i r x n s e e â a
v u d a d n t e c l e p è q t s d o n a o ê s u r s q v
î a u c à r d o a ï a k à x à s o l u c n p m n p o x a
i e s k e l l s â p u a a f m y v b y a l o i e e o y t
g b m v t e f f a r i g a n e n è q â p e e s n n g â e
ê î u e d a l a s b a o q k s a e k i g j b e p t t p s
u o b n a j z d r a e b d a e h e r o f à c r d e e o l
c e v e é i â b l i ï w o r c y a i n s k i n o a t i n
h v s e d k p p a r e n t s r u o e o t o y à u c t s w
z p t o q e b l a n k e t t z ï à g i c ï o n c l e g t
j v e e n ô b t n o r f c o i s î e h c h e m i s i e r
```

Find all French and English words in the puzzle.

French	English	French	English
parents *[mp]*	parent	oncle *[m]*	uncle
salade *[f]*	salad	menton *[m]*	chin
beau-fils *[m]*	stepson	lit *[m]*	bed
chemisier *[m]*	blouse	nez *[m]*	nose
front *[m]*	forehead	cravate *[f]*	necktie
couverture *[f]*	blanket	oie *[f]*	goose
serpent *[m]*	snake	poire *[f]*	pear
girafe *[f]*	giraffe	peau *[f]*	skin
oeil *[m]*	eye	corbeau *[m]*	crow
clé *[f]*	key	ours *[m]*	bear
rat *[m]*	rat	papa *[m]*	dad

130

Puzzle #105

```
h s i n g e o w b v g k l e t ô h ô i à c a w è r o o m
y p p e m s è b s z d ï p e l s ï p â c g a n a n a b z
è ô h ê a s y u d l q ï ô r h h l r e n n i d g d u c k
n p l l c è p e r f j n n b v y j a e u a d n e l b o w
e w a è é h ô l k g s w o m t e h a m l g i i v z x h ê
y d g b z q e é a n t o m a m n u u l a l n à o ï e k o
e s e v a m n v n f o c u h ï a k e h i k t o l e t o h
p p ô i î n m l e l o m o c e i r é e a b m m t w p u g
k o é à u e a u s r a n p î ï b h c d q p a x v a c h e
è r i m s l u n b c r m d p m e t ê t e n x s s a l g y
g e î r a z p g e z r e b u a è w o a t t a i n a ï n l
z n t c e f i a n c o u d e n ï u c e à l l l a m a m d
â î u l d n a h r a h â w ï i t h a i a v é ï l â m j a
c d c o a t î e n a l d r d a à u h d n è l n d k à ï e
n ê d u m v ï l b i p z t v m o r a e p c a n a r d ï h
```

Find all French and English words in the puzzle.

French	English	French	English
chambre *[f]*	room	canard *[m]*	duck
manteau *[m]*	coat	dîner *[m]*	dinner
plafond *[m]*	ceiling	hôtel *[m]*	hotel
coude *[m]*	elbow	tête *[f]*	head
parapluie *[m]*	umbrella	main *[f]*	hand
vache *[f]*	cow	poire *[f]*	pear
pêche *[f]*	peach	verre *[m]*	glass
langue *[f]*	tongue	lama *[m]*	llama
banane *[f]*	banana	poumon *[m]*	lung
agneau *[m]*	lamb	hyène *[f]*	hyena
salade *[f]*	salad	singe *[m]*	monkey

Puzzle #106

```
g e â t r a e h l p e a c h o é e k à f y e e q e i t è
g c o r h c o e u r f z s e t r a c d a e h e r o f a r
b i è ï t a x i m g é i t p o i g n e t x f u a à d x o
e e d n a h i e z i s e l r o t a g i l l a f d î a i t
d n y è z h n l e â à d è l f n m è f x u e p l e e u a
d o j e u g e d i h k j f i e o r n f ô n o s r e r q g
e ï l ï b p l r ê c c p a p a r j n p b e o è o e b m i
s e n m c r e r è w r a z i v f m u i o m m h h o s h l
s l i f o g o p i g m u v h t t o f u a x ï c n p g c l
e u a ê g t e w w u a b o à q r s e e h m ê t î l ê d a
r m p e t s h q l é w t q s è w e h u j p e a b é ï m n
t x e f d i b e ê z m î é p i e d s e f e é i z o g â v
â c o c a r y y r d r y j h î j n i s l w g l c o w â t
k o p o d w u w t e b c h e v e u x è e f s l r i a h o
t â m d a u g h t e r g â é k c j x s è d é e è g ï t è
```

Find all French and English words in the puzzle.

French	English	French	English
sourcil [m]	eyebrow	coeur [m]	heart
pêche [f]	peach	taille [f]	size
front [m]	forehead	vache [f]	cow
alligator [m]	alligator	fille [f]	daughter
oeuf [m]	egg	papa [m]	dad
cheveux [mp]	hair	mère [f]	mother
main [f]	hand	étagère [f]	shelf
poignet [m]	wrist	mule [f]	mule
pain [m]	bread	taxi [m]	taxi
oie [f]	goose	carte [f]	menu
dessert [m]	dessert	pied [m]	foot

132

Puzzle #107

```
t e i u l p a r a p b é î c v z r l w k k ï g ê ï z g z
r o q u h a k v a t s ô è e o p j i i l m â i h g m y b
e e e s m h y e n a y l u s x w f l i c e v p ô o o c j
s i t ô i b p à y o i è d n y e à y r g n u h o u î d b
s r é n s d r o u t l g e i q c k u a a ô h r k r d x j
e r t o d e l e p d ô a s s g è o g t ô é g n e i l g e
d k a a e b î o l o j u s i o a n c t î n ï n x ï e g c
è e r i x e x w u l y à e a t e n t h i i a a f n s h a
s a s g s i d g s p a é r r a l ê t v o r t f l f j ô l
o c f u d i i a i e x â t u f è a i j d n e w x o â m g
v z d f o a n q l r f y v o u u l s k c n i o t o b t g
a w b e a p l d i a a a x e n o b k é è h à l u t g è l
s ô m y i m é a g n s f r b â h ê î y p ï i f j s e y o
e i a u w p é ê s e ê é f i c i g h w x w e e l ô q è v
u d l u o j â s q f n q ï e g î j f ê c ê p d n l â j e
```

Find all French and English words in the puzzle.

French	English	French	English
loup *[m]*	wolf	hyène *[f]*	hyena
salade *[f]*	salad	gant *[m]*	glove
cochon *[m]*	pig	chien *[m]*	dog
parapluie *[m]*	umbrella	taxi *[m]*	taxi
agneau *[m]*	lamb	renard *[m]*	fox
raisin sec *[m]*	raisin	vase *[m]*	vase
affamé *[adj]*	hungry	glace *[f]*	ice
lit *[m]*	bed	sel *[m]*	salt
salon *[m]*	living room	girafe *[f]*	giraffe
épouse *[f]*	wife	os *[m]*	bone
dessert *[m]*	dessert	pied *[m]*	foot

133

Puzzle #108

```
è o a k v k r s a g l p v g è h d o m é n l e s o o g ô
è y l s m b o t i u r f h ï n u o j g h à q a j e y e i
ï s k i r t à y b b l ï f u e o a é i f w w x o ê q l l
g y e h g z ï p q i i u e v e n ï e r e ô e h v w p t w
p e e p u j k o e à p z u d ï è ô u h y x h l e u v a à
f â n d â o w o p o ê o o p o d i p y x c c l k e g b î
p o k o x n w c t x t p i i è t e è è r w ê t a i l l e
m y j à u o h m h c è à e r m n î y f r r p l d j u e d
c a g è h s k a a j r â i a e a b v é r e e e l b a t e
k h i j g s e t i p n o r t i c e z i s a k b ï a y j h
a d e n a i g s e r m m u b e v e r a g e i r w e w à u
x n m v b o g a s y i l v x q à n o m e l p s e a q d f
w a ô q e b r î e t j ï z c h a t i n o l a s e t r î f
w h w n r u é à e î c j k h c a e p r u m i y ô r a t ï
w j i g d x x r o u e l i v i n g r o o m b à t r è w s
```

Find all French and English words in the puzzle.

French	English	French	English
pêche [f]	peach	roue [f]	wheel
citron [m]	lemon	taille [f]	size
boisson [f]	beverage	oeil [m]	eye
neveu [m]	nephew	oie [f]	goose
fraise [f]	strawberry	chat [m]	cat
salon [m]	living room	fruit [m]	fruit
jupe [f]	skirt	marmite [f]	pot
eau [f]	water	cheveux [mp]	hair
main [f]	hand	table [f]	table
genou [m]	knee	oeuf [m]	egg
poire [f]	pear	mur [m]	wall

134

Puzzle #109

```
â u ô s p o o n â e s u o m è i p a o s n e è x î b é m
s b n f â à x à c a r t e s o e l h v r t u x n p e a w
j e r è r f i m e d g h a t d b w z y n i a r b a î v g
t i a l a r s b a p m c n à ê p o i u l è e s u ô s p u
o l u n o i v a m o m e u ê ï k b î x u b v a é é o v p
e m p t é i o n o e r p a r e n t s u n o r ô ï r u f o
à p ê q n î o r o a p ô z l a m a a v e l e ê t q r w i
t o u p w v g r p m ô y r n e p h e w m v c e p i i w r
l î s j a n t s a l l e à m a n g e r î k l i m e s w e
p l x s i x r s d r f u è r e t h g u a d e é c s a à n
l â a n z è i x a b f r j b l k c u i l l i è r e x r g
a l i m r î k e s t e p b r o t h e r a l f s d o o r t
t d g j a t s ê b o e i l s ê e y e n p y r p c j y i i
e ï a i r p l a n e x ï è r e t a w m u e v e n â g c o
q e l l i f w o f l t ô t y g f s u a s s i e t t e z e
```

Find all French and English words in the puzzle.

French	English	French	English
porte [f]	door	assiette [f]	plate
demi-frère [m]	stepbrother	savon [m]	soap
salle à manger [f]	dining room	avion [m]	airplane
lama [m]	llama	tôt [adv]	early
cerveau [m]	brain	souris [f]	mouse
parents [mp]	parent	oeil [m]	eye
neveu [m]	nephew	bol [m]	bowl
lait [m]	milk	sac [m]	bag
jupe [f]	skirt	eau [f]	water
fille [f]	daughter	carte [f]	menu
cuillière [f]	spoon	poire [f]	pear

135

Puzzle #110

```
a n î è é a i r p l a n e c l c î à l w l e n e v n x g
z â l o g c h a t g é ê w a u g â t e a u s w p a f a r
r o o d v e t r o p é è î è m i t a o r h t i è s r m a
i e l c n o r s ê l a n g u e é l j m t è e e z e k k p
s n q c h a p e a u d z g o c m î l l ï z t s â e z s e
t ï â t a ô z y e k n o m h r v z u i u f e é a b w ô h
k o b o g q t o n g u e a e ô è à k t è n o x w v c o è
l y o e l l i e r o w r n k l a e î n r c e u y a l d
y e a t o f t z ô ô p î o j r z v p g n e e l b u k e g
o k r i h r ô z é e d d a r r e x i o ê t d o e j e g é
v g d s l a m m r â c m b a b s n o o a c l h e g è r l
â a î o y c e a c é b î i o k t p n i n n a ï g o ï u c
r b n v e s d d d e î s w î r s i l i a d e t n r h x n
h u v f s i l x s â i l è è s c l a p d ô y f i g ï y z
y s x p o l l y j n j t a h x e y c z m r e z s e y m m
```

Find all French and English words in the puzzle.

French	English	French	English
singe *[m]*	monkey	dent *[f]*	tooth
écharpe *[f]*	scarf	dîner *[m]*	dinner
jambe *[f]*	leg	avion *[m]*	airplane
oreille *[f]*	ear	gorge *[f]*	throat
vase *[m]*	vase	bol *[m]*	bowl
langue *[f]*	tongue	porte *[f]*	door
chapeau *[m]*	hat	gâteau *[m]*	cake
cuillière *[f]*	spoon	chat *[m]*	cat
oncle *[m]*	uncle	oeil *[m]*	eye
radio *[f]*	radio	clé *[f]*	key
raisin *[m]*	grape	taille *[f]*	size

136

Puzzle #111

```
t é p i n a r d s n z ï h t q é g y l o u p n d v w d t
u ê é o c w â m w c u i s i n e â e î p m e à d y q s g
d e p a i é l e e h g s n e h c t i k e z o x e r d f k
e e i x b d u e s o n ï r f ô t b d s a h r i b t g m s
s u c r e b a q w v m j c m e ê l s p c p g b v s e o l
e o e à e z l r s u g a r i b i a q a o â r l k a i w i
y e l u m s d ê z x q f v g h g t n a n ô è i z p o è f
t i s u s p s m r î l r à c e a i n e t ô m c c t ï v t
î o l o z p o i î è e i d j c p y p o t u h t d e i x i
l e r o o i o è t s u n t k s î d r p l t e a o a e t t
o m e t s g j e k â a i e f s d t f e r t o h n b o n e
k u r e o i d a r r p k x r k u g l t d i t c k ï h à p
f î a y c i r i g g à p z e e ï i o w g j x v e d à â à
f u r e e d s k g h d a î c i f w w o l i ê ê y o k à c
u d r i b m o e r c q n o r t e i l e g a s s e m a i d
```

Find all French and English words in the puzzle.

French	English	French	English
pâtisserie *[f]*	pastry	cerf *[m]*	deer
épinards *[mp]*	spinach	oie *[f]*	goose
petit-fils *[m]*	grandchild	sucre *[m]*	sugar
cuisine *[f]*	kitchen	mule *[f]*	mule
radio *[f]*	radio	lit *[m]*	bed
oiseau *[m]*	bird	message *[m]*	message
âne *[m]*	donkey	orteil *[m]*	toe
chat *[m]*	cat	os *[m]*	bone
tortue *[f]*	tortoise	nez *[m]*	nose
serviette *[f]*	napkin	loup *[m]*	wolf
prix *[m]*	price	oeuf *[m]*	egg

137

Puzzle #112

```
t m x c o l l a n t s y o ô f r e c é l r o o f c o s î
n r e t s i s o ï l t g n o i n o t e e f e x î ê à c x
e ô k e s o n s z u n h o y e k c e i n t u r e m p à n
p g e t ê t h e a d z o f d m î s o e u r p j q p v d e
r b s g n i k c o t s t e o z v m t à j o g h ô t e l i
e u c y f n ï o è à e e o z o i d a r i k r n o f b v h
s l s s e p u j t a l l e g n p ê j g h b p t u z i l c
t l p i e d s j f j w r n s o ê k n k k à a u o l r é g
â u à d e e r ô r l è n a g n î e m o w i z i s s d l é
n o m u o p e a u i q s y à g t ï s à l g s r é i g ê l
î i y h i k d i l s k i r t i è p w l f e è s i z z s c
â n à u a i h l c t t a q q o o n e r a d k y h e ï e s
u o m n o d i f l t s ô ê à o i ê â u i b z t u n y v ï
v é s ï è u u a z a â â u n q â t n o s s w i î é ê q ï
h v ï l c o s f c w ô l b e l t é v ï ô u t g a b m c b
```

Find all French and English words in the puzzle.

French	English	French	English
oignon [m]	onion	soeur [f]	sister
taille [f]	size	hôtel [m]	hotel
cuillière [f]	spoon	clé [f]	key
collants [fp]	stockings	oiseau [m]	bird
pieds [mp]	feet	tête [f]	head
radio [f]	radio	sac [m]	bag
chien [m]	dog	toit [m]	roof
poumon [m]	lung	ceinture [f]	belt
nez [m]	nose	serpent [m]	snake
poignet [m]	wrist	sel [m]	salt
jupe [f]	skirt	cerf [m]	deer

Puzzle #113

```
r s q o t y d o b e d e i p q d r a w e r r x t y ê m é
c u o r î q ê é r i o r i t é l ï à h z v v v i h z e m
p m e l v k è n à c g m t o r t e i l î s ê b u q o i a
s o m o s i s t e r l i h u n g r y v g p r w s r v k f
c c p t s v e y î ê a l e v h e n â r h j a é r e o c f
t j a e p r a h c é s k w r ê e b x a s u c r e s s a a
o h l r r g d s c k s r f b b y h e g g s t s d a y r y
e q m e f u r r e u a î p o u l e n u r c e ô h v b p ê
a t v x s e o t k h o u k l s â à o s p o e b q o j e n
t o n l z z b s a r b d s v p i r b x t s h n i c w t x
l o f î a y â l p x é ê r e g n a m n g t s e t ê t e c
e f w d b i u a m n r n é é o ê o e è s u i î t d k h r
b f é ï i à t o o t h j z e h s d é j i m é h a c a k s
ê i c e c r e a m c r ê m e g l a c é e e r î g o s e â
î p c o r p s k t l e p p p q v c t a p i s a r m f ô h
```

Find all French and English words in the puzzle.

French	English	French	English
douche *[f]*	shower	tête *[f]*	head
affamé *[adj]*	hungry	orteil *[m]*	toe
sucre *[m]*	sugar	verre *[m]*	glass
costume *[m]*	suit	tapis *[m]*	carpet
dent *[f]*	tooth	pied *[m]*	foot
os *[m]*	bone	vase *[m]*	vase
manger *[v]*	to eat	tiroir *[m]*	drawer
crême glacée *[f]*	ice-cream	poule *[f]*	hen
soeur *[f]*	sister	corps *[m]*	body
écharpe *[f]*	scarf	bras *[m]*	arm
lait *[m]*	milk	drap *[m]*	sheet

Puzzle #114

```
w î y m f a e s o u r c i l k y g o o s e â à w f n c l
b f ï o e c e t s h s e l f u o t n a p n d r l è u k ê
q à î m i t l c t î f d d k t w u n c l e q a b é e q q
e l u x o r a d g e s t n e m e t ê v w b p c y i ê h d
l r j ê u r a o n g i x n i k p a n x y i è g d a z k q
ï z v e f w t g c o e v f e n w l j o n o n c l e d n s
a è p è q d l é u n f a r i r e m p b é u n a y ï ï r x
t g a u h è o l h s c a è e t c u â w f c w o l f e â m
a t n a ô c u a o e g c l o s h u ô o s o h h é p f x t
o k d e t î p a n e e ï h p â p c s r v x m a p u b b n
g f a t e x p e m à s t n e r a p ô b w f î i r o â r e
è u ô n l a b j n i e c e ô î ê r î e d u l d î p a o r
ï e v a p b a d n a p g n i l i e c y j s g t w e e u a
r o e m c ê b c x r a b b i t r è ï e h b e r b i r r p
i e g n y â ï m d a d v i s a g e p f c l o t h e s s e
```

Find all French and English words in the puzzle.

French	English	French	English
plafond [m]	ceiling	serviette [f]	napkin
boîte [f]	box	visage [m]	face
oncle [m]	uncle	parents [mp]	parent
manteau [m]	coat	ours [m]	bear
nièce [f]	niece	oie [f]	goose
vêtements [mp]	clothes	oeuf [m]	egg
lapin [m]	rabbit	pantoufles [fp]	slippers
écharpe [f]	scarf	sucre [m]	sugar
chèvre [f]	goat	panda [m]	panda
papa [m]	dad	hôtel [m]	hotel
sourcil [m]	eyebrow	loup [m]	wolf

140

Puzzle #115

```
v v j à b f i n g e r n o i v a è i à a q q g w è o s u
z é d e b é g â s f r x d z f é p u t e l c n o ê u d a
ô p ê h à a n h t s a f k a e r b ï i é j c o r p s o e
r a c z q e i e e à z y p o r t e ê l f î b z j f d o p
t n t s i r à n â x l y ô k a i p e l c n u e k g o r a
s a x h t e â é é î ê y b k j p v b c p r a d i o n u h
c c c a a f t z g l a c e c h e m i s e à x î j e k o c
b b ê a l â d i ô i ô g e n a l p r i a r à p ï d e u e
o s à u u b b e m n a n n â b b e a r a ï u o l l y r r
d z u n à r t o h r i u h h k a o k a a à j u e c i s r
y o â t a o o e n v a l y p s r e p p i l s m e v é e ï
w è i d p y e è é e m m s i h c u o c â é b o t e y e o
ê z i g x o f p e t i t d é j e u n e r s ï n n a j d d
a o h g t a f x è è o p a n t o u f l e s k z a â p t v
u h a t c d f ê m v ê è é d r a n e r g o d s t é a u l
```

Find all French and English words in the puzzle.

French	English	French	English
petit-déjeuner *[m]*	breakfast	tante *[f]*	aunt
chemise *[f]*	shirt	glace *[f]*	ice
marmite *[f]*	pot	chien *[m]*	dog
âne *[m]*	donkey	lit *[m]*	bed
pantoufles *[fp]*	slippers	oeil *[m]*	eye
doigt *[m]*	finger	corps *[m]*	body
avion *[m]*	airplane	ours *[m]*	bear
chapeau *[m]*	hat	canapé *[m]*	couch
poumon *[m]*	lung	os *[m]*	bone
radio *[f]*	radio	porte *[f]*	door
oncle *[m]*	uncle	renard *[m]*	fox

141

Puzzle #116

```
t n a g e e ô q m n p m a l g v e l l p e a r f j l t o
à g h r i s c u ê g d t t e a g g ê q p g ô i u a y è y
â o i t b o r n a a b g t v p n v l ô â o è s i x k o ô
è o è o n e b w e e ê i i o a n t k b f g é t o l x b h
p r d c g u j r c a u o l l p w r e s t a u r e n t b r
h y l n n l b â r v t d g g â l q d ê h e c o r p s e s
è e i c t k a j o e e u c l l é e r b i o g i g l s z p
p f l v c a v m l r k o g u w b z b o o v r u m t l v a
r e c o o k u j p r n l b p r o ô m s p l à l a e n e i
i a l i k k â r m e a à ô h r u b u k ï a u u o e l o n
c c o g m z n c e s l d f y c i x h i î d r k q g p o t
e é e c u o p u s a b e a g n a x t n ê a k ê b j e l n
l e t t u c e o i i u l r d j é d w ï n o l e m o à h a
l e z a p e t i t d é j e u n e r p t r e t a w ï o è m
i c o u v e r t u r e z r a q o o f t s a f k a e r b î
```

Find all French and English words in the puzzle.

French	English	French	English
verre *[m]*	glass	pouce *[m]*	thumb
restaurent *[m]*	restaurant	doigt *[m]*	finger
taureau *[m]*	bull	lampe *[f]*	lamp
gant *[m]*	glove	lit *[m]*	bed
pain *[m]*	bread	papa *[m]*	dad
laitue *[f]*	lettuce	prix *[m]*	price
petit-déjeuner *[m]*	breakfast	eau *[f]*	water
couverture *[f]*	blanket	bol *[m]*	bowl
horloge *[f]*	clock	peau *[f]*	skin
corps *[m]*	body	oncle *[m]*	uncle
poire *[f]*	pear	melon *[m]*	melon

Puzzle #117

```
f d ï é t i s â d r c a b p e a r l d h b l ô o d j a y
b à a c s k e e o a d p s t e p m o t h e r x k m h ô f
ô ê î d i î c r r ê l e r v è l é ê r m i l k ï o r p è
z r p n f f n t è p x a ï s î b x î l a i t x r p o z l
l a m p o o e h h h r i s e r u t n i e c é s l i d é ô
a u à x è t c r p p t x è c j v x s o à b e ô r ê b n j
e w g m è d î î e a e n h r e c è t n d o r e f r ê î à
o e e r l i ï ô c t n a a â p r i c e p x r r a a p a p
a e n a v c m n e ô î t u p d f h e z h ï â s v e é m h
v s o k h s j â p u t o h z l r ï r b e l l e m è r e u
t o u e è à n q l ê p o b e p a a e l z î d e g x o w o
i n v s t ï f a a i r à m i r l f n u q e î j è a l i o
l a c t l e b r m t i è e e a è o n e w g n i o p i g e
l r e d a l a s p h x d a u n f o i è r v e j t i p p y
ô g o o s e e h e m z u e à ï u t d b u x r à i v b f b
```

Find all French and English words in the puzzle.

French	English	French	English
ceinture *[f]*	belt	pied *[m]*	foot
poing *[m]*	fist	poire *[f]*	pear
belle-mère *[f]*	stepmother	boîte *[f]*	box
panthère *[f]*	panther	oie *[f]*	goose
cheval *[m]*	horse	lèvre *[f]*	lip
renard *[m]*	fox	bras *[m]*	arm
prix *[m]*	price	lait *[m]*	milk
papa *[m]*	dad	carte *[f]*	menu
genou *[m]*	knee	lampe *[f]*	lamp
salade *[f]*	salad	peau *[f]*	skin
dîner *[m]*	dinner	nez *[m]*	nose

Puzzle #118

```
b m a n t e a u é e ï ï v a a l r g o r g e a e s s a t
u v l q é o n x n é u o a u m k e u a è q o è g q s â t
c o i d a r i r j o r a n g e a d y o k z f j d â p a v
î b d c f à s e h q s t n e d y l o x o j d è t r o w o
o u b o b y u l i r e g n i f m u l d i è j a n r y c u
ô e o g u v o u v b e u r r e c o h m r b r é h o u d r
r t u r t f c a ï à c o c h o n h t e g g n t h p s a s
e t u f t ê p p k à t j p à n o s i a m p ô i q e w e e
a g s é e f e é ê y e a r r d o i g t d m c s h î e c w
l i n a r t i a l l e m x l s g l c b n x f ï r m y b j
g a i a p p i e d a t b b e a r o î ê î k a e a o i e î
g ô e o r e u l è t h e e n l d b o z v t l ê t g â i t
b è g m j o r e l a m a z i r q n i s u o c i e i ô g a
m d o r a o j g q t d à e ô à t ê t r e v w u m p j ê o
h o u s e r q e l n y w n î o i d a r î t v e q è l b c
```

Find all French and English words in the puzzle.

French	English	French	English
beurre *[m]*	butter	manteau *[m]*	coat
dents *[fp]*	teeth	oie *[f]*	goose
rat *[m]*	rat	radio *[f]*	radio
épaule *[f]*	shoulder	doigt *[m]*	finger
orange *[f]*	orange	cousin *[m]*	cousin
jambe *[f]*	leg	repas *[m]*	meal
lait *[m]*	milk	gorge *[f]*	throat
maison *[f]*	house	tasse *[f]*	cup
lama *[m]*	llama	oeuf *[m]*	egg
nez *[m]*	nose	cochon *[m]*	pig
pied *[m]*	foot	ours *[m]*	bear

144

Puzzle #119

```
l b q f l r e i d a l a s w f z ï v i n e g a r k l é z
î m i h o w j x c a k e t i t h g i e w r q ô c a a e î
î l p p u s â u m ï n o s m a n g e r f o e î b w v p ê
s r o e t q e c a n a p é s g â t e a u s y h â à e a n
à t r e à w t z e c u o e d h d é k t o e a t y h r f
ï g e e z c ê p t k p c l l a w â h â s è q è ô a c d o
r h c h â o h a g e k h c u o c s u î r z â n h é f v o
s o j c è x â n v s s e b m a j a s w e x i f l z h d r
u r d ê k ê r t o i t s l m s e f c ô s é p è r e w q o
v s m p z u u a f x x n u d p â s z â u c o r m m l t ê
u e e l u o p l k u s a l a d b o w l o x b i m w â e é
t s k d a î w o t è s k h ô h e t i m r a m u r l w ô g
l c o x m g à n p y i c l h r c g f î t q r c p o i d s
a h e n p a s t r y l h a p â t i s s e r i e ô ï î z n
s d x y j a f e é v d t z s k i n y v i n a i g r e n s
```

Find all French and English words in the puzzle.

French	English	French	English
pantalon *[m]*	trousers	marmite *[f]*	pot
drap *[m]*	sheet	poule *[f]*	hen
manger *[v]*	to eat	jambe *[f]*	leg
saladier *[m]*	salad bowl	vinaigre *[m]*	vinegar
pâtisserie *[f]*	pastry	toit *[m]*	roof
mur *[m]*	wall	gâteau *[m]*	cake
chaussettes *[fp]*	socks	chapeau *[m]*	hat
pêche *[f]*	peach	fils *[m]*	son
cheval *[m]*	horse	poids *[m]*	weight
peau *[f]*	skin	canapé *[m]*	couch
père *[m]*	father	sel *[m]*	salt

145

Puzzle #120

```
c c p y j a m a s p m a j z o d x â h h x e x e j u b b
k â j s n t ï u i t u b f s ï é b l o b e ô l l é è s r
a g o o s e é h s v b e o l e è o w à e v a s z l u v b
v o d c o n c o m b r e n w o t î k t c o u d e o ê m l
ï h l c è k p d u g r j k g l w t j b ê a ï c r u h i e
v e y e m ô x p i f o w o b l e e e q z t c h e p a t j
e l î c à ï t a y w o z î p f p r p l î t e t b p v g e
b h u î w f n n a j f d a c c f a u x i o z é m o x n c
i o c m x i é i a j a o b i e ô g î k s o i i u s j f e
c x r n v n t è é g s m l t c h e o l y a t e c h h b i
m â a f a e f à n c u s a r è p n e m é q v v u è m q n
a h j t r h l e â u q à a o i q i i a h î n o c s t h ï
ï l e m o n c t o i l e t n n ê v l e v o l g n ê e ê o
s â x u â k c c m b y k i x a t ô ê r u e v r e s x a p
ô u m o î h b o x à b m ô j à é e t o i t ê h c o r n u
```

Find all French and English words in the puzzle.

French	English	French	English
coude *[m]*	elbow	tête *[f]*	head
concombre *[m]*	cucumber	pyjama *[m]*	pyjamas
toilettes *[f]*	toilet	taxi *[m]*	taxi
vinaigre *[m]*	vinegar	oeil *[m]*	eye
serveur *[m]*	waiter	oie *[f]*	goose
nièce *[f]*	niece	seau *[m]*	pail
gant *[m]*	glove	maïs *[m]*	corn
citron *[m]*	lemon	cou *[m]*	neck
hanche *[f]*	hip	boîte *[f]*	box
loup *[m]*	wolf	toit *[m]*	roof
savon *[m]*	soap	bol *[m]*	bowl

Puzzle #121

```
l â c f l l a â u t d l e t o h m î y a l m k a u à q ï
n o t n e m a t e k n a l b t o o f o m è e m o n n p q
r e c p l ô h p h k f c a d e b o u ô a y l c m b o r g
x r h e i w c i i t i b b a r o r â g l à u r o â à i q
t b i a a e p n p n è ê p ê o à n n p è k m g n m f a l
ô m n c o c d j p p d n o h c o c e r ê â v ï k r o o y
n a s h p r u f o p o y g l a h m q c o c o o e e è x x
i h d a s a ï ï p o r p e b a n a n e k c h b y v x a â
k c r z i v d l o w u t o g l a c e t à t x e a a z t a
s d a g n a à i t l ô à g t b l t x l l à i é c n e m è
r â n x g t n t a h g i u z a n i c e i e t e f e a x j
ô z e é e e r e m â a a m p e m è l h e o ô t h l é n s
à w r b q w n â e j e u i c ô ê u e ê c y n s l m i l a
b p u d y n r m e p l g k f m b ê s j o o ï ï j è e k y
s ï a m u e z k h e r u t r e v u o c m k i e c v ï e w
```

Find all French and English words in the puzzle.

French	English	French	English
cravate *[f]*	necktie	renard *[m]*	fox
hippopotame *[m]*	hippopotamus	lama *[m]*	llama
lion *[m]*	lion	glace *[f]*	ice
cochon *[m]*	pig	peau *[f]*	skin
mule *[f]*	mule	lapin *[m]*	rabbit
singe *[m]*	monkey	maïs *[m]*	corn
pied *[m]*	foot	menton *[m]*	chin
couverture *[f]*	blanket	hôtel *[m]*	hotel
pêche *[f]*	peach	drap *[m]*	sheet
lit *[m]*	bed	chambre *[f]*	room
banane *[f]*	banana	cou *[m]*	neck

147

Puzzle #122

```
e h x â é v d w j y é x e c h î ê o p o u l e e ô q s m
j l r v à k î é f c u u è e e s t ï v w î d n o f a l p
r g e e u s f r h c o u k r w i i a c h a p e a u o i à
u n b l â ê t a p r ê m â f p i e d i k c b l p s i z e
è i m l e x r î v z l s c a r f â n a l u m i e ô î z t
o l u i d p t j q u â è i v r h n j c r l g u w e r d g
n i c e e g ê e p c è ï c k ô o o c q r s e f i r h î q
î e u r v z t o h e b r e c h u j s é g i b é ô k â w î
ê c c o e f e a r y a l s c é d é c p d ï a a e c a l g
ï d g n o r i ô î e s ï o i t r i h s ê a g h w ê w o k
e a z o u s e î k é o c ï k d a t e e a g e z c m i l k
s â t v e a r e d g g e p x n a d m h a t a h v a v l z
o n t a s s e u d c t j u u c e r i c f p c o w c e a î
n e a c o n c o m b r e â f c ô a s a u l r f a ï w i ô
ê h m ê r x p è i s x i ô v â r u e v c j ê s o c x t w
```

Find all French and English words in the puzzle.

French	English	French	English
sac *[m]*	bag	cerf *[m]*	deer
tasse *[f]*	cup	lait *[m]*	milk
écharpe *[f]*	scarf	oeuf *[m]*	egg
chemise *[f]*	shirt	glace *[f]*	ice
poule *[f]*	hen	oreille *[f]*	ear
radis *[m]*	radish	taille *[f]*	size
cochon *[m]*	pig	vache *[f]*	cow
chaise *[f]*	chair	concombre *[m]*	cucumber
plafond *[m]*	ceiling	tête *[f]*	head
roue *[f]*	wheel	nez *[m]*	nose
chapeau *[m]*	hat	pied *[m]*	foot

Puzzle #123

```
h c l k â r o c c c o r b e a u f y ï m f o o r t e t m
è k t a o g u e î s w â î p m p u c c j d t m n i r h u
b c k n j a é ï y u p k w i ô î l b w r o a o o u i i g
î l n o o o h t p e é r h g l î d o a e u x t s r o r w
y o x y l h o ê o x t c o e q d r n i n j i h v f b s v
p c c y a e c é j p â a t c i c e l t s g t e n e r t é
m k q d c s u o r x r n x n h r t g e q o i r l g s y o
a z e o ô v s e c f a f n i d z â a g r ï u j é x q t h
r f s b w b i o r t o e u ô j c u n o r ô r a î î m â e
m w s i g e i u i x r h d ï a è b t l è l f m v è j ô b
i i a u l ô r o ê f m v t u c è z è r y e u b r d â c x
t ê t z o î z v d p f r o o k m n b o j g î e î ô j ï k
e x b i v p é w è î h é i n e î g y h y t m n b k h n i
o v o t e è ê g n h r p t e t y u s l i f e i ï a e j p
b k n i r d o t u é c ê d g ê é s u i e r h r i e p y â
```

Find all French and English words in the puzzle.

French	English	French	English
veste [f]	jacket	marmite [f]	pot
gant [m]	glove	corps [m]	body
dîner [m]	dinner	fruit [m]	fruit
renard [m]	fox	tante [f]	aunt
cochon [m]	pig	jambe [f]	leg
mère [f]	mother	oeil [m]	eye
chèvre [f]	goat	boire [v]	to drink
tasse [f]	cup	toit [m]	roof
taxi [m]	taxi	horloge [f]	clock
assoiffé [adj]	thirsty	genou [m]	knee
corbeau [m]	crow	fils [m]	son

Puzzle #124

```
k p t c h e m i s i e r k c m à ô h q x c b o w l n g z
y à o z l a m p e o c x e z i s e a r u e o s e l l e b
x l î r x i ï i ê n o ô c p d s n t ï ï h y e n a v è
t v r à t î â d c d i u c k u e s d t a i l l e r c â v
e c w a y e a l w g a y b h r p a î c i t r o n a l ï a
à ê l w e r f d é d m q à e o z t u ê x k t a r d e è c
j â x s s r w e m a s f t i é n g e n è y h i g i g g h
r k v e j s a o u r s s è h w r â t e n à ê a t o t a e
i a o b i ê j t a i i l m o n k e y ï r d n â ô h o â y
x t e n k g i p l s l a l r ô j y k e e t i x t n g x w
y g g b y j k x p l a l f a x é b v i t g k d o u a o s
q e a w î s g e v a m y e z m m z o f s j s m â è c s o
é g à u d k t t p m a l o ï n a o l l i y e à u o o n e
c a b q b s a u m a d ê b l o u s e n s l i e t r o î u
b g l o v e m a u q w a l l e t f e ê i h ô c à o t è r
```

Find all French and English words in the puzzle.

French	English	French	English
gant [m]	glove	singe [m]	monkey
peau [f]	skin	vache [f]	cow
portefeuille [m]	wallet	bol [m]	bowl
hyène [f]	hyena	lama [m]	llama
radio [f]	radio	rat [m]	rat
belle-soeur [f]	stepsister	citron [m]	lemon
orteil [m]	toe	ours [m]	bear
chemisier [m]	blouse	tôt [adv]	early
soeur [f]	sister	taille [f]	size
main [f]	hand	tasse [f]	cup
cochon [m]	pig	lampe [f]	lamp

150

Puzzle #125

```
d î l w o b p u o s b y ê e j à c e h l v ï d g â d p e
ê a b î f ï p â v e r v è h c a g n y w p u ê î p o s t
k s d i o î o b o t t l e m l i b â i k a n î t y n p i
l a a o o d i h o i w n e y e p r o v n n u o u q k a g
e n p v t g g d t t z e x o m o x p u r d e i a n e p r
g v c è o o n q z y g c i j v i a ê e t a w k e e y a e
n z p î r n e é w o j a r i p d l g ï j e à n r s g a é
s i g t o m t é e f l f p u ê s d o n k r i o i o h p g
w è e o x b f p i e g a s i v a e p l b è o l a o b p n
d i w p a j l z g i s b e e b n k o a a ï e e l g j l w
l w ô o j t h v h x c ô b t a p q f f n s i m b e n e r
p j i m r e g i t n â e m n s à z z l a d l à h o c ï i
a n ï m n e v e u n p j a h f p i e d n y a a l e è i s
o r l e m î c a î a f b j w e h p e n a d o e ê d i e t
s l j e p u o s à l o b s f ï n è e d p ï m n ê à s o y
```

Find all French and English words in the puzzle.

French	English	French	English
blaireau [m]	badger	pomme [f]	apple
melon [m]	melon	panda [m]	panda
chèvre [f]	goat	oie [f]	goose
poignet [m]	wrist	neveu [m]	nephew
poids [m]	weight	savon [m]	soap
bol à soupe [m]	soup bowl	jambe [f]	leg
bouteille [f]	bottle	prix [m]	price
banane [f]	banana	tigre [m]	tiger
âne [m]	donkey	pied [m]	foot
visage [m]	face	oeil [m]	eye
orteil [m]	toe	papa [m]	dad

151

Puzzle #126

```
x t o n g u e a b m n x j e ï ô d g e r v è h c w n b u
e r o i s e a u x n è z n s r é o r e h c u o b y k f u
l e t p a n t a l o n e a s ô c o t n e d ê o w h h i p
l n n y e z g g e s v o j a y b f o r t e i l t l d t ï
i a r p e l p n a e q e d t e i p z y t m f o x a u i q
u r x p t h p n v ê b a c e j e g l a c e o j t v c e n
e d e a o e c p j c è e k i z m a s î c t d i f o k w w
f j m h n u e a a l w g d ê d i k x q z e n c é ï e ô a
e v c h c ï l m v r u e o c r l e r u t i r r u o n t l
t ï b b v n s e d x j h z u i q h t r o u s e r s r i l
r ï h ê g l a n g u e e ê t b d r e s s à w g ï c â l e
o è s y ï î h h a e l a m c a n a r d c n j z c o r n t
p é à g u z g q ï q w r q a s o è a à h o î e l k s d ï
m o u t h r ï à l b ï t g a ï l g ê à a e w ï n o o m x
ô l â p o m m e v d c u p b c s s m m k a n e v p b â é
```

Find all French and English words in the puzzle.

French	English	French	English
glace *[f]*	ice	oiseau *[m]*	bird
robe *[f]*	dress	portefeuille *[m]*	wallet
hanche *[f]*	hip	chèvre *[f]*	goat
pantalon *[m]*	trousers	vache *[f]*	cow
orteil *[m]*	toe	lit *[m]*	bed
pomme *[f]*	apple	nez *[m]*	nose
dent *[f]*	tooth	tasse *[f]*	cup
coeur *[m]*	heart	bouche *[f]*	mouth
nourriture *[f]*	food	langue *[f]*	tongue
maïs *[m]*	corn	poule *[f]*	hen
canard *[m]*	duck	renard *[m]*	fox

152

Puzzle #127

```
e é b p u g j c t d b a g s l z s d e i p y l è v w ê r
é f i m l y ï r e r k i m l o w d î n e r t o v é w g î
e e a g n w k a e a r o ï l m a o c a s o v o b é y q ê
d t i r g b o v f w w e i g h t p b j o p è p p o i d s
ï i s è i è f a k e p e g s n â î i t l y q g j u n y g
f j y e p g z t é r s d s d a e h h o l ï o n t g o m e
b c è â v y o e k a v u è ï b i y b b î d l i o w x k ê
i d à a n e s a v i s g i r a f f e y î i a m o s a o w
r p â à p u c b f b u a e s i o î a â y n m m f n à k h
d c m c o u t e a u a e n g a i ï ê ô j n b i s b à t r
e n i c s i p i é d ê â m u l e f i n k e l w k c e t à
è b i ô t i r o i r s é o ê ô e r c u s r î s b k ï t e
z p ô z o d e n t v q b à s e r p e n t p t é c i r g t
f t a s s e c q w n i r a g u s i c c x é z a d o ï â ê
y é w n o v a s y h e i t k c e n i à é z j w k w e a t
```

Find all French and English words in the puzzle.

French	English	French	English
girafe *[f]*	giraffe	agneau *[m]*	lamb
cravate *[f]*	necktie	savon *[m]*	soap
tête *[f]*	head	pied *[m]*	foot
bol *[m]*	bowl	tasse *[f]*	cup
poids *[m]*	weight	vase *[m]*	vase
piscine *[f]*	swimming pool	pieds *[mp]*	feet
veste *[f]*	jacket	couteau *[m]*	knife
tiroir *[m]*	drawer	hibou *[m]*	owl
dîner *[m]*	dinner	dent *[f]*	tooth
sucre *[m]*	sugar	oiseau *[m]*	bird
serpent *[m]*	snake	sac *[m]*	bag

Puzzle #128

```
i f r p â y x è e f t d q î y j a r e h t o r b é h â î
ï ô o â a s t o m a c h g t g ô r e r è r f d i n x k p
g è t b ï i n y u è â g t e m e i x n l z d v l h w é z
q s a e f r n r w t q o u y n è a ô è p i e d s a ï à w
n e r s â e e à p ô i d t e m o h x h e j s y ê p m o e
e a e t h a ê l m t n t v r y s u f g o s s c v l c a e
e u g o u t v ô b o u c h e e n d g â a h e y l r a e v
n s i m x n u a h o t e l t è s î a c î î r ô n ô c m o
k a r a u l ï o ô r i s n g i l s à e y u t x f b t o l
v m f c e l l q m j v a p g a b m e r r t o e b ï ê d g
a a e k v u a d s a g u o b i h g o d m b e w ï l i e o
f l r w e b m v l e l a m i n a ê p s t t e i l é r d r
u l m a h o i v p a i l r à r é f r i g é r a t e u r f
e y p î c b n l e t ô h n e i h c e x z q g o n h à q z
o i g ï a a a t g r e n o u i l l e ê o à é c j y î t i
```

Find all French and English words in the puzzle.

French	English	French	English
réfrigérateur *[m]*	refrigerator	cheveux *[mp]*	hair
hibou *[m]*	owl	taureau *[m]*	bull
tôt *[adv]*	early	pain *[m]*	bread
frère *[m]*	brother	lama *[m]*	llama
hôtel *[m]*	hotel	chien *[m]*	dog
estomac *[m]*	stomach	oeuf *[m]*	egg
bouche *[f]*	mouth	genou *[m]*	knee
dessert *[m]*	dessert	seau *[m]*	pail
animal *[m]*	animal	sac *[m]*	bag
gant *[m]*	glove	oeil *[m]*	eye
grenouille *[f]*	frog	pieds *[mp]*	feet

154

Puzzle #129

```
l f x h l o q ô z t n r e w è l z s a c d g i n n j c a
c d e b p ê r z è b r e ô j k e ê ê p w ï n p î i o p m
o p s t o n g u e p a é k v b m a r m i t e x o w h m ê
u h b e l l e m è r e g t r e t t o r a c u a p u m c e
c l e t ô h m y q x a i a è c n à a h m l t o t w m f u
h x k ô i c m n i b l j z j r i u a w u i i e ô e e o g
d n j è f r o i y ê j c a r r o t î n g d r u n i t ê n
e z é ê o ê p s t e p m o t h e r g e s è u e r g i t a
m g p d o t r o p p o t d b u c ê r a h à m z w h î m l
i à a e t a i o ê o r o r r c u s z t h t a v ê t x e h
f l n i ï p è r o a r p a i o à f n m a ï s p w j q n h
r y a p m p e p o d a t w y r ê a r e h t o r b p e t s
è u c k î l y u h i k l e p n p â z a f a r e l r q o b
r n j y w e o j v b r ï r m e l è v r e r ê l i e g n ï
e n v a c h e x p a n t h e r x t z h o t e l p y q f x
```

Find all French and English words in the puzzle.

French	English	French	English
belle-mère [f]	stepmother	hôtel [m]	hotel
tiroir [m]	drawer	demi-frère [m]	stepbrother
poumon [m]	lung	pied [m]	foot
carotte [f]	carrot	marmite [f]	pot
canapé [m]	couch	maïs [m]	corn
panthère [f]	panther	sac [m]	bag
pomme [f]	apple	vache [f]	cow
zèbre [m]	zebra	langue [f]	tongue
lèvre [f]	lip	lit [m]	bed
porte [f]	door	menton [m]	chin
tigre [m]	tiger	poids [m]	weight

155

Puzzle #130

```
m è q y b o t l r o r o u e p s p f x p p x x s u u y e
n i s u o c x l e l a m p w u g z g n o u j t â e m q a
b ï î l m d f a g è r v n b o w l i w i o l i a p a ê o
c r à q f ô ï m n n q f n e c k s b w n l u w i o f u y
b o x t i l u a a y u r j e à u l n e g s è é ê u l b n
m e t a v a r c m f y o e b o e i p w d u l u n g o m é
é à l t ê w d w i p z g è c c i â o t e h k i ê u b g è
m p â à f o n s w n e c k t i e l g n t z h d p l è ô u
g b z f ï u t g g n o m u o p f e h u n s e t e p t u o
e e l l i u o n e r g n s s z v k s a a n n e o g e r c
e p z q p q o t t m a m a l d e n t s t g h â n e o r u
d l m e r s t ï a h d h â w p h v à k m w q p p e a d s
b w e a n y h ô h s e l f u o t n a p î o s a y q i t p
y q o r l m n o s e h f m f o s b o î t e u è v à k h e
x o h t e e t c o z w h m v j c ê c u l è u a e p a h c
```

Find all French and English words in the puzzle.

French	English	French	English
loup [m]	wolf	dents [fp]	teeth
cravate [f]	necktie	manger [v]	to eat
pantoufles [fp]	slippers	lampe [f]	lamp
roue [f]	wheel	poumon [m]	lung
cousin [m]	cousin	dent [f]	tooth
lama [m]	llama	nez [m]	nose
tante [f]	aunt	chapeau [m]	hat
grenouille [f]	frog	cou [m]	neck
poing [m]	fist	bol [m]	bowl
lit [m]	bed	seau [m]	pail
chien [m]	dog	boîte [f]	box

156

Puzzle #131

```
j a m b e i b s n x t é x e w r a u g u o c g h n f b u
t m t e ê o ê o w e b e v e r a g e j a w v ï g f n f ï
ê î j o o o s d h é k k e y a ê l i e t r o o h u o m v
u y q t l s î c l â i d e d h g e l ô m o o r b r e ô ï
â a î n i è u c t a x i i i h k m s î q s c r i n n e c
i à e o o o k à w w y i z ê r y r d p e l s è d i e c s
s d b b d m p t a l o c o h c e d e r r a b y e t l e a
é r i h r y e u p v r c î b s i s w q u s z s s u b l c
t q â o u o n l o à i m i t b h w s o ô m o e t r u b à
r i o i e j c ê g l b x s g w a o u i r n m y n e e a m
c h o c o l a t e b a r a t a r l w e t c h f n a m t a
e t o t a b l e ô l u b ê â l h u a e l â n o r t i c i
y a ô î p a c l e l u m è é i x a t i r u p k è s j y n
i r c s w â a d g y w s è u a w o l f r ê m y r t s a p
s e h c a v s i p t à s h a n d b a g r a g u o c w é m
```

Find all French and English words in the puzzle.

French	English	French	English
barre de chocolat *[f]*	chocolate bar	mule *[f]*	mule
citron *[m]*	lemon	taxi *[m]*	taxi
corbeau *[m]*	crow	balai *[m]*	broom
sac à main *[m]*	handbag	couguar *[m]*	cougar
sac *[m]*	bag	nez *[m]*	nose
oie *[f]*	goose	jambe *[f]*	leg
douche *[f]*	shower	rat *[m]*	rat
pâtisserie *[f]*	pastry	clé *[f]*	key
boisson *[f]*	beverage	table *[f]*	table
meuble *[m]*	furniture	vache *[f]*	cow
orteil *[m]*	toe	loup *[m]*	wolf

Puzzle #132

```
ê c i k l a v e h c ê r g g g n i s u o c ï y â t t a
j à â â o i é r à z c s à a w s t e p d a u g h t e r o
u c t â a i h g e h r é h b n é i k i t c h e n é e r k
g a ô a e d é o a s l r e o k v s l e x e g u ê d t u j
w r z à ô d l i r e à î i l t b o l o s k g c a e l m l
n p a k c é r a e s q l è s l e v a à t î ô l e s i u j
i e x n r a b b i t e q m i l i l w e s i a h c s e s l
s t w à d r l è f s d z ê p s e u n é m s s n w a t ê a
u p à î e m o é m t é s g a q a t o f i l l e l t r f m
o u c v ï é è u e ô o o j t é b l ô n â x a k e a o é i
c c o q â â c r e à r e m j t y w a h e ô l n e y p g n
à l l e e h w s e f d u a m j n t k d î r h i i p e i a
g j v r e h t o m d n a r g y o s o w q q g e e m z p n
e à d a u g h t e r d r a p î i a c u i s i n e o a u à
i p z e l l i f e l l e b n g l c ê z z t n a g n t l t
```

Find all French and English words in the puzzle.

French	English	French	English
salade *[f]*	salad	chaise *[f]*	chair
lapin *[m]*	rabbit	hôtel *[m]*	hotel
belle-fille *[f]*	stepdaughter	gant *[m]*	glove
grand-mère *[f]*	grandmother	animal *[m]*	animal
cheval *[m]*	horse	lion *[m]*	lion
orteil *[m]*	toe	tasse *[f]*	cup
mur *[m]*	wall	roue *[f]*	wheel
sac *[m]*	bag	tapis *[m]*	carpet
grenouille *[f]*	frog	drap *[m]*	sheet
cuisine *[f]*	kitchen	fille *[f]*	daughter
cousin *[m]*	cousin	oeil *[m]*	eye

Puzzle #133

```
l f e é z g e e l l i a t h m q â b e s î n ï b v w d ï
f é l s m e p d r a p o w l h q f h r s t à e m o v é j
v v ê a r s l h i ï z f l i o n l h i t e o d é i d l y
d â ï v o i â l q s u c r e v i l ï o h u e v i é i y é
ï s è p l z q r a j a m b e o g r y r i m k h e c ô à e
d l c c e à u r m s k i n u ô ê w i b e t à c h s k g
r c é h o u o p w l a ô g i p â d î t o l s u g a r ï a
a w h s a r i x t t q d q t o m a t o u i n o h c o c m
w l f e l p p s b m o w è é e l c n o l p e l c n u a o
e m t m v j e s i r ê m c c o r n z n i s i a r s m î r
r w e y a i t a d n o n a e k b r l m î u u m t a u c f
p è e p d n l z u q i t r t a é à g i r a f e l v m o é
î ê h e a à k l x è f è h w e k b c n e n ê j à o h a t
w v s r l r n l e j r j r e s g e l p e e f f a r i g h
n j f ê u a g e e f ê é j e r l w i a ê â r ï v e n b e
```

Find all French and English words in the puzzle.

French	English	French	English
tomate *[f]*	tomato	corps *[m]*	body
lama *[m]*	llama	jambe *[f]*	leg
cuisinière *[f]*	stove	hibou *[m]*	owl
sucre *[m]*	sugar	frère *[m]*	brother
taille *[f]*	size	raisin *[m]*	grape
oncle *[m]*	uncle	fromage *[m]*	cheese
peau *[f]*	skin	chapeau *[m]*	hat
maïs *[m]*	corn	lion *[m]*	lion
tiroir *[m]*	drawer	lèvre *[f]*	lip
cheville *[f]*	ankle	cochon *[m]*	pig
drap *[m]*	sheet	girafe *[f]*	giraffe

Puzzle #134

```
é ô e b l a i r e a u e s g â o c c n f i t e e h s î r
r a g u o c x k t r s q b p x s p e e r p f r c y v a b
e ê è l w e i g h t e â j î o f u r l é i l ï g i u r x
e g b v i s a g e c é g l è ï i v o w b p o o à g c ô e
k s f r e e z e r ê è u d f u è d ô i p a a r u u q u s
k a ï e d d c t c ê s n i a h m p s è e t t o i z s î n
e b o r r n a i v a i d x c b è k r g a u c ï j t j ê i
g p o a e ê n g r e n o z g e l e b m a j ê e r b è z è
o j w f s v a b c x è o c o n g é l a t e u r u s à e c
î e w y s î p e c h g f k é r e h t a f ô v a s x l x e
r à r o r f é o b o k u o n e g e r g i t a é r b î c y
é j i d c e u o o y l x u z e â ô i ê o d c m a m a i i
y p a r d c g s ê z i n é î c e é l s è r h t è f ê g w
y t c f h k e i x d m e r u t i r r u o n e m t i a l h
u o h è y u g â t î l c u â x a y x m z e b r a m f t g
```

Find all French and English words in the puzzle.

French	English	French	English
tiroir *[m]*	drawer	drap *[m]*	sheet
congélateur *[m]*	freezer	jambe *[f]*	leg
zèbre *[m]*	zebra	table *[f]*	table
chèvre *[f]*	goat	poids *[m]*	weight
genou *[m]*	knee	oie *[f]*	goose
couguar *[m]*	cougar	nièce *[f]*	niece
blaireau *[m]*	badger	bras *[m]*	arm
nourriture *[f]*	food	père *[m]*	father
canapé *[m]*	couch	vache *[f]*	cow
tigre *[m]*	tiger	lait *[m]*	milk
robe *[f]*	dress	visage *[m]*	face

160

Puzzle #135

```
t n ê ô r e n u e j é d b ê ô k z à j h c o r p s n y y
e t r u e o s m k a n g o u r o u ê ô r o ê v h à â d j
l à ê n è m p è p â k o n c l e r r è d u v m b l a e m
e ï ê u k o k c l o c à ï m a i s o n x r e p a s e d a
v ê z ê r é l n a ô â v a s e ô m q o x y z o ê p n o p
i z h t e m l u f e b m a j w q à z a d à y c c h â n u
s q e k m à e o o e w q o w l t é l é v i s i o n î k o
i e é ê u w c b n c o u v e r t u r e n c g v a s e e l
o f b â t ê è i d g l ï ï ê e t r a e h n k b r z ô y r
n m q n s â i h f q f ô j z è b r e c i g i l é a d ê n
l z y â o î n o z k â x s i s t e r l n q s a u î e e p
x u e t c c a p o o r a g n a k g i i m î r n c ï i b o
à g n b d o g t u î w r u n c l e e l e g î k j h j i i
î x q c r n ê r e s u o h o à c c â â e ô u e c f q z a
y ô x i h a s î b y d o b s u e v t i u s à t h f f e é
```

Find all French and English words in the puzzle.

French	English	French	English
kangourou [m]	kangaroo	coeur [m]	heart
zèbre [m]	zebra	vase [m]	vase
porte [f]	door	costume [m]	suit
télévision [f]	television	loup [m]	wolf
couverture [f]	blanket	repas [m]	meal
ours [m]	bear	jambe [f]	leg
déjeuner [m]	lunch	hibou [m]	owl
plafond [m]	ceiling	corps [m]	body
chien [m]	dog	maison [f]	house
soeur [f]	sister	oncle [m]	uncle
nièce [f]	niece	âne [m]	donkey

161

Puzzle #136

```
î u m p u o n e g ê c ê p j ê e ï w à f s j p a c o u o
m e d a e g i r a f e g p b a e j r ô b u ê l r b v i x
g l a n p q i e n z ô f ï d f m ê z b ô g î w b u s ô s
î b e t n a t z e f z t à â t b f ê i a â p g e h k é
c a h a ô p s e c k c a s w a l l e d y r x o a e i r v
f t r l î a t e k r u e t a l é g n o c ô d u c r l d r
è h ô o h p e r e o x o d e ï d e b g l â è k t é é u c
c d v n c à p f r t z t â t d a d r r l n o i l j m q n
ô c r j n à f r c ê o e r r p c é f l a i t u e e è r o
ê a f o u g a ê u t ê o e w e p u j g d v q u w d x n i
t e p q l h t v s e u g i l j l x a u n t n u ï l v d l
i e r ê ê m h è t s n v l m b v r p t n e e à t b m m c
è n i ï s é e â e a î e f î e a a n s r g î l i t r t h
u k c é l ï r r m e c u t t e l t z h x ô ê x i r p â p
î e e f r ï s è e f f a r i g à w è b e a u p è r e j u
```

Find all French and English words in the puzzle.

French	English	French	English
congélateur [m]	freezer	jupe [f]	skirt
beau-père [m]	stepfather	table [f]	table
déjeuner [m]	lunch	sucre [m]	sugar
prix [m]	price	oiseau [m]	bird
rat [m]	rat	jambe [f]	leg
laitue [f]	lettuce	cou [m]	neck
manger [v]	to eat	genou [m]	knee
lit [m]	bed	tante [f]	aunt
pantalon [m]	trousers	mur [m]	wall
papa [m]	dad	tête [f]	head
girafe [f]	giraffe	lion [m]	lion

162

Puzzle #137

```
q c t v f h x o f e s i m e h c n r n î q k k a m a l t
t h c r r i n e x w o r c à m o y y e d u o c l e u r
e e o â o e i e l x ô b n n k ê l i o n è t w m z l a i
p e u g m s v i l h e l l i e r o y e z e n o b f t e h
r k v i a u s h i n o i l m i u e r s u a e p o q t b s
a t e v g o ê c a a é ï m e x z e h e w l p g d n o r j
c z r s e h d c t q n z u t i n l â e r b o î t e b o q
c m t s ê r é c j o d u l s a s x m h w u n e m y a c x
é u u k y n v h s m u l e r ï a s g c o z i d z z b ô ï
â k r n i k s i k b t u d x k t c u x b k a k o ï ô è l
a p e â n â a b l a n k e t h ï à j o l p j h à g v s e
m à o d x m j j j t u ï ï g ê e l l i e t u o b k k r i
a j f i è b u à o j l s i p a t s c u v q h é ô i m a k
l s o f d p ô n u q è e c r z n o i ê d é d o r â q e l
l u r p e s é ê e e w g e t r a c â c x o b t s ï z i q
```

Find all French and English words in the puzzle.

French	English	French	English
renard *[m]*	fox	lama *[m]*	llama
lion *[m]*	lion	taille *[f]*	size
tapis *[m]*	carpet	corbeau *[m]*	crow
chien *[m]*	dog	oreille *[f]*	ear
couverture *[f]*	blanket	peau *[f]*	skin
maison *[f]*	house	coude *[m]*	elbow
fromage *[m]*	cheese	mule *[f]*	mule
boîte *[f]*	box	chemise *[f]*	shirt
poids *[m]*	weight	carte *[f]*	menu
bouteille *[f]*	bottle	os *[m]*	bone
jupe *[f]*	skirt	joue *[f]*	cheek

Puzzle #138

```
m m t o r e i l l e u t e e f q b n é a w r d t n u a a
e s i m e h c w k x è v l r t f a ï f l s j e â e i m n
i p ï j c n a b q d e b w a p d e i p l a e é l w o b l
k l é à o f d ô k q î é i s o a è u e i c o l l a n t s
v c y t o è n s î m è l d s t é i c é g c o w ê w d i w
m b n o t o a o e r l e ï t é r n l k a î m r r u e o s
ï e t o e l p n o e i e v o l î a à s t â î d n é ê g y
m s ô n l q d t u p a p b c é c b e f o ï ê b t b e l s
l o b i e s a i u r e f j k v d a p p r m d d r n î e t
w f z h v g s a l f l i t i i é g r m a s g ê o k w e r
o g e c i s e y w u p e h n s i i n s w t â n u î z h i
l r l l s s b r s h è m s g i x l a e c i r p e j m w h
à e l e i c î q v l â b i s o f l g r e t s i s a t à s
c a s d o e t n a t i l z ï n t p a n d a u è ï ô a u k
î m c ê n n î n ê o t f e ï u e ï à e i y n s t c a q s
```

Find all French and English words in the puzzle.

French	English	French	English
prix *[m]*	price	soeur *[f]*	sister
collants *[fp]*	stockings	pied *[m]*	foot
panda *[m]*	panda	bol *[m]*	bowl
alligator *[m]*	alligator	seau *[m]*	pail
fils *[m]*	son	roue *[f]*	wheel
pieds *[mp]*	feet	menton *[m]*	chin
sel *[m]*	salt	taille *[f]*	size
télévision *[f]*	television	tante *[f]*	aunt
chemise *[f]*	shirt	oreille *[f]*	ear
tôt *[adv]*	early	lit *[m]*	bed
maïs *[m]*	corn	sac *[m]*	bag

164

Puzzle #139

```
l e m o n t u a e p n e z v l h è h o t e l q g m r a k
î p r x s b p d t a x i h s j r e p a s q g x z y e y é
c q p r k b e d a s s i e t t e a l v s h e e p g b d y
h i a ê i t e k n a l b j v b a d g e r l m d g e e c o
e t s s r e h t n a p i x a t m p s n i s e l p r é s é
v d r d t i m î t s i j d e p q o t x â ï d u n t a g r
a à ê l ï r a g u s x é î n f g u t i l j s x n t f a
l i à m n o r t i c f h ô o è v î i t b l a i r e a u t
z m i r o i r n é ê ô g ê b c o e u f o l ô z ï f y i s
e w k m z p r f i t c w p l a t e x i t n m é ï ï o à t
r o r r i m e u e s e r u t n i e c é t ô f z o s ê d l
c î v i v e s l d h p a n t h è r e c o u v e r t u r e
u d n â t o x e a t u m l f y l a e m é s k k b r a s b
s f è z s x i t i q s k i n f è t ê s ô a p u l ï h i c
z l v w â p i w é ï ê à s t w b e s r o h o i ô n j d g
```

Find all French and English words in the puzzle.

French	English	French	English
assiette *[f]*	plate	bras *[m]*	arm
miroir *[m]*	mirror	pieds *[mp]*	feet
couverture *[f]*	blanket	taxi *[m]*	taxi
jupe *[f]*	skirt	rat *[m]*	rat
panthère *[f]*	panther	sel *[m]*	salt
mouton *[m]*	sheep	peau *[f]*	skin
ceinture *[f]*	belt	oeuf *[m]*	egg
blaireau *[m]*	badger	os *[m]*	bone
hôtel *[m]*	hotel	repas *[m]*	meal
citron *[m]*	lemon	lit *[m]*	bed
sucre *[m]*	sugar	cheval *[m]*	horse

165

Puzzle #140

```
m r n k e u z s l i f x t u h r o r r i m î ô f v e h c
i o z o n c l e w t p r i o r i m x j î s à t ê t e t q
q b n ê e r g i a n i v l à î v b f f o o s n g ô h o r
r e e y ê n f n à c m ô è y è a g n e a u j o o a k l u
q o b o î t e o v r o u e ê u â e m x ê b e u o â h c e
r d l n p g s a o i b ï f r e e z e r è o g r s é î e t
e h c n a h é a b d n x o f p s f ô é o x ê r e w l l a
r e n a r d n î p o o e q n n ï g z g l c â i è c é b l
h t q e l d ê î k e n x g a s n h x c e c â t n e ô a é
â e n è m a a z k d r e k a o w t z s e ô â u a z o t g
l p b e ê w e e i k l e l s r a i h d h g d r e s s z n
p p à t p k y m h v e a a a k ô b i l w m l e l î d b o
t a y h n r â w à ê p e ô t z ê b p j o y t h a ô b p c
ï n q y n î e p u i j g h y ô x a x h i e à ô m î è è é
y g o r a r c s n a z è ô c k t r v g e j w s b i r o g
```

Find all French and English words in the puzzle.

French	English	French	English
roue *[f]*	wheel	tête *[f]*	head
clé *[f]*	key	nourriture *[f]*	food
boîte *[f]*	box	repas *[m]*	meal
congélateur *[m]*	freezer	joue *[f]*	cheek
miroir *[m]*	mirror	robe *[f]*	dress
vinaigre *[m]*	vinegar	serpent *[m]*	snake
lapin *[m]*	rabbit	renard *[m]*	fox
oncle *[m]*	uncle	os *[m]*	bone
agneau *[m]*	lamb	fils *[m]*	son
nappe *[f]*	tablecloth	oie *[f]*	goose
hanche *[f]*	hip	tôt *[adv]*	early

Puzzle #141

```
g o r i l l e e w a i t e r m q j i l é u a e t â g g é
e m k t d a è s o u r i s ê é o a â î i f l e h s o e z
s é r t e d a l a s h s e s o o g a j j ô p b î r b x à
m h j e u e v e n k p w m s ê t ï è é a p x m i ê x e a
î d w e h p e n à a m é m t l l a m a i é x l a z m â y
y t a h c t f u n à o r e x t s d r e u è l e ê l f p ï
s x l z n y o t â é u s a v o n r d e e a r e h q d e j
k n à b l l o r z v s m l z d f h e y b è e a k d t a l
i o k s e u t d b n e s a l a d e e p r j c r e a é u ï
n s b â f â t c k p o o à v j v b o f p t a c u t c j â
l h â l b â é o f n e s o i e r g i t c i ï y a a â ô d
t a e c r u r i o m g t e j o w m j c x n l g î i t v s
î s m â c e l k â f j z s w â e ï j w ê é è s m w q f o
n w y a d s f l e p m a l s d s a p e r r n i u t a r a
j l i c r u o s z e n s e r v e u r s e y c h v o f â p
```

Find all French and English words in the puzzle.

French	English	French	English
taureau *[m]*	bull	sourcil *[m]*	eyebrow
demi-frère *[m]*	stepbrother	fils *[m]*	son
oie *[f]*	goose	pied *[m]*	foot
savon *[m]*	soap	serveur *[m]*	waiter
gorille *[m]*	gorilla	gâteau *[m]*	cake
étagère *[f]*	shelf	peau *[f]*	skin
neveu *[m]*	nephew	rat *[m]*	rat
souris *[f]*	mouse	salade *[f]*	salad
pantoufles *[fp]*	slippers	lama *[m]*	llama
lampe *[f]*	lamp	nez *[m]*	nose
chat *[m]*	cat	repas *[m]*	meal

Puzzle #142

```
c l c h z l ê h ï u v r j u é i g g è ê u m m s ï î e è
p e h h a n d o n k e y i r a t i r k ô i j i ô v ï j o
d r a n e r h f e i l x d o o p î y a l a n m j h a n w
l i a n r e g n i f i ô z â r r z n k n a n o a c t s c
d n a h w l k e z i s j w e e i a g é k d u a j i h s e
g ï s v e à e b e n â e m l s l m t e n e c i n k n i p
o b e n a n a b w d e n t b t w f n à l o f h y a f m n
ê m h k k s v q y î u î p o o p f p o i l h s i p b i w
w h t x c k e l ê â é î m w m o c o s t a i c s l î r o
z ê o â e c o u d e l h a à a m o u t f n w a o b d r o
t x o t n k e p m a l a l n c m u c o o f e w t c m o n
é l t d a n ï p j ô ê c i c ô e é e m è ô o m c e m r g
ô f e l p p a i è a ê î i t y à d g a d ï è x p w t a l
t s a l a d e s l i f t i t e p q v c à n c t h u m b e
j ê à d a l a s c i t w w t ô z à à h z o à y î k v o r
```

Find all French and English words in the puzzle.

French	English	French	English
estomac *[m]*	stomach	menton *[m]*	chin
taille *[f]*	size	pomme *[f]*	apple
petit-fils *[m]*	grandchild	dent *[f]*	tooth
ongle *[m]*	fingernail	lait *[m]*	milk
miroir *[m]*	mirror	cochon *[m]*	pig
vase *[m]*	vase	renard *[m]*	fox
cou *[m]*	neck	main *[f]*	hand
coude *[m]*	elbow	banane *[f]*	banana
âne *[m]*	donkey	pouce *[m]*	thumb
salade *[f]*	salad	rat *[m]*	rat
lampe *[f]*	lamp	joue *[f]*	cheek

Puzzle #143

```
â n i t g c l i p m a m ï p b l c x b z e n i h g t l e
h r i m u è l l e n b x v a x b r z s à r o r ï ô g m t
è u e u k d v a o l o a â p y c e g c b è l a é ï u n c
s m s h p f l e i â n é a a ê o l e g j m a m r t a o n
r u m b t ê u v v m e r î f b l l n y e e s o s g ï v r
m v t h a o i e â o a n r u e l i i z z l y o d c i j l
t r i k s n m â o p l a j a u a m p d m l c b y n n è c
l t à b g t d p l e g g d e g n a u ê r e z u a â v i l
f r i r w b o u e e c w z v n t f c é g b d i à r p i w
j m o g r é i c n t â a m r a s o r t o n g u e é ô c s
à o î a e e à i k k s r f e l ô ê o â l r v e c e i n à
m é i d z r v y l i m a f c h m f p e e o x r l z d n o
h n o j i é u è i ê n m p a x t q x t a ê o e g a s i v
j u p e d d a d h g ô g n i è c e q j i p à p w a l l n
t i g r e p a s à m à r s a l l e r b m u â n s x î ê f
```

Find all French and English words in the puzzle.

French	English	French	English
salon *[m]*	living room	jupe *[f]*	skirt
porc-épic *[m]*	porcupine	gant *[m]*	glove
famille *[f]*	family	collants *[fp]*	stockings
parapluie *[m]*	umbrella	nièce *[f]*	niece
belle-mère *[f]*	stepmother	oeuf *[m]*	egg
cerveau *[m]*	brain	costume *[m]*	suit
langue *[f]*	tongue	mari *[m]*	husband
vinaigre *[m]*	vinegar	mur *[m]*	wall
os *[m]*	bone	visage *[m]*	face
papa *[m]*	dad	repas *[m]*	meal
tigre *[m]*	tiger	lèvre *[f]*	lip

169

Puzzle #144

```
c u i l l i è r e l w é n v x z g j z n b é h l t à h è
t c â n è a é m a n g e r g n î l y i d ï î i e ï n y ï
o ô d t e e t h r n t d b p u c t k a v y r l t o b e ô
x g p n â w s t e p m o t h e r s x n z â o p o p m n d
x i o k a v i s a g e q é à a r b e z à x z c h n e a u
r r i â c b è k b à b d h o r l o g e g a r m â e c a à
ï a n f f o s â à c k i k e r è m e l l e b s ô s â â u
t m g q s f l u a g v î r f î f n a é ï x â w t v î b y
l o c c o w n c h a é o â d c ï s d z w é y â ê n è k a
n è e è l p ï u c ê s b o n e s r s l i f a j e d e x c
o n v a e s u h a t m b i k m e z y x m w g c c m j d s
o s e ô t x e i t e a e è â s g t r c f ê i i a d c f a
p o r ô ô q o t k t s s b s k a ê z è b r e r f a e e r
s n r i h p i e d s d i s o r y y u v à è y h y è n e b
ê i e b f i s t g o à é o e r k y y n t a r ô h i f t y
```

Find all French and English words in the puzzle.

French	English	French	English
horloge *[f]*	clock	zèbre *[m]*	zebra
robe *[f]*	dress	os *[m]*	bone
belle-mère *[f]*	stepmother	verre *[m]*	glass
hyène *[f]*	hyena	visage *[m]*	face
poing *[m]*	fist	pieds *[mp]*	feet
vache *[f]*	cow	fils *[m]*	son
tasse *[f]*	cup	bras *[m]*	arm
dents *[fp]*	teeth	mari *[m]*	husband
hôtel *[m]*	hotel	oiseau *[m]*	bird
peau *[f]*	skin	manger *[v]*	to eat
cuillière *[f]*	spoon	rat *[m]*	rat

Puzzle #145

```
f â w l n c p c m c c u l z g l f v h e a r t g a b r s
p i g g a à k c g o x i h v l r k m z e r t ê n e f e c
l è v r e e q t n e o o x i a é s g e t i u r f d v ê g
r u t y l s m c v n r w p c e s m p b e h a n c h e b ô
e w o o w n o t î à î b s t t s e i r g a n e y h h o e
b z v c o m w é é à t d è â k c o w a o w t e y h p l p
m h ï r b k ê m r a à h z z o d ê o î l a o k r t â â r
u t w r p f ï o r v w ô m r y r â y g r n m d k è z s a
c e e o u a c k a f c r b p é ï è î â o q b o n ô p o h
u i î j o t c s c o s e x i b r a i n h e e c r i l u c
c o i ô s h e r e o a k w h q v g v b u n è e r i w p é
à è q ô j e é u o u l r e p a s a l r è o t n y m é e b
b o é c h r r g h w l c t r d h i r y q t b a d g e r c
u a e r i a l b f r u i t ï h o e h n u t a ê à ô h r z
d c e q g u a e v r e c g i n f e h b e q j ô q n e c k
```

Find all French and English words in the puzzle.

French	English	French	English
beurre *[m]*	butter	corbeau *[m]*	crow
concombre *[m]*	cucumber	hyène *[f]*	hyena
hanche *[f]*	hip	zèbre *[m]*	zebra
blaireau *[m]*	badger	lion *[m]*	lion
oie *[f]*	goose	écharpe *[f]*	scarf
vase *[m]*	vase	cerveau *[m]*	brain
horloge *[f]*	clock	cou *[m]*	neck
lèvre *[f]*	lip	coeur *[m]*	heart
fenêtre *[f]*	window	fruit *[m]*	fruit
rat *[m]*	rat	repas *[m]*	meal
bol à soupe *[m]*	soup bowl	père *[m]*	father

171

Puzzle #146

```
o v t f ê ô u m a ï s e c q l g o o s e â z b o l y î e
ô a x b r e a k f a s t â u b u j y è h k w ô o b l o b
r ô k n i f e p ê a t q s n g z a j ï n b e e m i ê â m
t a r k l p p r e b y a ê i e î s e i x l l i i à ô é î
f g k v l t o h p t n d c h y k y r p l l r e l g v r m
e e l o a r ï i r k i ê u c i â d p i a o l w w é h o d
s p q h r c j o d h é t i n ê o i e m i a c é ô o o t s
u m c i ô a d ê j s x b d l t g r a r m z î y ê r o y i
o a m q m b l o u s e f k é d o f c a w s g i r a f f e
m l é b l a m p ô b s p o u j f d p c o u t e a u i r e
v b e z e p o r t e u x ê i q e s m e n t o n z e o r w
à ô e l ï n è c h e m i s i e r u è n v t r é h o i i r
à ê w e f a r i g w c h a m b r e n v r e a u d o i c i
i o s i r u o s r b ô r e c ê i â n e ï o e â b è h m ô
b a w v j w n î a c o c h o n j j ô h r t c p g e l à ô
```

Find all French and English words in the puzzle.

French	English	French	English
boire *[v]*	to drink	poids *[m]*	weight
petit-déjeuner *[m]*	breakfast	cochon *[m]*	pig
chemisier *[m]*	blouse	maïs *[m]*	corn
menton *[m]*	chin	oie *[f]*	goose
girafe *[f]*	giraffe	chambre *[f]*	room
miroir *[m]*	mirror	bol *[m]*	bowl
lampe *[f]*	lamp	porte *[f]*	door
peau *[f]*	skin	rat *[m]*	rat
souris *[f]*	mouse	oreille *[f]*	ear
lama *[m]*	llama	chat *[m]*	cat
couteau *[m]*	knife	jambe *[f]*	leg

Puzzle #147

```
d e i p h n o m u o p a d j v l b o a s s o i f f é l i
c h e e k à u s e h g a n t e r ê k i a l a b t p u o l
e c ô è t n o i v a i a o o o q z w l g o m n l ï à à x
i ï f x n o c u a f ô z p o m è h o r t e i l ê e u o j
o m i ê z s r î t l ï a m c î a ê â v z d o g w é y w ï
t s x q w â ê y r o r î â s w b d ê ê g e n a l p r i a
g r a n d p è r e d e ê à k k x n e i h c p o i e b p ï
h o ï x r e h t o m p e t s k c o e u r é l é p h a n t
o u r s r f i v î g r a n d f a t h e r g l o v e q ê w
j é g ï l u n g w b u f u b m o t h e r r y m l e e h w
r y t s r i h t b o d o v y e i e p t n a h p e l e e o
y w v y n x e u o r l e r è m a é q e b h s w o è s y i
ï e e t i m r a m c c f é w r ê r x u k z c t s h i r t
a t o o f ï p o t s h i r t w o p t l é o p a r d n j r
s o e r è m e l l e b h e p l e s o o g y e â h m u ï d
```

Find all French and English words in the puzzle.

French	English	French	English
belle-mère *[f]*	stepmother	faucon *[m]*	hawk
assoiffé *[adj]*	thirsty	ours *[m]*	bear
avion *[m]*	airplane	marmite *[f]*	pot
éléphant *[m]*	elephant	poumon *[m]*	lung
roue *[f]*	wheel	coeur *[m]*	heart
grand-père *[m]*	grandfather	balai *[m]*	broom
léopard *[m]*	leopard	joue *[f]*	cheek
oie *[f]*	goose	pied *[m]*	foot
orteil *[m]*	toe	gant *[m]*	glove
T-shirt *[m]*	T-shirt	loup *[m]*	wolf
chien *[m]*	dog	mère *[f]*	mother

Puzzle #148

```
e l e g c ï u t h u m b ê a t t â l o ï c o r t e i l è
w l d â o i u é â j z s d j w o a è é a l j e e ô e ê m
b a a t u d a l a s a é f s u ï e r k e k l i m h y ê c
ô w l e d è u j k l j g p o è x c e k u é t s r c c â o
z l a a e b ê o t e t o î e t s i x ê s h b a j n n a w
ï h s u o d y w u b é è b u a m r j o u e d m à u u k v
e n o b à s k n ï ï j t a r u u p h é ï i g z n l e ï g
y â b u l l e d z x z ê g b r r e l b o w g ê t c z o b
e r l ê i r l d z â h z o à e v n e é j o m h u e d a r
v h e i ô x y s n g è t é z a v e b a i u f o n i r p a
ô d c t p r i x k g i m u ô u r h ï d x t p d p b j â s
ï s ê u s p n w p i q g s o b p c a a m o a e e w f n à
ï j v î o i l j t h r w b è m h r a r k ô o z j î z x w
è n o s e b s é k î ï t z s e l d a s n a y s k é d é î
i o î k è w w b o j t i a l k e e h c h u n à g e â ï è
```

Find all French and English words in the puzzle.

French	English	French	English
zèbre *[m]*	zebra	pouce *[m]*	thumb
jupe *[f]*	skirt	mur *[m]*	wall
sac *[m]*	bag	joue *[f]*	cheek
déjeuner *[m]*	lunch	soeur *[f]*	sister
taureau *[m]*	bull	sel *[m]*	salt
vache *[f]*	cow	nez *[m]*	nose
coude *[m]*	elbow	orteil *[m]*	toe
gâteau *[m]*	cake	radio *[f]*	radio
bouche *[f]*	mouth	os *[m]*	bone
prix *[m]*	price	bras *[m]*	arm
lait *[m]*	milk	salade *[f]*	salad

174

Puzzle #149

```
â  t  g  c  r  m  e  l  o  n  s  x  z  b  e  r  b  i  n  s  o  ê  l  n  b  j  p  a
e  c  o  â  o  o  q  z  h  b  é  é  â  f  o  u  j  t  r  a  e  h  m  à  o  f  r  n
ï  c  u  r  e  u  u  n  a  q  f  z  î  î  e  e  v  v  e  u  t  i  a  l  u  l  w  z
l  m  u  c  r  ï  j  e  t  ï  p  l  b  n  u  o  d  i  n  n  e  r  n  w  è  i  e  b
z  ï  a  t  à  a  r  à  e  é  â  è  n  o  f  s  q  b  o  r  f  y  y  r  r  x  j  m
â  f  d  a  t  i  c  v  e  g  g  e  y  v  x  e  è  a  o  f  i  s  e  u  e  é  s  ï
e  n  z  ô  m  e  j  k  h  g  c  y  z  o  w  l  f  â  r  n  z  t  r  e  n  o  s  i
l  c  o  a  t  v  l  v  c  k  q  o  n  t  è  l  d  e  k  v  e  e  o  g  î  é  u  y
c  î  ô  k  i  i  d  y  g  c  v  c  k  e  x  e  c  ô  v  k  e  p  t  m  d  t  i  l
n  r  z  s  â  o  à  r  a  h  l  a  l  e  e  b  c  î  è  i  é  s  s  a  g  a  t  i
u  h  a  h  c  q  ô  r  a  e  a  l  l  r  è  m  a  ï  s  h  ô  i  r  n  l  g  c  m
m  g  s  y  c  o  o  d  t  p  i  n  x  i  e  y  e  b  r  o  w  s  o  t  e  e  a  a
e  k  q  o  r  t  e  î  a  m  é  p  c  q  s  o  u  r  c  i  l  t  o  e  e  j  s  f
g  x  r  w  t  ô  o  u  a  q  i  u  s  h  f  e  î  ï  l  n  é  e  l  a  h  e  e  y
ï  n  ï  e  s  b  z  f  r  h  p  k  g  r  e  l  ô  u  m  m  à  r  f  u  w  h  r  ï
```

Find all French and English words in the puzzle.

French	English	French	English
oeuf [m]	egg	valise [f]	suitcase
manteau [m]	coat	melon [m]	melon
carotte [f]	carrot	dîner [m]	dinner
guépard [m]	cheetah	cerf [m]	deer
laitue [f]	lettuce	cou [m]	neck
belle-soeur [f]	stepsister	oncle [m]	uncle
sourcil [m]	eyebrow	étage [m]	floor (storey)
coeur [m]	heart	maïs [m]	corn
hanche [f]	hip	boîte [f]	box
os [m]	bone	roue [f]	wheel
visage [m]	face	famille [f]	family

Puzzle #150

```
r c a t g h é w o p b c h a t p b a n a n e î l u î e b
o m q è ô k e y e i a e ê n n i e c e z x i o i d a r e
u l c r a p a u d h d y a à â a g x k s z w a l l p i ô
r z n e h c t i k z p a v u j l é é e g n a r o k r o â
s r f u r n i t u r e e r f f t r i h s t a e w s k b u
o r e g d a b ï g ï u d n s à i g d x è d h h b u n e t
j r l r h z à m r n a m w s i i l u q a t s a a o v o v
v n a b g g n u u o q e k n e e b s w î c n e s e r a é
f v p n e x e a t k a g e l s c e p à k a r p n t s o t
o ê a o g v h f n t u k p î o u a d w n i e a o e e r o
e u r s r e w i s o m e u b l e r â a a t â i c o y z r
b é g e e f r h n y k f n i è c e x l s i s b l u î a t
m é s î â d i e d j c u i s i n e b s d e t v é ô e ê u
a o ê h o r g y w h i h v g c é t e q l b d e m z e è e
j î g t t o ô k ê r g â d e n t h t o o t é y r ï a î b
```

Find all French and English words in the puzzle.

French	English	French	English
cuisine *[f]*	kitchen	orange *[f]*	orange
beau-fils *[m]*	stepson	boire *[v]*	to drink
sweat-shirt *[m]*	sweatshirt	banane *[f]*	banana
serveur *[m]*	waiter	crapaud *[m]*	toad
mur *[m]*	wall	clé *[f]*	key
blaireau *[m]*	badger	meuble *[m]*	furniture
ours *[m]*	bear	radio *[f]*	radio
nièce *[f]*	niece	dent *[f]*	tooth
tortue *[f]*	tortoise	genou *[m]*	knee
vase *[m]*	vase	chat *[m]*	cat
neveu *[m]*	nephew	jambe *[f]*	leg

176

Solutions
Word Search Solution #1

```
t r q y k b à o u r s m ô k p j w y t k m u s i p a t j
à y ô e r e l a z l e m u p o i x e r e t s i s x ï g é
k ï r o p l r n h d y ô m l e l p h e è f q m e l h a v
g c o g g r i b p a i n y q e r â à r l a f p q l d p w
y m l b o h a â è k t à i é a e s o n ê b a e n u é a î
e t z o c d ô h v z â é x c n è é t ï g r a e e b à p î
r â e è c o a k c l n o l ï d p j b f e e z t m t d i p
b r o l e k l d i é o g l é a é e f n r t g à e u j à a
t r e ô e i z à k p t c â n v a l t r o a d o î g l j r
a x e t m v j c o v n ô a t v i à î e é î c e l v e e e
u â c a a a i j d u e c c m e â s a c o s m s s r n v n
r z o o d w l s u a m y k n c a t i c m u c o u a o l t
e v u o b e a r i e y h p à i î u r o g e e a b j à h s
a â c t i a l g q o f h c a k e q é é n u j â s d e i p
u i h l z z e b r a n r e g n a m l c r b a l a i c à j
```

Word Search Solution #2

```
o d h p ê ô c r o u e d x é z e o g î b r o o m h y j n
a k q e f z é ô i n e d t f d s g î n t à i à â i e t b
m m t e f è â f i p ô t y n u e m p v a i x p a n j î f
é z f h o d a a j o s i e g e k a m s o i a l è ï u r ï
r à w s h l p d â ê u d a t ê r e r é g r a y x d y y o
a w k f i s t v e l c r b u r n a i n e b h a q i o w g
f f s h e l f s p e r à ê ê u a ô p n j n è f n f î i e
g f o o r ô s a b r e a d h k g c t f s q o g u â j c t
p d v t g a n é n n e c o a t g s d a d r p t v e k h i
m u t p t t s b x e r u t r e v u o c â a e z u g o è m
c a l o a h a ô â é è ô p c o c h o n n a g s q o ê v r
u u i l p y î z j i p o i n g r f î p à i ô r u b m r a
p r o s s r b l a n k e t a j à a i à w h e e l o î e m
x n o t o i t z u e r è g a t é g z a n e y h à o r y à
h o u s e n l d w è à p l u a e t n a m p a p a y à t é
```

Solutions
Word Search Solution #3

```
î ê e b m a j t y s ï f ê n o h c o c j x w m v î à l m
h y e n a b s d i o p b m ô j m e s s a g e e n è a w i
g p l ê q u o b i h d f a v n î u é i c ô f f i v u ê l
g i r a f e ï t j ê n y g i e m o r g k p b k e g n w k
ô a o s t c r ô ê y g e e ï b s a m è e e m h j l h î à
x e d s o o b x w a r c i r é t t h m t r c e a t a t k
m ï l r p ï a à é o e s e h j h y e z z è ô i d i f â d
a i n o l e g c p h c l e e c è s h v z m t u o i a w n
ï p r f a m i l l e l x f ê n s y d i a e ô l w r m e a
s é i s y j r y z a p f ê e a è f f g u l c p l a i h b
a à è g d x â w ï p a x d g h o r s e u l j a a m l c s
s t e p m o t h e r e y e f e h c a v n e r r è o y ê u
y t é n ê h â p i m r a a i r p o r t c b d a q c s p h
s â n q p f z g ï è v l c e l c n o â l ê y p ê a d o g
o â e e c è i n e è z î è h y ï u w t e z ê s ï s î h q
```

Word Search Solution #4

```
a m a l l w è n d s l e e é ï ê p c m g j e y n w q z r
z â l l t s u p c o a i l a m p c f e â i î c â c è î e
f ï r r c g y a z f o l t é v r m o o r b r ô w b e é g
l u h e g o r p o n â r c h a k e e ï o è î a r b w d i
g a e e z f h r ï k h h f k z s p p j é r q e f a è u t
r i m o n e p b h k a f i l s u n y a ï b g d l f o j n
n a r p t f e k n r k é ï s j z o h m s t c l h b e w b
d k d a e k j r p z g t l î p x s ô m l i e è c y a y l
q g r i f r t e f t ô j a e r g i t e à a i d n ï n ï m
c q î z o e u o b i h q e ê ô u l b s ï l n o u é u m s
n p s p y à y m t i o t m f o r k e v w a t o l u j j ï
è f x è z e b r a c o n g é l a t e u r b u f t r i k s
d à ê s u o i d a r f o u r c h e t t e ï r o g d ï e ê
x e b u w â â d é j e u n e r à n d o i o e v g c a u c
é ï b a m a l y n o u r r i t u r e v p n e t r o p h i
```

180

Solutions
Word Search Solution #5

```
r a e p x u e v e h c u c o c h o n b a î h z t z z o é
x â r n s w e s a c k o o b d s l ô e a p q c o r n p t
e î e r e e z k q d g h d a d u i s u ê e a à z b é e g
k a n o r h h e c e i n a s e g c w r q s h p v z è é e
a à u â p p ï g d n o i n o u a y b r c e r c u s e a n
n q e à e e d e d t l i x c q r o u e o o â d n e u t o
s d j r n n e è i v u x o b è t i t l a b î k l a p ê u
a e é è t r h g h w n î â e h j g t m t u n c y r h s c
x c d e w m r a s d c m r ê t u n e m s é n î n q r ï s
g r i p f e t n ô i h i r l o y o r a t u a e p a h c ï
u e l c n o ô e c â o k w l i t n b n w v u h b r v w a
e t p i h h é c e p o j ê a l g w é t h g z b e x d z m
v a x k c c x è r n â e b p b q r c e ï a i g l à g m d
e w u ï l p v i f d k w e i i ï j d a x t i x é k ê o i
n à s î b b u n â p i g i n b q h x u q t a r ï i ê m q
```

Word Search Solution #6

```
e d e i o f r e c s t t s o s h a n c h e f l a s f v p
t e b â h h t u v r o î p e g o l r o h n r é k w a h w
a b r p è e y â a t r u c h a i s e i g n è â o b g f p
l u o o t a e e a p t r z ô c h e v e u x r y b l u y u
p à t m i r s x j x u d w r i a h c m î f e r u e o c m
î u h m l t i c è h e é r e d é x h k c k g o o s e j i
e t e e z â o k a â e u ê l h z p t e t t e i s s a j b
l a r î m x t i è t q d h p f p e o f w é z o d c j i l
l x é s e n r é k c o l c p u o e é u s é g w e a s x h
i i q i u é o s o i d a r a n a i n z s è b x e h ê n i
e d s à î g t b r a i n h g b à é d e t e é w r ï e â p
r r e f r i g e r a t o r c o u g u a r q i ï f v n w ô
o t s n o c u a f p u a e v r e c r i r f ï e e c e ô y
w e s o n i à c o u g a r à è ê ô e g e p ê u q e z i â
e l a r é f r i g é r a t e u r y j ï a h z r g e o î ê
```

Solutions
Word Search Solution #7

```
r o r r i m â m â f z t r i h s t q v h o t é t m x ê f
r r i s â é t m f r d o n k e y î t u a f o ê c é é d î
b e k n o l e m i o o î r ï h u e c e i n r h n è a c n
n s e w e o e t n n v ê t e m e n t s ï b r i c e l i p
q o y r a l w h e t à t m b l e a t è ô ô a l h a l à v
r o l x p h m q b n à m z e u p b n é è k c e e i e e f
i g m e y e b r o w b s i s a k k s e l x r y c d n p t
o i z g m î e s r u o e e c é l t o ê x o e r d o g l é
r b t i g e r b r f u f g h w l è a e f j u q b n a f r
i o a é w q i o e a k z a e i c l x d i o a w r s t a w
m x e i o k s î s p e à m e l i t è e s l ê o p z r u e
à è c h s s f t â o b b o s à t t h v t i g r e f i c c
y w s a p e r e u j l s r e p y c m f r f l w l c h o è
j e t t o r a c v f b o f k à ê p ê v p e d p è è s n i
d e b s z p c l o t h e s z p f b g j w î o c l v t y n
```

Word Search Solution #8

```
r e l l i e r o y p a r e n t s e s e n o b g d e i p â
o ê r m a a l k â b m t s h k i w e t t ï e â â m s x m
î î à f ô m a â a s ê z e y j v j b e t f ô n t p i l î
n c u g e e e r d r e y t u r e l a t i v e o s è d a é
e r u ê g s m ï n k r h t k d r î î u n n b o m à a i ê
z b i n u h z q a g è é e y j o u a è e o o p o i r t e
e k a ê n e j x p c i t s a y m e ï h z s w s s d l h r
k r ô p r l i v a w n w s z l t o é q i é l p o b u k è
o g è v n f q k r s i a u d â è c o u s i n f o c x g i
s à v g m l e u p t s t a g r f f o r e h e a d u k p l
a a l y a o o u y o i e h e u c o u s i n b c w â l s l
l k l j n t o b u v u r c a c m è s î f o o t y u t e i
a é ô a d o é r â e c t b u k x i a l a b x r e p a s u
d p a n d a s k b h s i d a r è y é z l a b v à z r f c
b d t j t e p e o r a n g e b t n o r f l w o l l i p t
```

Solutions
Word Search Solution #9

```
w â a f f a m é n k c a k e ô k i w é o à v p ê g o z d
d x s v t s m s è ô g m a n i m a l e n o m e l b k è a
e q u k w i n d o w m i u o i g n o n l e e h w ï l w e
b i k w u é c i ê ï a w r u o r u o g n a k e ï î f n r
m ô è i d i s o ê e a f f a w a u x y ô l f t p i e é b
a e e n k w m p x t u b r c f î a j o r f j o u o n e g
j é o e l u m î e z h o w y l e e e ô a g i ï i p ê ï m
e l k u è v l r e h t o r b i d t n r x e n a p o t g à
i r s m a ê g l a s s d l ô a n â i o ê l c u b ê r f d
é s è q y t î d e é c o u u w x g u o i k w i h l e i f
ê o ô r y h y v u a r d g à u ô r p n v n r v t e o l m
m x z m f g î k î â u h o o r a g n a k y o c n r o l î
c b l u o i à i c f t k f a n i m a l n x n g v i o e s
à e à l e e t i l e c i r a d i o t â d u f s k ê a n p
f d f e b w b a r m n w s o i d a r t p u v e r r e p s
```

Word Search Solution #10

```
u s s m f l o w f d e s s e r t w z n x x m t w r i s t
x b a n a n e ô j î e c s î a h c a m o t s o e f é s k
è w c y h e b e l t è l p h è g l a s s t y j o e é c â
z u e a i u n o s p i f c h f c k r r a i s i n r f a r
o y w o m f s k l f x e u l v é z d i b p i e d s b p d
e s s a t o p b a à s k h ô t e l e s o w é e ê g y a c
q n d a d m t p a n s z l k n m m s l w o b p u o s p e
l à f c l é o s i n x o m a r i ï s s t n e d v p p l i
k î w s o i q s e l d n u r l e w e t g w z n u u u ï n
o g l r g m i l è v r e y p r c v r y t n o c o m e v t
à f ï n c a d l i p g j m r e x v t q y â l l v o g h u
è o e x r o m è q f r u e s è f w x e n f w h o t e l r
h t e e t u u i e w d v z o p ô à k g i p m w i x è k e
d k é z l ê à c é p a n a c f e ê é b j a n a n a b y y
ô n c e z d x t h w q n o h c o c x v t d i l b a l a i
```

Solutions
Word Search Solution #11

```
k t î à è f s p î q l ê f u d j o j à s é q s â h r v p
b o y p ê é k a l a ï x b è a â l o o p g n i m m i w s
à e l d e m v r e i a è a z b e d z â d x k n i f e a c
ï î o i é a f e c g o k w r a l t q a r r p i s c i n e
a g j l e j u n i q é n à t m i x u j a d n w w q p z s
c â è a l o ê t v d n l f n g o p n o p é h g a o k a p
ô h v m m g c s â s e e c e l n à i t c t è e t î x o h
g s i p u t x h o a ï v ï r a q c k a é o s u e b k b ï
l y i e w t w t j r ô o j a c m i s i e o ï o r e s q s
i é n z n g a n t b é l t p e s n n l y f a r y h î ê t
e g j m e m l h g p w g a t a b l e l e s è r e m k e o
t â ô f o e ï d e i p s x d i x a t e â i m e n u h w m
r q u t e h l o p m a l i r q é à c i i f t f f e ï r a
o î è h t r i h s t a e w s y ô ê e z c p d u a e o b t
ê î w ê z ï ê b z p e l b a t r i h s t a e w s ê ï v e
```

Word Search Solution #12

```
é o ô o f t î s t n e d h f n y p m e m o â v a y u j î
g b q à t r e i x a t l a ê q d q n r u l i t a r a x i
e n è y h a y b e l l e m è r e t q g a é î l e g e b v
j a g u a r t i r x r t j n p n k m i e f i h u l s t à
r è h o e e v o n à g o c a i é m u t s a t a e r a g h
p i l a l t a é p g t h r v h s y é o p o r g p c à ô y
i v t i t p m e m s p g k z r t i e b m y i r o â t ï î
m b x h t w t e q ï g a t j i e é a p e f à e ê e d m c
o a a c o a l a n n f r n u k è t e r è d h e l d n e q
t o n l b o l f h a r i r u m u t a f r e c d e a o b î
s e e z n c è o n c u f q p n s u p w x à c e g g x m è
c u y l l c v b c q i q e o p o m m e d e t e r r e a o
w f h e k w r w j ô t x l n o w o b y e k n o d y d j à
j w h à a l e z è c h e î è â è y l b f h t e e t à a a
e l l i e t u o b â m n h â t r y f b v s f r e g i t w
```

Solutions
Word Search Solution #13

```
l z u k y ê c o ô b l ê t z a g n e a u j k b î f p u v
l i a n r e g n i f e q e ô d v t t é b i n o î e f t â
ï g v z t w a é u g e j c h ï d ê v à u w e x i p x i ê
a ê î i â z è b r e q t w e f a t r r i q e e e x i o z
â c p j n r e w a r d ô i a l j e s p u m x r d n y t ï
x k o e e u g k à b â y f r q i r u e o c è k k r o f v
q m s é w î e î é q t î e t d é a h b q p x r t é u w b
c e t è b y a i l a m a l l o e ô p ô n a t é i o m m i
l n e f o u r c h e t t e e n v x ï x w o p y c o a c u
é u t î w f s s k e r e é î k à î f a o o z p q l r â a
f h r c l c e u t ô à e â b e l v t f u q e o i ô c i e
o ê a o v a o î p n u a h l y â e a s f z b n ê e à m t
o m c a u n o è d e a j e t j r g e s h s r g g à d â n
r ô v t e b l d r c e f b z a n o i é e x a l q i è z a
à s q g ê g z b j k v a s e p f à z a l î w e h e a d m
```

Word Search Solution #14

```
p o i n g c î y à ê k i r u j l l e e h w u è t j o s c
g w k a y è e o n c l e a a è m a y s a r b n t g â â h
e o ê b n y s s c à u e d u d t o d r i n k f m u é ô s
l l à k t o o m ï a p o p r s i e è i g è m r a z e f t
c f b ô y g o p e t z i p w c t o î ê w r a e o r m d c
n w o b l e g ô b e è d r p y j n l w o l s r r y o c b
u é d î k j b î f e e a n s u e l a v r i ê o l z m o n
u à y c f o r u r f z r t i j k ï ê l o o c u b i r d m
ï à c r n u s â u t u o g t k ï w z u l c i e j j h m d
ï r t e b o l b i r c l o u p s b ï b t o o e ê i r h k
n m a r m i t e t k o o â b î s d e i p s c u b v t î i
l j s l d f r u i t r w a t e r z q c a k i o d u z w ï
î w k w f m j n a r p v e p o t k c v î ï u f u e h î ô
e l o c ï l g f f ê s t n a h p e l e b o i r e s d i c
à o m b l s c h a m b r e o a t n a h p é l é â v i k x
```

185

Word Search Solution #15

```
f r k c t i r o i r s w w n ô i b o l z i t s i r w e y
n d e e n o u r r i t u r e e b î é l u a e b r o c à x
v h l g r p a r e n t s l z l i x e e ê c t c p p t q t
e ô t a n h b k k r n j q r p é z u m â f r o o o o g o
j r d m o a i y m u f â w y p d t î g m k o u i i p a a
d i c t l n m c k e e q o ô a r g â f i o p y g n y ï d
s n e u t e y à a o s r r p o t r i h s t p x n g t d c
d l u l s r f x e s o â c t m l è p h ô t e l e s e é p
s o ô q n f s d y l n g d d r a w e r s y m r t b a w f
m o o r g n i n i d l l a o g o b t r i h s t z q d i v
î x î f h u e f g x j a q w o t d u a p a r c i t s d l
q à j j î r e t s i s s s b k r v m a r m i t e t d j k
q s u g a r z é s ô e s v s y u l f t n e r a p à u g o
w h p l w o b v t i l o h r a d i s h x w y o b a g à h
m b m ô t o r t o i s e d c b e r r e v f e f ô è ô l v
```

Word Search Solution #16

```
a g ï p a n t h e r ï e x u p x k s j c m r x b é r é e
d r a n e r r è l w à s n e v e u s m h ï r a f e e m l
a é p m a l e i g e r è h t n a p v a w a g ô k t v è l
m d t u f g x ï n o ê ê t é à z b u i c ê n k x t i à i
â g e n y u p è e ô a x i n p l m q n n p c d d e t c a
f ê f s d z l s e h t t g d e l f r h n è k r a i a w t
t e e f s e h i x é e n f p v r a l l a w s l g s l e s
j ê è k m e b r t b t r e a w ô a t â t w k q j s e h t
s e r è p u r è è o â r v r t f i p e i a k a s a r p n
i l a m p e r t e n t t e è u h k w ô f a u c o n a e e
z a n e y h e c u e â r k s h a e s s t n e r a p o n r
e s x ï c u i s i n i è r e s c t r d c n j q ï i â a a
x o f t n a r u a t s e r e o e d s c e h y è n e w ê p
u e r e n n i d o k é h ï z î s d u e q i e é ô k m g q
i y w r e n î d b k g e v o t s n y f r p p l k z ï p y
```

Solutions
Word Search Solution #17

```
n u v j b n â ô e ê z à k o k q s p p e c a l g ô é à ô
è à j e h d é r â e h c n u l m ê e d a i n i e c e ô m
s o z r î c b â s a d è â s s c p e l j ô a a e a u d a
f h o u l m a y u j g b a a h o n q n b r p v g z z e r
c o h t a b l e f m u l l e ê f w c n o a z a g f e n m
m ê k h n j y î p q a a a l t a h c u i b t l v g e n i
î w c é m a f f a d d e e d x c ô j ê f è y i p c k ê t
s f i o c l p î e p é t s é î ê a m w e ï c s k e i g e
n y p o e n o s e k i u t a è x ï t w b t p e y f è w y
a g u l z ï b l ê d a c o e c i ê i a î t n e p r e s y
k v y è d é j e u n e r p p p t n a p g n i y r f d n r
e g a r e v e b s é s c è h s r i q w r t a p i s â i g
ï t n a g î é o j ô g l o v e l a u w a t e r e g f a n
a x é ê z b è è ê g g î q c l é w c s e n u c a v r m u
s q h a n d n f f y f i n o s s i o b b ï i â s m é c h
```

Word Search Solution #18

```
â r ô k z w b e a ô e c h e e k e l c n o f m e ê t e g
é c h a m b r e s f r e c d y r t s a p r î k l ô u p d
e o n c r o c o d i l e d è e y é h p o î u n e m e z z
é c c ô l é î t g u l r y a z e à w n p ê j l r l b ï p
u m n a f ï o s u t w a e g g b r t m c é i o i e w f t
s à m à o f ê â i a k i v n r è t q e s t o d d é c i w
u b z ï r i a ê l a r s ô e l e l d à q m o g y a b ê l
i n à o e l n l s e o à a a b u d î q ï c v h r b p e x
t â p è h l x c s u v d ê u è o ï t y o t l t a e e i r
c t a m e e x s r k y â x q è j n m r y a e r r h n l l
a w i g a ê i i ô e l c n u z l o c e ê h e è w i î f ê
s r n s d t s l ô r o s v e è u c k j ô c m x p r e à x
e u b j â d a u g h t e r v s p n a h g n m a h a o q m
q m m p q m o t i u r f r e n o r v t k g l v i â u u ï
i s v r e h t o m m h e m f d n ï d t i u r f w r t j e
```

Solutions
Word Search Solution #19

```
u î d f t n a h p é l é n i h c h ï x b i l l e t n b é
a m e s a v y q i i ê b h a n c h e b i r t s ê t d o ê
e u b m i l k a s a v o n q q d f s p i n a c h e k q m
n m ô f f è l t v a s e i q t j m e n t o n h k n n h z
g o i s g a n b f l o w ô r e n a r d u t w a e l î g t
a o ï ô b s u m a t o p o p p i h q p i h c e p a r d z
z r è a b b l d l i h c d n a r g è a k e l e p h a n t
x b l i i n ê o é ô p e t i t f i l s n r e w a r d ô r
â q à e r l â è a h w a i t e r à y s i j s u l k z b
p è l w d u a w j b j é q l f ï o ê ê k x p é a t x v u
r i o r i t ï m a n u a e b r o c u e b y w a o e c t o
v v h o r s f p b î c r o w î t x g r g t e k c i t l n
p s v k a e e m a t o p o p p i h d o s u a e s i o â e
p u o l e t f c è o f b o s e r v e u r s é w u î b ï g
j î ê e b u b r j h s â s s d r a n i p é s h e e t c v
```

Word Search Solution #20

```
g s y n t s é d e p r ï t l n t k d o o r a n v d à v t
o e l o o s y c n a g o r r e h t o r b l i t â v q o k
r r r i i a x é i p m é y e k n o d o o e y l n g i u e
i v a l l l b ô ï a r n o i l l z k ï c t s ô e l a l y
l i e h e g e t t â r e d x n i t n â j r v d e b ï è e
l e ï b t è a o h ï o e g ô t e r i p d o w t z e b r a
e t j l t g r z z i e e b n u o a f a z p à m t r m u z
z t i a e â z è b r e t u é a â t e b é i ô r é ô r l b
e e t h s k y ï t u ï o è f ô m j n l é e a e o l y s t
u a g p b x y s é p t m n l t s d a a r c c f s d o z o
r p n s w g z u i p d a k x ô n è à r p g c n a e l s e
m a l l i r o g n s e t p c t é x e w d k i d u c ô r a
s x è v w d é ê a e t e b e p â v q g n ê i r â l t u t
l c h p f e é ê x v m e f r è r e è n g ï n n i l b o s
b j u a e t u o c c u o r f ï ï î c â b q l f g r u w ô
```

Solutions
Word Search Solution #21

```
p b é p ô g s c a r f s e c i é u a e p z z s ï ô e è c
t r m y w s p o i g n e t l p y e d ê b e a e t â m o î
d a d â l è y l a h l k a o r â h n p o n u v a i e à j
l s x g n r u à y s z v e à n o g j w i j à i c i l l l
h c c d r o a e q d e t ô u i n o f s s p h t l g p d j
ê h f r e c t e g h i a ô b k ô a m j s ê s a t é u î v
t a b l e s f n c a e e e t s d f p d o s e l e c l a y
ê t e c t c ï é e é r s c e a w c e a n r a e d h w b e
î l d ê h h â n q m a e i a v a e y e p q u r ô a a q x
à i w è t a i p j v s w v a l r r i o r i m î î r t k l
f a k y s i m p d m e w i e h g b n t î ô l s à p e e b
o p b g i r q b t à v k è z b c l t b z è u i à e r p ê
p d l t r ê è v r s é e s a v c h o r s e m e l b a t f
v è p i w ê t â p e b m i r r o r h m r a p a r e n t s
ï b c n i h c e p a s t c t t l o m k e l ï g é t î t â
```

Word Search Solution #22

```
k x z p q o h b m s o p a o s f a b q x o f x e h k m j
l l b ô a n v m a î ï q s d t p n h t e e t p q t u k a
n à o è r p ô z ï c â s r s x p w n t è c e x a r ê r y
à v l o ê d a d s g w a o r a o q l l v i l w o b e t c
t z c e w s i ï b r n î c n d l b l q t c y x â s l a y
a s c r a v a t e e e e é n o ï g v k à r z s t n s e e
b s u r t n p m r â é s i h z j x c u z i w a à e t l k
l y q e e a i è o â t w t e â q e o î n f u h c t n b n
e u â v e p e q f ô a h w a é n f d i v r h k ê t e a o
g c u n f k d z q m g q è d u u p e e a w s h p e d t d
à a ê s e i s o c ô è u k t u r p r n s f o o t i h â m
o n p h w n g a f d r r c é e c e t v ê s f r w v î à l
p a j e i w î î v i e a e i ô l k n y c t e y m r i a l
o r u l q e â à à o l î n p i e d s t o p r r a e r r a
à d b f é ô f v j u n s t r e s s e d u è ô e t s n m w
```

189

Solutions
Word Search Solution #23

```
q e ô q y i è l b m a l è t h g i e w l e i é m z f i c
i r h z v r z h c u p x b o w l è f b c â r o o e u z h
d e h c d o t k w r d r i b î t ï l o b x à t i n e g g
u r l r u o w i n d o w â p h î m f z q o ô p ê s o d p
i e e p o o m è j q d e b u c h r z a a à b u ï n e ô y
r d m t p v b e g g l v m e n n a p è m e ï o ê n e a i
i l m x f a ê y c b ô b i z n o k o à j i â l c â m f u
a u o s v u l c u i s i n e d o s u v g x l h k d à p n
h o p m a i ô l e p h p ï h w e h e v k i e l h t u o m
î h z u m r â s ï a m c y u k o n p i i v r c e l l i t
g s b a à y b b e g i r a f e p l t e e o y a f à â c c
ê g f à p o i d s v g b i c o o c f u l s f p f é q o c
s ï w r z b z r o b f ô a u e h z x é m e a r ê f l r d
a g n e a u a i b â l p c s e z y ô b m d t i u q e n â
e g j a é p a u l e n e î n e n o h p é l é t t a s s e
```

Word Search Solution #24

```
z a é p z à r e w a r d à p i v e r r e t e d e m m o p
ô s o î g e f f a r i g k s j c w c è à q e h w a o w s
z ê z ê à o d v t h n s k c i k o v y e l t c t n b h m
d e n t d x r o r w u w t k u r b u s h e r a j o e f t
f à k e y à a g t q ï e a u x d u u c g d a e x l c j i
h b v d î h n n e a t c o a p i o o é h j c p f ê ï n r
b j d ï c b a è è a t è g e ê m y k s g z l i a p n n o
v â e o d â c j o m e o w s c è h g i r a f e l é i è i
i î â u n à o r p ô g n p w h y è n e u n r a e p â p r
y u n e m k h è l a a c s m e g n u l c h è v r e t n c
t i i î n t e q v n s j ô p u ï s h z y z p h é o v x e
ê k v x i ê ê y é e s r y l g l è ï s c o t é l c s c l
n n u o c y z j g y e c d s n à e m n i o p k c e n h u
m e s s a g e t z h m d v m o à e î r o c a n a p é k m
e u g n a l a n o m u o p r t t u e t u e r è g a t é d
```

Solutions
Word Search Solution #25

```
î t g i o d é a t l e s ï ï j y g s u i o j c o v c ô s
z h e b a m é l p o f s j e t r a c a m w s p q é v o q
â a u u d r a n e r i a y e y l r a e m t o k s u m r w
u l q n a t c e y b m l u i u b j p p n u â e g z v è â
l à à u u a g t z b h à e c g n q l a c l a è n e c â v
é o n ô n é s n e s é a s t o r e l e p u u f i p a i l
l t u a t o u a u a e r u a t n l m h a w k n k ê k c o
k y r è a k u t i k é ï f à î o l ï j y é h l c a j c v
t d ô p y c n ô r i b e i w c l b g b s e h t o l c x a
ï ô d p y m ï è z y o t n a î p i e d à ï é à t z t g c
i b t r e t i a w s x î g t q t ê b i ï è f h s e à e h
n p a r d j é h n a o o e e r u e v r e s f p e d f l e
q q ï k c u d ô t v ï b r r b m u h t è o e h p q u o w
s k e s à f à ô j o s t n e m e t ê v o n s f t l a s x
j m â g ô f b z ô n q d w e è ï s e t t e l i o t s ï c
```

Word Search Solution #26

```
î ô g p j s g j q d d a l a s r e t i a w e e n n é l m
v ô à l o à z u d t r i k s r b â g b i ï r f o o r s k
e à d k a i è p î u y q î t a c é n a ï s t è ê f n a y
r r o ï w s n t s i f m j h u s b a n d i ê x n ê p l n
ê c r h s d s g k r i n j b à g v d a n r n i q a z a d
è j t e è l o o p g n i m m i w s r n e q e h d w t d r
w b z e v t a h c e b d o v m s o p a s r f a y r s e a
n s a n p n o i n o v u z w o a e j i i ï u t h f h ô p
p o o n n r p h ô n t s k i n ê u g ô m e v e o u i é é
q e n e a c a y i h z p p n m b f n q e n a e v i r g u
î w a g s n a c n r y b t d w o ê t t h i è h e r t l g
à u â u i o e s e â a é a o â u x j p c c z c l g e è î
p g g e o o n v z v ê m n w f c f z y j s p x i r a s f
t ô e â c j g j u p e â t u x h j n n h i j l o i î b b
ï y y d x s i p a t v i e ê e e â b à î p c e n o i l u
```

Solutions
Word Search Solution #27

```
c t w a s w g î r e t h g u a d b e s o n w ô â e q e â
ô h r o o u f è e h a n d p a r e n t s d k r ï b k d m
z v u é c é c a d l x ê ï s s a l g t a s s e i e ï a ï
e l b o w s o r u o l t u ô à j h h ê i è h é h s h l d
u u j à t a a b e c u i à ô a x c t t m à t c a o t a e
ô à è a ô r h o w c o f f g ê à s u b q e a n w q a s s
h è u q g r e i b r y n u g e a b o v n v â o k l i t s
p n é i q u x s b e z a ê g l h è m g ê m k l m k y n e
d a t m â z a l s o r g ê a é z c i à e e h a w t z m r
c r r a i i ô r f e u é d o î l o u g q l n t y n t a t
l d a e e s h e e t d b v n j p h c o î o m n ï z t i b
n è e p n o r e g n a m e l o n î x r b n d a o ê n à
d o ê b î t t î o c s î v h v e r r e p g ê p p k ê n t
è w p s â h s w r u x u î é s u g a r w t r o u s e r s
e l i e d u o c é p h d è f p è r e c q f a t h e r a b
```

Word Search Solution #28

```
i y d e m è r e è w n â w l b h ô v a s e h e a ï m r a
n z s g b ê n h b o j u f v b m a s w î b a l ï b q l u
v e g n v f s v s r l c ï e u x c w m n u t b e p z é q
j f l o w j h e ê e n h é s l a i l k u r e a g g à t r
s s q m k x e ô r l a a t t l u a e t â g e t e e a a r
è a é b o w l d é a k m a e ô i m v t â g h ï s ï î g à
à l y p p a f é d t m b u l p a r e n t s c f a r i è g
m t ô u ï è b n r i k r r o a g k d n a h â e v o n r à
t z o â ï p e o a v è e e b o c r s p d k a s j o k e b
a l h l f t d i p e n i a m a e â e j o à b u é m r f r
b l x è y a o l é ï n z u j h ê è l q c è w o e k a c a
l h h b a g c j u y o e j t c w u k a b é ê h m u d g s
e ï w h e à b e g u i à o k n u y s ï n n b é c ô w é l
m è ô a d o k r o f l m f o u r c h e t t e o t y i q u
z z w j s e c i f i e g a s i v ô z à h w n n o s i a m
```

Solutions
Word Search Solution #29

```
e c i r p g l ï r c e r ô t v s o r e c o n i h r u h é
r n é g o d z e n â l g î i n u a e t â g e â e x i r p
r p l c o u c h s m b s b o w w k ô h r ô g g ô ê î è z
c l c e x â x â c e u s r t a f q i h e y c q y t r é f
s h i v e f j h c s e a k g e l t i d î é c o c h o n u
ô z a i n t e a a p m m ô i m ï n h h o e s o o g h m q
f î o t a m l l y e u e â p n o e t a c n h r r à h h w
l é h x i g t v m r d c n x c f r â ê à e k t p e ô y c
i s i s k n ï o z u à c e é a i b m d f s â e a d o c p
o l e t a x i à f t â ê r t h è e f o h s e d y q l ï j
n u r c a n a p é i n o h s t h d o n ï a t a c e k ï y
i a q ô l i t é é n s e d f e ê r ê o y t ô ê r l é e h
x e ê o e e v y q r r i g à î r t é i ï v p t y l k â é
g p z s p m d j z u g c u e l à è e l x f n q ô é y f g
e k a c d s g î g f â e i v b t é p l r ô q ê d t g ê g
```

Word Search Solution #30

```
è è i a s a s v n m h h x q f l é c o e u r y p r i x z
u d t a x i a o a q j u a e p a h c i a v u â h q w u t
n ï m v l à l d m e l o n g z a w e m e a l r t o i w r
i g è r ô e b w ï a à t o e a t â f é y î g y v â a z a
a o a l m e a l r u e v r e s e p u o s à l o b i r t e
m t é é f l t h m a i l l o t d e b a i n é i t è e o h
è a s k s b h u f ê u t r k h q b e c i f r e m p g d q
p d o m a a i a r i a h q â l v é z p t x r e m v n r u
f n u â p t n e x u e v e h c r n î a m â a a h p a i à
r a p à e e g b o o k c a s e ô m h l w a l t o t m n r
e h b a r g s g î b i b l i o t h è q u e l k w b a k a
t i o b x e u d s f u r n i t u r e b f t é b o x s f z
a u w k o v i é à b j a r r e m u g é l r a l c l ï a c
w d l p é w t a a s n s a z m e c i r p e à r n h z e c
ô t e r è p l g f à l u e r i o b n u f m e u b l e b r
```

193

Solutions
Word Search Solution #31

```
i d â c r e n î d b a l a i é e r v è l c ô p î b n n î
d p h q g ô p o g e t h t e e t l b e h ê o t i g r e t
k i c b y p u c t p g ï u r i à x i i y i e v n y ê b a
u s a e n ï k ê t â j g t u x m o n p d g s o t e r o x
a c e a y h o n o t n e m e a â i o s o d s l â e h l i
e i p u é r o w e i u f d o t e g é r s p a ê n b a d à
l n l f â e r b î s c i u s à i e g a e i t n s l î r ï
b e w i z g e r w s l ê w e s ê e q t y l i s z y z e b
a î o l h i h o c e l m b l o ê i s j è d w g m r e s ï
t d b s x t t o é r d î ï l p l o o p g n i m m i w s p
e l u o p î o m l i u ô ê e c ô c o n c o m b r e z ê e
s t n e d e r v n e à é d b j w ô c t h g i e w w c r à
r o b e c è b q ï w x n e s t e p s i s t e r m h è n l
p d d h j k p a s t r y x e r u t c i p h â b e r q a t
o i x t a o r h t a ï x g c u c u m b e r è ï f x a à v
```

Word Search Solution #32

```
d m y q l i o n b é a é è g a g â f p y c r a u g u o c
è r ï x o e u o r l j g n i o p i a â ê k i v p b ê ô k
è s e n i s i u c è â p e e k l s u ô e e m m l ï e o è
e l f s k w a h g y z t r e s t r v g b s b e i o i m z
é r y d s j m s q c r r f m r e i e o o o o é z t r x f
x ô o w î d h à m o u u f y o a a r r w o w n q p e z w
x a é o r a u x p e t o m x r r h y l g â s b q e s p l
e y x â d d t z b f l f ô s a l a d e z p â e b t s g e
p o t ï h r â k i y a e l b a t s a l a d t n x i i v e
j é q n i f a s i ô s é v è ê t ô è p w z o a d m t s h
a o e h b x t q y k k i t w ï s î a ê y s r q d r â a w
m z s w w o r e t t u b h s f h a t a b l e z â a p o g
f t s e l q l y g n o c u a f i s e q o à l e c m b e t
u f j î i c h e v e u x e j o r e i l l e t î v z t â â
i k k i t c h e n n o i l r ï t z m d u o r a g u o c i
```

Solutions
Word Search Solution #33

```
i è d m q n d f i n g e r n a i l u i m e u a e q d r c
à e à n i t c n e r o b m u h t g i r a f f e c y r m h
b l e p i o o i à c t h q w m s h u z e m l l f c a î i
d i a b j k t e è v u l e l l i f c î â s e è q s d n e
o l b a g x z c k t z o i r k h r d o b a u g v d i x n
r a d i o é z e a u r k p l o o x o m e q a o r r o q ô
r i t w c r o c o d i l e r c s l i a p b c f p q e l y
d ô i h z e î z h s d è s o m k î d d o g l o n é à a l
ê f î ê f e e t r j s e d ï f o â w r f o ê d r e v v o
e s è o x s w y è m z i e ï e g x e q w p a r d n r e u
j c a s o à n n a h l i r y q s t w h g i r a f e k h p
g e n o u ï â ï r e p y b n ï a d a u g h t e r ô p c e
o a g n c è s e c è i n è h w j é e g z e b r a a p e y
ï l x v h e x e a â c ï z u a e s q i ê s k o f i n ê ï
o n g l e è î i s h e e t n ï w j j x p l î w l k g è i
```

Word Search Solution #34

```
p ô c w t t p a r d j a c k e t q é v w c g ô e v a ï m
ô é a é r o p o r t p e e x e x l u w a r é u e e u t e
x é y p è r e a v t o d r i n k e e r p a l g i s h s n
ï b â u s a c à m a i n t a s s e t u t i k g q t u w u
e s a v n f w o n o n g i o s i e c m f r d e y e s c ô
î â è o i ï f s v b o d y p i î m â z â p x w â é d r h
ê h i î î r ï i î ï d h t r e s s e d i o è k x e e a h
h n l o u d s è o o y x â w v o q j n o r m s s l n n q
o à l i q a n t o o s b g t i s o e u f t o s a d j t r
y t t e g q e r q d t g f h a p o l g w a e t b s b o e
e i n e t e o t v r n o a g g r s j g p r i a j k è e h
g r u f h r i f a a e o j i y o a f à t v g r o â è a t
e o i s b u o è s w r s p e è c v z é e f h a r i q t a
j i p o r y â p e e a e s w y w o m a n g e r k l e s f
e r à f b u n ô j r p o i d s â n d e c a f x o è q é â
```

Solutions
Word Search Solution #35

```
t c a e a j é d r s q c p î s h e e p d t ô t ê f u w y
u é p m o n k e y p t e z u ï v o q à z f f t d m e a g
e t a m o t â k l h g n o h i n e a ï e r r h e ï h e ê
ï î p b o w l b x u h b e r â p l s r o e u t e î ï b t
h k t n h h m b f g i à à m a b i à t m c i m r m o â v
r u e â o a s â c h m d ô v e n u e e e u t i o l f z t
x a n r l o c l o t h e s m è t g x d r â j u i è c t u
d î ê g i f p r î t r i h s t é ê e f s è t a r j e r a
z â b b r o z s u o w l h î ï r p v b d o i x c v a i d
o é ï h é y p e a r l y x u a e n g a n ï d l t k n h h
t p e i v m v q e p n s ï a m o r a n g e l l l y e s x
a e a d k e r s p s é m a f f a i c n c o r n r i h t b
m a n x a q h à l i e t r o ê v v h ô f ê c é v q u r f
o r u ô à d p o t y r f n r p y n c h î à m f p s a c è
t e g n i s o j â g h ï â u n i k s b c h é w y s e o t
```

Word Search Solution #36

```
â y w g t e j ô î s l à f v t e k c a j u r b è k w e h
j w a e t q w l i ï t q h a t e e h c a o w è p d z â m
p b r p h a a s l o v e a u b v é s e x d f i e t l a s
c è c d h p t v é u ô f e r h î e r è î k l h t s o m c
h o s o s e e b è à b g o n g u u s y f l j k î z o a à
e s f o r u r n r q o t è u o a w i t o m q v o x n a v
e d e r e l è g p h h w é t t b à o w e p i c b a f c w
k u r v c d u c k e d p f n r t q h k ê î ê l r t a x i
r z e i y î a a r e a k u p e y e p o y à p d k s d î â
a n l y o s c d u r w p o s a l o n è r ô k c o l c z i
d ô l o e i l n d k y r r s à p c w f à l f t ï î s n b
n a i b v é j a x k t a s i r f r è r e ô o b j k l e s
a b e u q à v p ï e j w y i c e e c e s a e g w h h v j
p j r i c h l a i t c é x g l e v g b o x c î e ï ô a a
c v o d i e u o j t a x i z m o o r g n i v i l d f f b
```

Solutions
Word Search Solution #37

```
e n o i n o z ô c u i s i n i è r e l è v i s o â l m j
l à i r l ô q q â v m a n g e r r r h t z t d m u i k i
t c g o n c l e n o i s i v é l é t v o o e e t ê r k x
t e d t m x e o è q s t o v e c e u h i z p i i m h s â
o i r ï e t l l z i q k à v z n z v z t è è p l o b ô e
b n ê é r l e r è m à p h i m e j w i m v ô î f t o z i
o t w o s é c r ê è j a t h r o a t h t ô h f k h u k f
n u p o l r w n d e e r k n i f e u r e a g b f e t b o
e r f o o r s r u m a e w e r x e k c a e l b e r e d c
v e b c a n a p é s u n è g e o u n o ô e l e t d i é a
d j y î è p y h ô ê b t d r t l o o u k c b a r p l q n
u t e e h s s n j e j s f o a l r n t k w e w r p l s a
c é b â é g v p l n v ï v g w ô r g e h o f e e t e g r
k â v î o w p t ê â c p é x y m q i a t ï ï o p r o o d
s s n o i s i v e l e t o ô g u u o u u n c o u c h x u
```

Word Search Solution #38

```
e p l i o n n d g r ê w e n m m w ï r e g d a b x x v a
e x y î ï n d o p m é r g n o n b n f g d î m y ê a ê q
l x m j o r o o ê j u t o u t ï t h r a l y k s c t e r
e b g i a s w r w t ï r t r e a ô z u l t o n h f t e m
f v l n e m t y r q t h f b c r h y a c y h e v r v s o
a g e w l e a e z i p o r h ô g è w h u ê a e o l e s â
ô r w b k y v x c k r y a à o ê d p f g d m p r ô h a r
w à c n d u p i c e m p j t î è f s r u o a s â n c t p
v t a k o p u o h u e ï ê a i è a a o a e l e ê t u à y
c l à c c v c e r a n q ô i m l à m n e r z l a n o b p
b o m w c w a q u n e b p ô t a ô a t r v l o l â b s d
â k w a o d i a m o i à x a t v s l o i è g m h l i è a
e d t a k z m y a m o o z a n a w l a a h f è g z à h o
t b r a b b i t o e f d o s g d h n x l c î i e i w v k
f y k t i t a i l l e z p a n d a c p b a t m l a p i n
```

197

Solutions
Word Search Solution #39

```
ï c r o c o d i l e g d p ê c h e e m ê à l o d â è g g
c d d e s o n a s a r b r c y ô t n e d t h a g î i d d
o ï u e ê z e n s f m i a j é l î à p ï w d g l i t s z
u f t h e l i d o c o r c s e a i c w t é ô i n e i h c
k u e c h é w o l f l o u p d e r m r f a m i l l e j c
m r e u p g o d r u x r u p b s i a b r t h f p é h h
o e f o g l o v e i a s p n o a k e d f e q u e s a â n
q m u d é è k ô i ê a m ï é c s q î k g ï d a j i t j ê
ê s ô h p a p a e u r h a u ê v a p v j â c c s u é j v
e ô h t o o t h ô a r m c n j à a j a è h ï e b y t â w
f x s à à n c e g a s i v d r e s s à e à f e p u j o g
v y s è e n t n a g u h k e x b p e c a f t p u p b à f
h â k g a u o c a è é h u v f k î l n v k n i a l v ê é
é y i h h r o b e k ï p i e d s z i h ê i t h e g ï l j
i j n r e w o h s w i f e u o ï n e c k h â g p l p p a
```

Word Search Solution #40

```
r a d i o q i h d d k p s r m w m z z i y r z u c t h a
l n â é f p a c r n v a a c c k o e x u â e r v è h c g
d r i b o x d a x t l d m r u i t e m d m b l d g v p u
d â p w x n p s s l i l n p e r m l j o c u o o s a v e
k i a i a e m h e s e a w o o n à b x r o o r l i b ï m
t g r h e i e à h m j i h p s u t a f a r r a l l a d a
a o e ê é e m o o d o u c h e o l t t i w à g â v a z i
b a n ï t a w n d a d î k c v i t e r s h e n n o o w n
l t t b n e i o l é g u m e t d w g d i p l x w i j ê v
e x s g r m u l s é ï î v d r a n e r n e î r s n ô v
î ï e i s a a s v q u s l i f r s v x s g f d e e o i y
e r d i k p e g a m o r f f t a b l e e k a a ô a s à d
o n d j t a s d r ô j é k a l z é e u c d ê u u u c a m
c a o à a p ô k v ê ï e e p j â h è h t b g j j è d è e
r f ô b j y l f j e g é w b c c c i t r o n i s i a r l
```

Solutions
Word Search Solution #41

```
w î j c y à m o f w ê c t e v o l g s q l x ô f x ô s l
r c â w t ô a n e a o d n e è v f a l t a u q g y o w p
a e p m a l n u n b è b m j a n v e m o m b s e e o j ô
t w x j o g g f o l c i l s m o l d k e p g r u b e j r
i n r l y n e o h s l i d e n n n u a a i b r b è p a a
k o v g ô e r ï p k b e p b e j e o w t m x f e ï o s y
v m î z p u k à é r m g h é h à h c t a à t a ï v r s k
c u t j l l n y l o z o v b c x t â h e e î a t j c i r
l o t d a j i d é o i l n m o r ê c r w l d m h x u e a
é p a w t l e s t m l r s a à g o t e w m e c ô é p t t
l e x ï e l w t c s o o t ï z n i p t è m y p r à i t e
p î i s u a è i s a b h ô î s u é g s n u u l h t n e s
î é e c f w n a a s m b t o v l a ï i e r y v r o e x o
î f i l s ô â l d o u è a è e n d i s z r i g t a n h n
ê e l u o p ï i ê n q p y c t y g r c l o c k à x e e q
```

Word Search Solution #42

```
a ï e b r ô r a u g a j o a è m è c h a p e a u w e i a
ê z r w o e p m t a h b e a r s h a n d é r e g n a m d
u s t u t f h r l b e m p r r ê b o u t e i l l e r è î
y j s r u o ï t d i r t o e a t q ï c l x r t q e t î l
p b f t a r î l n a o e y g a p a y a d p r t l r n a ô
ê î p k t ï u f g a p n a a c r n m è q i m t w v p t i
m i o â e a x t c u p r c d c e i â d h i t i j i p w t
l l i a v è s b a p â s t è b n m h s è o y h n c o r r
f g r l n w n s l x a â s m a s a t e b z e k h l p t w
à x e ï i i d è e e i n a k j a l c p l l x b f à i p ô
x w u u k o g y j h g j t l i a ï s u n é è a y b n n y
y v a s d w n ï d o i g t h â r g i j t b q v b l i i p
k q e f i n g e r p u o l f è j t u x c f ô a r f a a d
n ô p z î s g s â t a f è q o r a t a a ô r î t e p m k
g w â t y t s h i r t l â w u i e h g r t o i g à u c r
```

Solutions
Word Search Solution #43

```
c î t ï î ï q î â d n e c k ê c à d t s e x s o z u a a
k f r e n a r d î x k e y b x q o î c a t t q g x o ô q
u ê u é i q g u o c é p o u s e f î n c x é î i x t i f
é d é j e u n e r c c x é d î n e r r à r i h o ï u i d
s w e z r e n n i d w i f e h f d é e m é o t v b l p s
î o a s t l c n m r i s ê l u e f c c a m f u k s u ô e
è c i è s f i u c d n h n â n n s ê è i a e c e ô r r é
c r l â g e j n e ê d c h v g ê g é i n f h e e x u s m
o t è é c y r s b b o t a z r t é t n z f c r j t n o s
w n â e s j s t i s w s n v y r o j e k a a v r p i n d
p o i n g e o a x l z i d è b e i a c k g v e x l m ï d
v v ô f r e b t a e q f b r à i y m v e n v a o u î u a
a u j t à t o f t e g m a ï é y v b l î u a u f n j x e
e c o z â ê n x â h ô i g k è o s e l o ï k l h c n a h
u ï o a p t e â q w n l à a o ï b y c ê g b è b h u j t
```

Word Search Solution #44

```
w r j q h c g â h e s t n e r a p a ê v u e â c a s ê â
s ê à r m v o s f x r e b t b e l l e s o e u r k v ï u
r è î o o q z x e e y è c r r e t s i s p e t s a g n i
e e y i p t k a b g b k p r x u c o n c o m b r e c v n
h î g o a t a m z z n w t a p i s ô l e u e y ê l s ô e
t e r g s l u g z w g a e v i t a l e r a i w e p o s h
a s v a y c h r i t a x r à r m s g b u i g s i l e o c
f o ê e u r o â e l v l ï o c h è v r e â f c i g u a t
è o i c r l g p v n l p l a l l i g a t o r j l n f p i
k g s è î r r a o a w a e p c d v o n c l e a p a e z k
n o v a s a e b b n q d t ô n c c o é w â s v ê r ô z î
t r u è c â o q m m i r o i r p v i i s v u c u j ê o
a a w r x n ï t e l e p h o n e l x i e g r o g m î y u
r t z w e n o r a n g e d r r e t a w q v m d î à c o b
t é l é p h o n e é à é t h r o a t m i r r o r g s é â
```

Solutions
Word Search Solution #45

```
n q o v p â e t e n g i o p s t i n q l ï g l o v e é z
x i e l n j p o ô x c d w w ô r n b k e y o p a n d a i
p q a l s p a k m î q o o g o z e a e h c ê p d a e r b
é y ê p l w o s j g u c s r r k h e g è à r a d i o h g
e r g i t i s p â à ï a r t g e ê ô d h o i d a r u c n
j à z à k c a l k y c i e c u j w è ï r e q i t a r a d
b l h w f d a t b e m t o s è m u a i g c c h x s s e m
e r a i h a y r r è u i t z i à e o r é d r a a f e p z
a h r â d q u f o f v g i w p o r o w d o r d r d o v ô
r c r é z t e c e t n e u q x i g è u a s g i n r r m ê
à m o g k n c z o ï t r s ô t k s à t p v ô d o f o i i
s n l j a v i î d n z e i w s r e s u o r t u j r x t b
é è è n l s t à e h c a v à t s i r w s é d v s j i ï h
r k a k â n o v a s a n o l a t n a p è x l e i o l m o
m b o î î w î k h j g s â b a n a n a ê g h c p a n d a
```

Word Search Solution #46

```
d é b t o a d ô e e s a v u è v f j k ï j z ï g l a c e
b ê f f u e o g e n o u è à à e î z î é d r a p o e l c
g î r c h t s j t r ô s o b e p e a r c k g t h f à y p
a u ô l h b n z o ï e i q t l ê n d y h î r t a y b i r
î x é é r o î â î à s g x n w ï g o o s e ï ê w o e r q
v y u p n v p è r e n o d h e b l a i r e a u é d r k k
j u l g a ê h î a c f c c a é e è î v k h c h s z i h i
à l i d x r î u g p h l s c b t i l ô y â k h r v c o t
k o y b i r d l g o v a s e m é h a t e e h c a a w r à
v e g b e e n k e i e m â d r a p o é l f î j t t e e t
f é c e j n h a à r n h é n à t c q e é b a b ô m g g h
o q z i l a s à s e e k p o d y e k n o d e t à t r ê m
r m à v è c m ê c ï o g y i j è o l â k d â n h n o a ô
k k m ô o p î b e i o q e n f o u r c h e t t e e g i n
d u a p a r c è e b m l k o r e n a r d e i m o s r ô f
```

Solutions
Word Search Solution #47

```
w b o l à s o u p e ê â u z b o u c h e x ï r u n r w g
e m à s c h e é é r a t y g l a c e d t p g r w h o n é
o v e i t g j t k p î n w d d x w î n y y e a o h i s â
e b e h a n a n o v u a p j è h f h e d t i r p l b è e
a z d c y r e w i c t h e ê r r z k z s t s s i q q a d
u n w n i u v r e d n p é l t a e h i e e z e n t p ô g
h v t e e s a c a y a é z a j d m s r r m c î a m g l t
y k a c g è a d s p h l i v x i u â r u i t r a t a q b
s o s k ï h t u o m p é à e a o t g p u o l l l m ô c s
g w s è i î z a r ô e j j h y p s l j l e à è p p a t c
e ô e w r a d i o n l î â c l z o j d x a v e k w w p b
ï p r e l a t i v e e ê o à r u c p a m r f r o î a l è
è g g e è q g o o s e î e m a m o u g e s h o e v t i e
y o é l z t i u s c z e u é e m è c m r m z f n s e p â
l w o b p u o s î v x u f w à s o e u r t i è y d r j f
```

Word Search Solution #48

```
î s ï è y g a f m w o b l e n â l é o p a r d l e o n m
é e p à r ô p f ê é t ô v n ô d l e i e u e a t k s à c
g t î e r s h é l a f b m e e g t t b o î t e e i q o a
è t y p e e j e i e v ô t z s ê j a l è v r e l t c g n
m e d r b à h l a q s c e i a k î m â b m m e i c u g î
q l e a w y l c r c t o e s c è t o n g u e e o h r n j
î i s h a e g f r o g u h j t k î t x l k m e t e i z t
x o s c r k b p m i f d s d i é c u i s i n e n n l r t
f t e é t t x a b s z e n f u j s d â e s b o i i e i m
r i r t s v t w e c e a r h s m g r x f x u p t s b c v
a c t t i o â c d a q f r u i t w a z w i a t s b ï w p
i l i p l u o î r r d o n k e y n p b l l s e a o o n â
s p z t r a r d a f i e l l i e r o l o ê d r z é t n d
e b x é z l s f p â j î n î d y r e ô o x î o p t n é j
ï l a k p s f f ï ï k l a n g u e l b u v e s i l a v a
```

Solutions
Word Search Solution #49

```
t c w u x l e t o h o b ê w à b d i à î î a i o m y e i
n a e e ô e d x â y p d o x a o p ï x r î p e r r y â î
i s r y o d q i n è o c r o w n y k à s b p e l p n f k
a j u e e s r ï î c m a q a k e e l c n o l k l x è c q
g n t n i k q a h ï m n y g p j k ï t n u e à p b q r w
n i i w u i n e p l e t ô h î o s g o i t ê b j a u g e
e s n w m î v o f o î à o u l h é d r s j à o p r i e d
a u r p l e s p m q e è g u g a b l r u s k i n e r l m
u o u d u a d f e h v l z w à ï h i a o t s s s h m r e
s c f x s n m w y a x ô t v n â î i c c u a e s t r x l
g t ï a a l e b d s u e g n i s d g ê h p z z r a â g l
g w p é a f t h e t a m o t z a c a r o t t e i f n r i
h e l à z j i b n u a e b r o c â n m e a l s a p f x m
r c y l i m a f t h i r s t y p o u l e d t b h q b t a
e s u n c l e é t o m a t o e b n é f f i o s s a g w f
```

Word Search Solution #50

```
j t ê y p t a r à à y n m m s x p l w i b c è v c u p t
w u o p ô f t a s s e v g ï u t î à â s t a f e m n d
e s f o o r é f f a u c o n h r n m e w j e ô n a y u o
r q p y f k s i z z ô h q l y w e e y d k z a t a v ô i
è b l i a p a h à f a m i l y d b u m l c w h u y p ô g
g c l o t h e s e l e y â m à k o é o e r n a e k i é t
a è q k c e n t m l ê c o k v n q b f z t a k h l b ï u
t p à e à j i w g f f t s j é i t z a è h ê e s o b l o
é â i c é o s a r b h è z a ô r c b m a e p v i é p a c
e k h â t m k d ê e d é h i a d o j i a a j r é m t p t
w k c c z r o m r s r ê o y m o r ê l f r e e p u è è t
é ô e o u a à b w î q a ô o e t p a l a t h y è n e r v
è h e c e o n m â h x o t r r n s â e u ê p d l n w ô e
a u y m a u c à e g a s i v f o a è e l b a t a y c w l
a e x l v f r x o v l l a w w j f i n g e r j à v r è w
```

Solutions
Word Search Solution #51

```
b e d s k p o i n g s j p n î s l h n u l ê a f r o g n
j t à a s e v v k q v r i j è à ô n k e n â o p â q k ô
v i p c g t e g é à p a â p g f o u m x o h o t c à à ï
g n i d a a h h l o r b a ê ê s è o a v s t u i h ô à e
m h n r ê ê b c c b ô e b h ô c n l î f z t t j o ï e t
o p j a s x â m a x w t o j z ï h ï à l à r c à t j r i
u e m n p p é l u e b a n f i s t e r j o a h t e p b m
t e y a d b i l o r p l e e u o j a î n n j é m l a m r
o h c c e c r n d z s o é u y p i r x a d q s y ê r a a
n s o o z o m u a g c c l e t ô h m p à r ï m a o q h m
m h g ô o ê c m m c t o k x d b b é t i i c é ô r w c f
s i c m l k r â f â h h a c e r v e a u b à b r x b î j
l u q u x u r p d u v c w b a r r e d e c h o c o l a t
i ï à l o l s d r a n i p é ê o i s e a u r a t à w g g
f y ô b i c v x l e l l i u o n e r g j l a x k l l a w
```

Word Search Solution #52

```
e r o o m g r e n o u i l l e m s t r w b w f i â n e r
f j b y r g e m w o b l e v z p o c c o o b ê e d r c e
u é p h e e ê d è i b g w x ê r t o l o o e à a r h g n
e n f m t s è o é n o y e n j p é f r w ê r u u e i i a
o o o é t â a g t r i d e s s e r t l b b g e m p c é r
s l x ï u h g e f w w ô t ï q e l l i f h b i c o c v d
b e n b b e r b m a h c c l n s ï k m t j s e a o n m d
k m e i d e m i f r è r e ê g b v i e v i n t c î u r s
l p i â n s é f h n o j è t u r q r h e x è j m i i d t
j é h v k y â y i d l l d r e h t o r b p e t s b r a e
ô e c i w p c o x s e s u o l b q n o h c o c r b s p z
s d n e z r e d q v t z n î d e s s e r t é h ê s j s ê
è c z n x i d a w b p ô n c o i s e a u b o n e ï o q k
ï ô à w è x s l u t c b a l a i d z c â è b g n i o p y
f n ô ê u ï m e l o n v o u a e t n a m p u c â w q s r
```

Solutions
Word Search Solution #53

```
p k m t y v m g à q n z p f f è r e f r i g e r a t o r
t y s g j à d e é m o p ô u d q î n q p r u m s z c o à
q s e o y ô à e u ô s à î r r j z i w p u c k l n h î à
s e r d î ê a l s b x q è n a ê n k a g e à h i e è k v
g r v ô d a l n l s l a o i n e x p t é t f c f i v s b
c v i z f a v ï i u e e l t a ï u a e o a a v x h r h k
e e e é w e j p t î â r l u c a é n r w r l c h c e s â
g u t y q t w u y t m b t r z é g b t a é d r a p j x o
o r t e e ô n u e o e c a e l c n o r i g e s i a h c r
a z e e v c î e o d l e ï s t n e d e t i w o w ê s ê t
t â h y l o t r r é k â m z m b e î s e r ê t d u c k e
p s k e ô h b d i i e r m o z a n à s r f l j o j f v i
â d p y f t s a a s y ô h b y l ô v e a é a t q e x à l
y e p m a l r d h n z o j o m a à é d b r m m t î k e s
b e s i m e h c c â z u a e q i ê r a p a p t r i h s s
```

Word Search Solution #54

```
q é y q n p k b o c n a y e k ê h s f r u i t w u f w c
z è e t r a c c m e ê n t d h e x s i p a t g o t c ï q
e r é w â i c u v l e t o h n c s b à x j c â p w ï o s
ï t o g p l l ô k h ô t e l i â ê b f u a e p a h c è n
l l n ô ï e n e c k e p z d a a v p o o o r a g n a k a
f a c e o m l v z k l g g e m c l y j c o u u n e m è k
p j t e p r a c f s u a e s l u t a r ï t i b w t a r e
t e é c t r u o r u o g n a k u f s a g t n r q a v o w
z o a e u n e è k h p ê b a t f m q i r n i a j h i h s
o ô i c p e a s n t n t n s a i ô t o r s u z h d n x é
é e î d h d s h ô l n à p m p a u p w t u ê h a p ê ê q
c ê u o a h x u p t z e é c z k o r x k v o r k c é c c
n é o f t r s o o e î r d g i r à i f ï y n s u n e l â
c g m m ï ê é é s m l y ê w é b t r o p r i a d n a h é
p o i g n e t s ô y è e j a s j â l o u p m t o o t h ô
```

205

Solutions
Word Search Solution #55

```
é e t a m o t m t m à j l l à u e o t ê b ï l j s n l z
ï u è e r v ï c w o u l n r o c o t a m o t m f d t u é
a i o g e e î a y p e u x c î a l î r v u o c x i v m h
i d m n r y g g e r ô a è d e i u l p a r a p m j l y h
n a y i i ê k n a v ï k t d o b r ï f x o b r e n n i d
r e g o o c â d a è l p g n é k x e r è p e ê o v t n c
a h f p p b i f r m i a l a b v c à c l é t s è é i w x
e e f i m o r ï i ï o k e m o o r b d q q r v p k s a t
p r i u ô o e m v v n î d r h a n m s î d o u s k l r p
ï o ô é n x s ê l ï b o î t e r e p a s n p d i l a é o
d f g t â a a k i â m ï q d g h m z î à v e r e d u u u
a ô s ï a m v c e î e y v ê e p t z ï i q t r i a r î l
ï à t s i f n e t v a z â a e n c a r j x b o y o r i e
v ô c b p i e n r x l q k a s è t t f z m a x o y x k j
q t o o t h h l o è u u u p ï e è m v u n w d à i î p ê
```

Word Search Solution #56

```
e w s a r b q â j è f z n i x o f m ô p â z u ô à p u b
s m ï j h z f o t è r k p v v h v f n g o r i l l e e n
c d e g e l f î h e a n î j r é t à o à s p i g c g r ô
a u e r g n c i g p c b e è ê d o r m m î é q u l c e t
l ê i n è x x z i r s b t h r t i s u v g s c ê p y h k
l p k s t p e c e a â ô â a c w t e o z w u o l f ô t l
i ô c o i n u r w h i c n c d t e à p s m l é e o v a r
r f o o r n p a z c j e o g ï b i i y b d h n e u h f e
o ê w s h e e p e é r y u n m w v k e s m i u è l r p t
g g l ï t a e u ï b t ï o a c y z r n a o f o t o k e s
a n e e p t s e t e l w j î e o f d m è u d t p m n t i
î u g z i p o é e r a o é k ê k m s î t t e c r k t s s
c l g i o c n t s y v t a i l l e b b a o n h t o o t î
ô n s s l é h m a r m i t e b u é ï r a n t m w c a s à
è a j é ê s q z n o h c o c î m ô m y e g s r t o p à u
```

Solutions
Word Search Solution #57

```
m h c a e p c d r m ô ê v p e z d î l o u p c e z â e a
f g a ê c i t n o v a s i h z z x î n e é e u l m i e e
j n c x h e n s f c é g c ï m è t o s c r â e c n o s l
â é g z i d e l t q l ê b s b o s u h l l a w n o n ê u
a s l ô e s d g p n p ô o n i i o a m q s r h o t e l m
â p t z n l o ô h a e m l i a h r r è p t x g c à l i b
ï ï p r é r u g â ê b r m m t p i r q l n r t b z r i è
l b x l f i c m j à h a a o e p e b o r e k n k u n e f
x s h p e s s e r d s u o p q f q y p n r t â m p p à i
x r ï o g r g b v s c t s p l m t a o ô a y ô l c t g l
w a u i r d à v i r a a è o m r o u e â p s a h e m ô s
a e q r q g è e n j r è w m w s i l ô w h t q e r l p d
i p r e ê e t é p r f n h m j l q c p l e è f l n ï a o
o à ê y j t c h a m b r e e l w è t e n o b u n c l e g
d h k s e y n o h c o c à e é v â c j â h é ô p u j c r
```

Word Search Solution #58

```
u w h e e l f a r n k ï v c à x d e p p a n z d p à v é
f r o n t s o u p b o w l t â ô a t a b l e c l o t h e
ô f i q x s g ô n s s c e ô a r c ê s r e n a r d q u r
l o g e r ô m e n u l p u s ï s h h r u l d h ê î o y o
u r â a u e w n ê v u c l a l y s ê e e g t i î r o d b
h e g a n ï p h x o u ï l ê f p x e s v n a m n q k r e
v h h r é t a a s p q v a g r é s l g q e î r m n k i v
î e v m v w n à s t w î w r o ï r x o f n u d t m e o a
c a u y k r l i z o h a i r o c e u p w w q x t t â r c
h d m â h o e c h a t b î b m g w l c e u t i a l f i p
a m s m b c t n h f g r r p y l a î ï â v d c o e à t z
m ï u u x l t i t g é a t w à o r e t i m r a m t x è à
b r e b c f u m a t s l ô a d v d m h â ê e i p r s u i
r n ô â e r c q o é a ï i l a e m q l x l s o d a a w f
e f é i n t e p e s o w d j x t s ê s l j s k t c g à k
```

Solutions
Word Search Solution #59

```
l t r t j â m o t h e r l ï â o n o u r r i t u r e b o
g e n â r ê â m ô y h i w q f i â l y j s o t à r a v r
r x s a d i h y l ô j f x v h d r a y l à n c g q p c e
a e ï i r v k i k m o è g a b a i è a l e s g à ô v r i
n e r l o u ê s x o ê d k g t r m v b r e h l h m è o l
d j r b i t a e d a m o u t h s e l u p m m î i d b c l
f q t è m h r t y v t o e u f h o a u u u è l g e r o e
a m k o p a b o s e q c r o c u t j l l ô ï r f e o d b
t o i d a r h ô t e q l â o s s t e e z b a a i t ô i m
h n e b ï w è c ê a r r ï e e k h t ê o n t s u b ô l b
e t r l e v a v ê r à ï o r u g e x n d h i b h k k e g
r n c v r r a t o f i w i o l t n e p e m t o u f v g l
i d u w è x k p o u l e ï u m j r è r e i r a c o e f g
s w s i m e l i d o c o r c y a r o h h s â y r q y o a
t ô b o u c h e s u g a r z y e f c t e î i v z ï x j h
```

Word Search Solution #60

```
m a r m i t e r p n i s i a r e k a c i p u o l q é e o
l j k r i o r i t a d â n i a p e î x ï r n g o b p v z
b o w r c e i l i n g r ê p w g t a b o x f x â s l l n
e u q e u v i n e g a r a è m é t c e g n a r o t y p a
a e p l a p l a f o n d v w ï r e r g i a n i v o e é â
r j j l e o e ï h a n c h e e l h x u s l k i s c é a b
t o p i n e t î o b g r v t l r c l w o b r t f k q b u
e q f e g w f l o w j k n à l u r l f d h n e n i î b g
s r m r a e p a î è l a m b i î u d a d a r î v n z s à
t r è o q d r l f q b m j ï a t o o r l p i e b g î î p
t ô u r b x a b l o b k p î t q f e l l p i k h s y i a
t w â o f p â e m z r é r o o m s o i l é ô l e t h m u
q w g r a p e î r a j k s q à k c g n â e d k l e o è î
g b g v a à q f r b h j f j o r a n g e r y e v o h r l
k e r s t a x i â l t c r g e s i z e d g o ê q p w c b
```

208

Solutions
Word Search Solution #61

```
j g l o v e e l u a p é s â k k y f b r n e h m m î i g
e à l n o e i l à ô o f ï p x l â i à e y u p a k a r â
s à t o e r c b a h o a i ê d i ê l a t k q t â c b l ô
l e l h u w h s i q l h p l z m q l o h a è h z w t e n
p w c p e p e p p a c o i f s d y e è g è h à î f l o w
o ê m i ï m v o i a k b o o k c a s e u i t r t n a g y
p o g ï e a e t e c h t b o è e â s j a j o e e â o e é
h h ï é p n u p o t i o y r f t i ô a d b i d r j k e î
t i b o d y x ê o ê e r a o p i ô o m e é l l t x d b w
ô b b j n o s m p y e t c t a m f u b à h b u ê k u è b
a è y o ê é a o e u k o ê a r r f g e l à i o n h é l à
d w g ï u t i r t t o i t m e a m s m m u b h e j a u l
x k a u e d w r l m r s m o n m w i n d o w s f q c i o
k à w l s t o r v q g e q t t j e h c n a h s f b ê é r
c o r p s t e m s s e r d é l h t à y t p a r e n t s é
```

Word Search Solution #62

```
a b n y e t m l e s u o l b f z d i o r u m o u è e à ô
à z é è ô d l e o p a r d ô c y a r g z v n d u q l h î
a m a j y p ê n o i l c à f p w é r a s i l a ô ï ê a s
p c l é u n k s s l n a ô e d e e r à w n x p ê w j e f
a e ê s a v o n k l d r à ï e è d e n t e w i f e t ï î
à r b y r c j s o a p o w p r f w s t w g r q b t t s a
d f o t y o t ô t w g t g r g y u z q x a m i e b a s r
u y d h c r p c à n g t v i i s o n t g r l s d m h p l
c b y s à p p a a x u e u o a t s i h j l s r a e c i i
k g ï w è s q t o o t h d r n x ê o a e u a j p à u k o
n ô t i b b a r a h f q à i i è t c t a p y e s u o h n
r e i s i m e h c ô i s d t v e ï s h o p n i p a l s e
r è î à v h o ê ï t l x b ô l t ê c é â w c a r r o t ï
a e f é p o u s e e s e a r l y é l g t e k c i t a h â
â n o s i a m g p l f m s k c o s c a n a r d u s b à à
```

Solutions
Word Search Solution #63

```
j e v a c h e e r è h t n a p s a ô v è n u t ï l à î h
t f b x g j k q u f ï c s j j g b e è ê s s i r u o s n
k i r c o i m p à ê o s â j c t h r l é t d a e h n i n
e n a b o z x u x u a e t u o c l c j e s o n ï u n e f
u k g w s c â ê g v n r o c w é v u é r e n u e j é d z
q k u a e à h u b o n e o z r è u s k é i x y s u g a r
o s o m è b a o s l i f u a e b l s p a n t h e r â â è
h a c a â r à b n ê w t i u r f à u m è c f w ï k è o y
m é l l a j s â o s t e p s o n l r n l b r o c f e l a
n r s l i ê à s r e d e f f a r i g ô c î u b m j w i f
o o y l r l b x q i c l b e t ê t î g a h i l e x g ê f
s p n a p g z n m b c o u d e o e s u o m t e q i ô v a
i o j m o h b î p k e f a r i g e e i o ô a î p o é ô m
a r x a r p s ï a m g s v a l n s a o è m h u n g r y é
m t x s t h o u s e c é n z x î v v t g m r e g n a m t
```

Word Search Solution #64

```
b à ê m ï b m s r y e y e b r o w o i a p a p m ï n l è
e s y e c n o i l l î q ê u e s z i s x é w z u o c x ô
t t u y e k d n i s i a r q t m z é i h p f a é é i t l
v u n ï à e b a g t c f m n o i î r u a t v é s à e l i
k s o a a e d b n a s x e o k j p a n u i r x o l g e c
e q u u t o à u r r n m r v n e s t é o b ê o e r n p r
t â r o o è a r u s e g e o à a h k n r r e v p p k a u
t j r f y ô o o a t n n i î v e n î x v o i d a r q r o
o c i r e t f l ê i a s é o r r s é é l s p o f t i g s
r i t z y c o v v l i o n ï c è c à i i r s o o i p a i
a î u f w n i i p v d à n q l h d o o t v r k r l x u h
c ô r n k é l r é n k a u y é t n n t r a e b t t c j i
h ô e y o g i l p e s g d w m n q c l o t h e s h t a c
a k ô l p a é à p c g a o g l a ê q a m é è ô a â ô o y
ê r c u r t a i n k o f c h o p ê j î î p h t é n o ê k
```

Solutions
Word Search Solution #65

```
t l x â c l é h t u o m e h c u o b n i l r é l a p g e
g f h l w w s p b q o t o d r i n k g r e g n i f a y z
i y e ô w g g o r r u t à v w a e t î o b ï â j a r h x
o p r s g o n u o ê à m o t h e r s i e a f y i x e n d
d l è n k b b l o i r e n a r d e i j i l u h y e n a e
c o m f l i ê e m a î e r i o b n è r d a ï l ô k t t e
m e s n r r r v e u o j t f n p n t i b i e x d h î s r
c t r u w u i t u o n x r a e a i q à b p o z t y o h k
î é b f è s i t h à n o é m h w d ô h u f a a p è s i a
l â î â a e l t a ê o b î i c ô c è j d k h a ê n k r n
u p ê g f d t v f c l x u l z n f b t x c r o z e e t h
n n e y u d h p o u m o n l j a t d d m e j à q à y c l
g i t k b o l m e p i n w e c x c é p n t i u r f k ï v
i v h h î y è k e e h c ê e â â u d t s h i r t â v j a
u d è w c f v ï e k u y l i m a f s ê y ô i d r e n î d
```

Word Search Solution #66

```
z s p e x a e l b u e m n h v p e a c h v e é p o u s e
b u ê z n o n g i o e y e t m k c é h b o u c h e é b i
x m c n g r o g ï a g k r u ê d w k e r v è h c j t f i
g a h a e o è l s e d k î o ô ô k a z b à é o f d a n d
p t e p r z a e t i i k u m l g e l l à f g n y i g o z
h o i p g o a t p v ï t c o c m l m h l a ê î ï y è i i
t p v e i k v r b m k q k i c s r e l a t i v e s r n p
o o ô n t ï i p h p c o a c p l a x w a w p v t j e o r
l p â o ê x y a a j e v x b e é e r e k g m z a s d l a
c p à s g k i r t f n q î à z n c c b l v ê m n h i r e
e i b e m e e p o r c u p i n e a r i l l b â f e m è m
l h m v l n a c w u ê ê m k î r n w o r e i j o l y u y
b ï a l t b u a e n g a e f i w k h f p p è e é f r o ô
a à l s e t a v a r c s e m a t o p o p p i h r s é x c
t e è t f u r n i t u r e é q d t i g e r î z o o ê w j
```

Solutions
Word Search Solution #67

```
x u è e v p o i d s u î t ô s t h ï e n i s i u c m î q
ô à c t i d e t t e h c r u o f n o s e à g é e r h w n
a g e n o u e z z u d r e s s c â b p m à ô s v x h i e
ê p o m m e e l u o p e è e u n e s i m e h c n e a m j
e r e g n a m â f q q i î b b k f o r k â ï s a m s a è
t s a g r p t h a n d s e o h i b f t ï k l i m c c t w
u c u t q h j s e y l i p r i t c e s i i x y r k t l e
m l l o r r e m à î e m u j b c à c p f a z l e x o u y
é w e o l i p n è é r e j h â h é c w w c l t e p e c y
l e â l t b k i y u â h ê l n e e l a l à s o n l a h f
r i c o q h n s e u f c z k p n a a i t ï v t â m t a î
t g i o i n e o é d a o d e b r p î r z o l r k â o t m
a h q r e e c s j v s r t e e f p f r t e i i t n o g j
r t c c c z s t n e m e t ê v d l j r h é t h p x e q d
n r a t o e n h ô x g k i è ê é e f u s s l s h m g e î
```

Word Search Solution #68

```
l x ê o v e h j a s t r o o f â t e f p g o o s e t x z
a u î c ô g p w l m c è g n c ô p r s o è c h a m b r e
v n z ê r o ï e t r a c d a h k a p t r e p a s m p z à
e l d k ê a â k c e n l r r e è ô i o t o n o t u o m a
h è i l v z p z j r â n l r e m o a ê e z h é e â f o à
c w e o g n g a à r d f e w t t r l f i c a v ê f î n r
y s y ô n o g g u r e a u p a î a l r i x e p v ô k a l
l g u é p a r d e d e n p e h t t i y t n z j e z e a s
r e n n i d è i q l r e m q o e é r i l e e h w e m ô î
q à î l ê m h à l o a i a w h k w o n è y g q g a h d k
î j y v t p n ê ô l ï e l a m p e g g t o e t h d z s z
c k q g c o d w é â e a m é p u r g p p ô l i î r k t ô
ï q k â i o â j w x u n e m y o a i a n j a n o z o m p
f o j l o r i x c e r f ï è ê c t î n x â e u v a î a f
s y e r à è i a o k t p ô g è q m ê e t r e j d à x o j
```

212

Solutions
Word Search Solution #69

```
t i e b q é s f d r a n e r i z î à b p ï g c h è v r e
v i s b r e w o h s r t e e f v k v e x i u p g a x w à
y r g r m y ô s c t i i q g è c l c a w r e m b t i u s
l î n e u a g a a e o s a r o b e q r ô n k d f ê r e j
z à e o r o j v m e ê w ô h u â s f s f l ï m s e e b l
d e b s s s v o o e r u n e c f f i o è n a p p e h t e
g q ï q i p r n t d b è m s t l t i l k x g b x o t a g
t é â t p a e î s h v u m s u i e w m î z c d s ô o b î
î r e y u ô h t x r t b l e s p w y y s h a o l q m l t
â ê o ô t ï ô c s s z h p m l e ô m e q n m u i n p e i
ï n o p e a c e o u a d â a è l r y k r o o c f h e c g
l o e ê r r o c j s l i o n z k e d n x t t h u â t l r
m r l c p i v g e o ê y t m x o e b o v n s e a f s o e
è c v l a è a è r a u l i o n i h c d ï e e x e o a t z
b o n e ê d î q l p w p t r o p o r é a m x m b x q h â
```

Word Search Solution #70

```
r è e n e i h c m c é é v v o â k w o i d a r e m b a à
a è m d y î x d r l k â a f d t n x i e w w d p p u n f
b î m u n c h x o r t ô t ï c k c e n r r t s f e a t é
a h o î l j n f a n ô m è r e ô v e u a s b â g f e r x
w ô t g p e k e u m k ô t j ï c g s a i v b è f x e h g
g t h i a s p m q r j e t o i t c r e s à q l z r n j s
é e e ï a n ï i à a k ô y l b o p o s i m f b i s u ï n
s l r v b l t a f t l s â c u h z h ô n y n o n m é i c
f s e m i l k r h r x z c h e v a l m s f p â o é v b t
è r g y é b u è x s a l t t f q x h b l n l u m r e e à
a o t j î i à z q l à a u s l z a j u e i t u u s l v p
p r i e t g f a t h e r i p ô u a r a t o a x o l e o h
è u b d l q h d o g î t i x t o n j a n t d p p n l l ô
r r î e a u ï p â è é p o g p k k g u i y l b m e h g x
e é î p z r m é y l r a e h é ï e r à m z h i s z â b t
```

213

Solutions
Word Search Solution #71

```
u t x u g a g f o x è e w i h f c k z q y z o t î b î a
o f q v d r a p é u g h w ê r h ï v u a e p u e w p k u
c c n ï u t r s n o i n o v a r o f x c l é h b à l s n
e h o z c j o k i u r ï s m h o c f î h e h c u o b à t
l e t w w g z i t e t v b y y o p l a t e l l i m a f j
t e n a b o d n b h u r è e v f t e é c i g r m o u t h
s t e t o r t o i s e n k v â b a c o h c ê y e y o a v
a a m e r ê é u e v e n m y h k n h g i e l e h n s è h
w h k o d ê c v n v g o k y c n t a a n i u ê h s n ï r
y c e o h r g d à o o t e e î t e t b m g d t i i u i i
q d é w t q a o h r n n n f j w à p a l z à e r à b c d
x î q i a e x n o e a g j l t s è f h d â t ï e o u o t
î n i v s n é a e s i j i b ï t j v q e t l x s p t k u
s e h o s ô h x r r e o é o a i e n l e w w l x â ô l u
ô r z m e b w f ê t o i t c f h ô r u b n o r s a c v a
```

Word Search Solution #72

```
p è c é e j â a b t o â x y g p q x e e s e j c e r f i
i w h c n o o e i z o n p k g q n y à s r x à ô s p f i
e x a c o x a u e y a o î f m m e j o b u t c e j k g ï
d f z j b r r d e à n c f p a r d i è â g o t e é l g h
m m e v l y u x u è e o è k s d c z q i d o m t ô q g y
v g b z i o w j g ô y s c è q e s ô o e r a u ê s s f è
n l r n c s u ê w w h t p r k i ê d q s è o q t l ê m n
u a a h s k a î h o i u w g r d â î ï l h à u i â n h e
c c é é w x y g e b e m e u c e h u x w p e f e j à o s
h e f i n g e r e l i e o è i e m s o a p u e m e a l z
e v r a d i o p l e î s î x a r ï è o v a d m t b k ê d
e y z é e l i d o c o r c d q ï e q s e ï l i e o m l t
k a s u i t s a v o n f à k k â s p b q s t e p s o n d
é r a j î p â î c e l i d o c o r c a j a s t x y s ï è
à t n s r u o a î t c b w a l o c g g s x i n r a d i o
```

214

Solutions
Word Search Solution #73

```
w x ï i a f â l a j q â a j ï è ê s è p g ê g h k f à w
x r j y e m e s i m e h c c d a e r b c u q ê e i h t u
f t t a h c â v l t n s i t p s z e u y x c d ê t h r k
n o i d î d g t e g m i a z r v z i j s b o n x c n i y
l q o o a e a s g o w c a l è i s l d e i p f s h o a r
w b i t t k i d o ï u v r p o i k v l o b ô d t e o h o
o f a ê î a t r o b u t e e n n m s à ô f w e s n p c q
b t y n h s g r t w l n s e t k v a s e o r ê y k s k m
ï b d c a n w k i à m a s è q a e w e j è v i s a g e o
è t f l i n e c s h b g a b d f w v a i r r u k n ï è r
d w t v â n a e q i s s t z î b o m l ô e a u e s a v l
x z i a a y c î t î â r â c b l b l h t o l c e l b a t
z l ê n c a â j î ô q n v c g e i o j u p e e c i à s d
î à a w l q e c a f n a p p e u î p g x i k f o o r è f
x b n g t b p l v p a p a e c l d l d r e n a r d o w â
```

Word Search Solution #74

```
e f t t h à f à m i à s t a i r c a s e q h s a n n g g
s n i a i i l j s r s r c u l l w n i a m g a u r c ô l
o é r n u à v c e t a w c e z s o à f h l e r b p h o o
n a o e a ê ï n n m h n l r i p i e d a t n b è a j â v
x y i y e î î e s q i t n n e n n é m l i o g w r a g e
p c r h n d d ï f w l c e a p w t b d z c u o b e n é v
q x w j g g a w e o â g o e î l a u d s l l g f n q e k
j b e a a m ï i u p o l a r t i i r r é f n i î t t n z
é g p l t â g p o u z t r n n a q k d e o l ô x s e i â
g l p ï ï h è i à a r o o f t p b e l t s l e d e z x u
z a î q t e d h y e k u p e v i t a l e r k t t o i t y
é c l y t s s k t s n o s f g d â v y g a ô v n t i i d
m e a e f z d i n n e r é s f f n l e â y q ê è u p i d
e r e i l a c s e é â c i î x p ê a p n è é â s t r n o
z k h y è n e c o s t u m e y n à î h à g i c e n d g m
```

215

```
f i s t k e j n u é ô m n r s a p e r y c c k y l î è h
o i m p î w c i o à è h o e î o b p o y m f l o w x s e
n r m w h o e a r s u o i d o e î i p h u s u p i f d f
h l f h v r r r u t d è n u s l g o d ê f p e h q a e o
b y p o ê b v b o y ô h o o â n i f e ô a s h o y c i g
q j è c ô e e r g h c q o c o n o u i d i s a y t e p â
l è h n î y a t n f y g k n g m o î n m h z d à p s l j
j g x e e e u i a ô k e l a p i n a e i è w n é p o i î
l o i v k q h b k ô a é n j l t p h r r o t a â q u e è
v m t s g c n b à w n j p a x e c t s i w i p l e r t i
d ï z h u e r a l r g o ê a à e w s s a f e e g b c r b
r ï r o e â o r u w a à v d n f c e l n w o b l e i o d
i à c î j z c m s î r k u v m a a l à é h l a e m l z p
b x n n v i s a g e o ê m v r u c j w è m s ê p o r t e
w î m k b à o w e q o â d f e p r a h c é k t m a ï s q
```

```
b î l é g u m e g r e n a r d t d l è t k h é ô î ï l p
r p o i g n e t a f ê e e j w k u e q b y s ï n a è î r
p b i x t l a s t s o l e t r o p g c e d a t t o n f i
t z ô b o ô r â w s s o u r i s r n n i z o î b ô v p c
h è f f u f b p e r t ê t b u i ô a ï e r ê g u ô è a e
f r ï h n î i l î m i x r l f q p r i e s t o m a c o s
l l h c a m o t s é b s a é a x c o v k t a h c x s s k
w o c h i e n t o i l e t t e s i o w w e m e f i y ô à
j e u q e g a l l i r o g f é é q r g h h n k s e â q k
a e g p l g d i f c j ï t o i l e t p o t p t u g é t ô
n l j n b g k e t a c d p r u e o s d ï r e s y b d l ô
i b ï w a i a g i t a r v a n i m a l è r i e ê ê à h c
m a z o t r e x î p w h y è n e p q d f h p l h l h q y
a t x l g i o y à é e l b a t e g e v o o i l l o m r e
l g ô f c u b a d o o r d â e s u o m h z p j q e v c k
```

Solutions
Word Search Solution #77

```
ô n d k p m e v o l g e n o b i s o c m a r m i t e g d
s ê d à f e l l i v e h c m c n r r a d i o y g ê e â r
b e o u ï e l k n a e e n c p t i n a z g q x f a v à r
t t z t n z o ï l m n c d q e ï i p k i t c h e n n y è
m è c è a ê v h z c i d m i t a s o a c h e m i s e t ê
s u h h î m î k w l s f l p t n e c k l h c î h e a d u
t h r n a c o j d é i z m r n c f k e y o e f a b î j h
r a s i c m o t w j u c u o t r a e j r t o r f t a r e
o c t r d à b u a b c c e a o m ô t n y u e î v ô w d a
p a t d a e ï r s a p f ê s a r r a ô a n ï c r a d i o
o c i k o t a h e k m ï h l u o u m p s a e c ï z u n j
r q b m é n i u s é o a â r p o i o o î e y t g è t e u
é y b i a r k ê y â d i l r è n l t t j p o k ê l o n f
a o a o t ï ï e h n ï à i l y ï o b b c n z y é t q f s
î ï r o j t s m y e à a j é p r e i s i m e h c a i è t
```

Word Search Solution #78

```
t v e v y e k c b i l l e t n ê î è g é o ô q é d k î l
l j s à t a i l l e b v b é g q b o l q u v c r e n c o
s a e a s h ô n e p h e w b o î t e ê d ê e q v n a g e
s ê h a î n p l ï s g n i k c o t s e g h è â v t k o m
z p t x n p î u e v e n n c c k è n c a c a h u è t e r
t è o f x e s x u h â v t t ê e t l a m p e z u l l u b
c ï l ê o y y è l u n c h a c s r n v ê t e m e n t s r
f a c l p o z h d p m a l c u f é f h t o o t i ê m e n
à ô m l t o r e z i s l à k p r s t s f v ô ô g u n w l
c x à o s i s a n w e n o b j j e t u n a e p l u e l t
r o o d t ô c c a n t à f q à x v a o y h à e e t l s b
n l c b d s i k h n i h h y è n e î u m z w j r e u c o
y n o e d é e ê e a o e è x s t w v k s a é i è e m b x
ô w e p l p a n z t t y s p à q c ï s d d c o k t c x j
l r q c e t r o p g e î s t n a l l o c â a h j h â o q
```

Solutions
Word Search Solution #79

```
w p à l u t a r f z i j l à l q z è b r e k d w e j é h
j e j g r ï â u a e r i a l b s u â i n é ê g y w ï e o
p y h c e u a e s i o z e b r a a n à k e s a v l s î à
é î ô l k ô ï î é n e l d c s c e o s j s e s c o c p x
è n u c e h c ê p t ô q w e o é s i â e a é à n i h a u
y m e z h m é t à r o ê è o v r c l c r o w m u l e i m
m n q n k c y â o i r j s q a ê b e h p r o k à j î l f
o u b b î è a l è h e f e a s g o e c è ô e v ê d m c b
à e i l u l e e v s i ô k l e j l b a i ê y g v i b a è
q r q j o c p h p t l a j l l l î f q u r s q d r g z s
d r v m c u h d p a l ï u i î é i x l b p t f a e c m
w s i z c s l a é e e à o r i r r s a r b o c r n b m r
p é i a x i r p i w j l b o e r a o d u a p a r c z é a
m ï î b h â t u m s ô m i g b c â t g d x t a s s e e t
l n w b q c q b x u e l h ô s w e a t s h i r t î d é z
```

Word Search Solution #80

```
ê â l ê q f o x b è u n o s f l a m i n a q c a n a r d
â t s o ê q w t à o z r z t n e z h b d n o s e ê é r è
d a p u b ï ê ê ô t d ê w ê d s s x v ô w v n à r s e ï
y n r ô r r b o n e â y r d s i k r v c d u a g a x n d
u t o z â ô ô v p à é a a o d z ê t g h à a l c t i a e
c e c w s ê q x o b t ï a a e e e r l a f r d è h w r r
s h l r e t t o r a c c r z d f l u a t s ï l h o e d a
g e u à c é z î b o w l s a z p l ï m â y i o c g s à b
t o y ï i v p a p a à é e l w d i t i è q m d e l î h b
l o x e o d y u t h v r î a ï b a c n ê a e ê a i c p i
ê t r w é f è e i a b g b p m e t c a î r b e è r l f t
h b d r d u u c â f c h c i g a r f o v l b d p b e g g
c z w w a u i ê e t î o b n z r y e è i î d a r u r ê s
o c t m a c c o g b â r c è é r u l p r è i s é u l n o
â z o t n u a k s x o g g è u f o s ô à n x î t f f f n
```

Solutions
Word Search Solution #81

```
â ï è é t b p j ô t t s è è e r b è z x t s ï r ï é j t
b l a m p p ï c w n c é â u c h i e n w e e j î f a t o
s w ê h o t h é q e u î l h t i x h k h t n e i y e o r
è o î r ï e v ê k d c p h é l e a p t g o d l h t p r t
x i t à v m j é s d u â t z p i l o î u ô s i a s m t o
î e î e e o à ô o m m d o e r h l e f é m z x s d a u i
i î u a e e l r n â b w o b v c o r p c l i a o i l e s
p x l é e d o h l ê e d t r x h x n z h p d t î b d c e
l i l k c u u g a h r w z a s w g è e s o k z j f p a d
r w l è j o p q p c y a y i y à y c â a w n q n m é î r
o î n e v c s e s o t c d g t d g s s n m m e o ï d l a
o t î e l r n f a d s a q i s t n e m e t ê v h k c e n
d ê a k v b e l p r r a x p è k s m w c t s s c ê f x a
e s o o g e o o e a f v e r b m o c n o c g v o m z x h
g z w i q ô u w r p a ô ê o c u o c ï d b u i c h r f x
```

Word Search Solution #82

```
s z é o r a n g e è ô f z è t p j p q c m s s a r c a e
t î f t è p l x f p p e l u m b r a e m é a ô k t s f s
n c e j a a ê n l k n a u è o t x u c b x i x a i c o s
e é u p m g p o o g t t n w m ï é p g k e u i t n r l a
m à r p u m e v o v h b l d b j j a f f e l l è a p t t
e r e a c j ê a r ï u e w e a o t m b a l t n d a r d n
t i n m t f b s s è m a t n e e l c i e v p k n d o o l
ê o x s n é x g t e b s y ô e d â k o r i è d i n s w f
v r p î e m ï q o q e u f t é f e a é e r a m k e o j ê
g i o f g s è f r v f n h e l u m n d s e o e i â é y b
u m u v n â o t e s w c l e z i s c t t c y r b g î u o
ï e m é a ï f a y n e l a v x a g x ô s u ô p o n t n x
y u o p r l n ô p p ê e m s e h t o l c o w g î u y j y
y b n j o y f o o t a î p n c n à t y t p t h t l u w g
e l c n o c z l n d o â n e ï é v n w y à o é e b m e è
```

Solutions
Word Search Solution #83

```
î p f r e c z ï i j f c z b g k z è é j c ï h n é l j t
à o h v â ô à d h y w r é ô l î a ô d n e x o f k w z i
ô m p é ô ï b o s z a z o s e c t n q b o î e u j o ô b
c h è v r e o a f f a m é g a y a r g p k n k l o b â b
s c b x î î l f g o o s e i t p â r e o e c g î u p n a
b c e p v d à c h e e k n u a g e w p n u r o i e u e r
a h h a q o s v n h x b n i r e r r é e a r è u o o y s
d i c n y n o j v u n k z n s m o e é b t r o h z s c b
n e n t m k u d c n g i m g i u e x n l r n d u t o s e
a n a h k e p b m g o o p a s a o a b o i e â o u n r c
h h h e é y e y p r î e a a i è p c l o u a a s b b a f
t è q r h n v à è y p î u t l n h k n m m i i d m j t p
é î k a n g a r o o t p s j j i c i p o u n l a è è g
n w i t b q e h à e a d o g o b p à p o v n h l d f i y
k g d q r e e d y v r s i p a t b d é r ï c q l e k o è
```

Word Search Solution #84

```
l p g n h ï e l b t t i g e r y s o ô p w d u u b p t ï
p s t t ô u r t a r r i o r i t s q r î a e c j u p e d
n g a à p h t b i m a r t u j i y g a l r t q ê a y u i
h h i v l e x a e g p s i z z r d x a è e c o n t e î u
e à l p a d r o e ê r u l e e a l s r u e à è o y z g z
p k l t t f â i a o m e u l s e ê f t s t l d e m r a d
f l e g e v d n x n t s b s k v i r h o i r b n i k é r
t t o r t o i s e a a a i a r m o g à c i r n i a m ï a
ô à k à é m ê o x l t e n e e t b r r n o t a b l e è w
o h ê l a î ê p a e t s p d z e e u k w ï p w â n u à e
t v e l i é y d d t l a y o d g o t ê x d s e p m a l r
v r v r i m e m e a s r d k n s r e h t o r b p e t s ê
ê j i x i k s e r p e n t a w t i a l d i j b l a e m v
k s a k d o m â y ô a v m z a x q n b o n e g l s ô e d
â t d g s u b s ô h n q x è à n j t w x p l a m i n a ô
```

Solutions
Word Search Solution #85

```
l t o r t o i s e h y à e g a s s e m è n k v a è e w t
i p p r c r g j r v q r o q m u h p k î p m a l u s r e
c ê a e h m è t o r t u e n u a t ï e p p a n e o t w e
r w i p e q e k x a p i g y l e h e à u w è l y à ê v h
u l l a v è g a î q v è q à e s t n k à ê l ê e é t a s
o ô f s a g o p l a e â y a z d e o ê c i w c b h e g i
s x è j l s r â v é s â è j à e g h i a a n w r b ô m d
î î o k s e i t u s t p m e b b a c t w e j o o q è u â
u h è é t r l i n i e ê p u y m s o é i w w è w t u l i
ï y ê o l x l s o z v m w r e i s c h à f c o g d p e y
q n i d ô ï e s n e a m t r s x e c t a b l e c l o t h
r t o u a w î e g l z s c u h t m r o o f n ê k w i h d
g a r i î e ï r i q a u g è i é l b p ï j c q w z r w é
w w e l n n h i o p s a y l r ê ô î p f p a r d t e i b
g o d p é o x e g o r i l l a u h h o r s e b s y t t i
```

Word Search Solution #86

```
d j n p k g ô h u e s m u l e p p a è r i d e a u f s x
c e e e l c a t l e e q o p ï a o d d a d p n j v u t t
i l z l i è ï u a l f w l z t p i u v e ï n y y c e c e
l è é l m i m u r p r f p â e a g a g a s î c v k o d p
à k l i a p n o s i a m r o e c n r i â v s c o f l n r
î e s r t ê q d s k ô r v i h c e è ï r k i e k s b o a
x y q o c u r t a i n p d d s à t f d x p e o r t r l c
s m q g ô è â â t t e k c a j y v p y c ô l g n t a a b
g t e t s e v t r o u s e r s p x s r x h t a g è s t c
m s r â q v r e n a r d u n o p i e s o n a i n m f n è
c u y e q à i â g l n e h s k p r s ï f n ô t t e i a à
î g n u s u s u c r e r a o a x l b c i e a k a z o p o
l a i t z s g o r i l l a t g k h m à i ï r é h a l b x
a r l w î u e s w i m m i n g p o o l i n m s s s k b k
y s h u â w l d g n j c é k ô î h d y v x e u e s u o h
```

221

Solutions
Word Search Solution #87

```
l i t x z t o w b x u w p ï e k e l l i r o g r à o r é
j h à k e p f r a c s o h f a h p u x e q g a t î w m f
i a o â p r â r î y t m x d u f t p p n v u a ï v e o f
a i ô v a a p a z b e d n c t o o g o i g r s h s o e u
e t ï e r i i t e s s a t a d t î h à u e g r s r à ô e
p n q s g s g ê à o p h p r a t c q o p a b a h t w z o
u e l w r i s a c ô y i i t p o d c r d j g l l e m â g
o d p s c n s î v y s n o g c k e a g é e f x c p t g ï
h t c é é r c o t w k k k â s r h g y o é f v è r e j u
c o h u à o à n i c o u j ô i c x w i m r g t m a g n r
ô o c r p c a n o d î s r o é d y t x x a i r n c è q a
j t ê l l î h d t î l h b x e l l i e r o ï l è i u c g
t h e r r e t e d e m m o p é k v n e c k w s l b a g u
a d n a p z â g g i r a f e k e s o o g g r v j a y ê o
v î e f f a r i g â ï r j è v r b l e g a s s e m g o c
```

Word Search Solution #88

```
q u d z t e u i c e p p è î l d p m a n t e a u n x ê ê
h a w m l t k ô v e ê l l q g d m t è o à m h k u l v r
p a l d a t q ô a c w ï e w i z a h l x m s u g a r w e
ô k n m s e a u h o é d w n n a l f r è r e q x v o f i
e è z d g h v e b o u v n i j ê y u w a l l i t b r à l
w p l a n c s é o o î e k c a c e j f h t c v l u s d a
é b m o v r î t c t r s i u ê n j à r o w o e i p t î c
p r l a f u z ï a l z p m ê i g e a u m j a t w i s n s
h e t y l o k m ô i é f ê p s e m a i n l t u é l y e e
m c t a c f a c ô c r c u è u d y g t n i k é b l c r l
è y a j à n é u r h r c k ï c r f à o b r o t h e r à j
n f f e g g n o o f r u a t r h z l g l a c e v t ê f s
j ô j e p e p d a o o v m s e d e w k e c y w q g è m h
d à r k m l o b p j î r e m e m o m o e r v è l u o é r
g f è t a h c m y x b y k î c a r t e a t v m t y ô i é
```

Solutions
Word Search Solution #89

```
y n i a r b t t v u q r y c c â é u à g s t f d j c b ê
n x p i e d s ô i r l e à r u m t p i i c c h a u l a s
c e i m g l y d t j k u a è r d r a z j m h ï e r c o é
s l a c c t è v m n n t h d t â j e r s x a f h t i p b
i l à r e f r v o î i i o e a n g a e e e t t e m i ï ê
p i l i m y n m r g k r t b i t ô r a n c i à r l e g g
a a e d y l l ê b e p à i a n v v h s k f f k o î d è e
t t e e y e à r r b a x m s y i a i p s ï u î f é f z e
l j h a u ê m e a f n r o b e m s b i d t e p r a c u c
o è w u x o f d k e ê s e t h r y o n r h o l y u t o g
r f o a î s r î a ê é î t z v a v u a a k m w i t h l
a h e o r a n g e g k e g u z a n l c n p w i a o ô a a
n p e g n i s h t n o r f b m r î d h i g l l r é b p c
g e c u t t e l î q w p f e e t i v q p e g w a u m é e
e i u a e v r e c h y d y f d r e s s é d c e o o b o ê
```

Word Search Solution #90

```
b i f a u c o n h k c y t ï d l w r i f r e t a w r r i
e i à b r n v m b a q d a e r b o s a v i o n v p a â â
e p e d u o c î z e t m a n z f y a x u a e x b x t â e
m l e c a m o t s e v z é d v e k p â f i q f r t a o g
e h b q s ô g è a î p e a è k â s e î b o i s s o n d ê
l j d a n l r t l j ô î r n c l k r j s a l ê ï o i î b
o s o n t s r m p a p a o a i p y h f o f w k c u d ô f
n è f d o d i q î n o m x f g c n z y e c x h a z j q y
d r a n a c k n e d e ê h é e e l o é u p h c u r a t j
g e v k t n b l g m e a l a w l n e l r e n a l p r i a
h ê î j e h b ô ô e b é h è t h b c s e l i m p k i e w
t m k e m a n o p o t a t o w a r o a s m a o ê e â é p
h w é t t z s ô à r x t ê t e w w f w b a p t k é a p v
v y p o m m e d e t e r r e à k q o î r e t s i s u u â
f g e n o u n ï e b l ô c h è v r e h k a o à è c p q j
```

Solutions
Word Search Solution #91

```
d r a p ï s w w a v l e l b a t e g e v q â u r z g j p
î f r e ï î e h a e l l i r o g b f e d q b i c ô y ô î
ô w y b p é y c n c b o p e l i e o p r ô r a e b a h â
ê m f à n è h é è o a i ï d c î f î x a î î ï a g g h
x o f t n e p à b h c s ô a d a ê n g n à x e s r u o â
l e z e r o b o u t e i l l e h a t o e l g é l q c u d
ï â r e g n a m u ê è i â a é a d a a r b u z ï t a j a
f e e c y e d r t a h c ô s t é l q t è t a p i s t u o
s l m l o u e m a x à è v c a î i l s s u â k l s o o t
v t r s a w b e m u g é l e g d e e i h n t o e a t é b
n l n p k s o u o b i h ô e è î r ï l r e z k h t e e t
i u a e a h î o w l i e y f r x v g u y o l ô u è g i p
p r n l d g t d é g ï e r f e ê è a k f î g f q f e k a
c e a â ô y e é s h e e t t b c h b p z u a e p a h c i
g d h y e n a â i u a e l b a t c o c a r p e t o n w u
```

Word Search Solution #92

```
t h r l c m r â s ô ô v g l j h u e ï à î ï è f a n a a
i e u e w h o v y j o r a g u s n n l u a e n g a e a î
à n e a w n g s r g x s o e ô ï l l x u s n p m o r o w
g c t h i o v h f f î u â l d o a h z ï m p r y ê g r é
î e ê o s e h a a t k i c p r d m ô a y e o n ô s i e o
r j n y m o m s m e n t d y a q b î s n è u z e n t i t
n ê t a j e f m i s l k j c p t h ô k o d m i r è i l o
e s i f d s y é l i o o ï a q i é x e z é o p è o d l i
s n l e o h l à y m o i w s r g m f m r f n ô o î u e t
o q n é u i r l e e h w g é î e g x u l c o ê ô u e e o
n o e z c r b a k h h m f n r r a x t n a u o w è c h d
b a f p h t î m e c u b s à o i b g s p n g s r r e e e
u e v i e â p s u l s p j s é n s m o u v i o l k i è i
n à v à z w o i e h o y n i è c e z c v b f î s u n a w
h a n c h e b î h h t r ô g à h e f a m i l l e v à d d
```

Solutions
Word Search Solution #93

```
b o d y d r a n e r e j j o ï e b r e a k f a s t m a s
h a n c h e q g m h i p l b e a u f i l s k e n â n e k
e à â l t q p e t i t d é j e u n e r x b r s a e l î t
é x p é ï a ô d à a g j q d b n ê c r r i w n s e ô p o
f o ô i r e c v p k u q a y a o g à e o i i a n c y s i
r f f ï s e l â e e l i n t é u a b m a c è e h e s l
y î w j î c i c l k a i e n s k d t m p r y s a a k u e
i n y z e â i l n s ï y r w o î n i e i h i é c t n â t
n t r i h s i n a o h z e e e s n é a i m w q p t o k t
g à c v l e n â e c g x l r s g p t g e l n z a e d n e
p s p u r e l c n u s r t i p s s e h c c l h s l v i s
a a n o c q v a c h l e t o è n i c t o o i e t i l r i
n l e k ê h î d d r â ê o y u ô m t r s l u s r o n d g
u a î u é l l q a k g l b ï e â x p â i y c a y t é o u
é d ê p o l e e g r ï x p m p k s j c p ê e è v z ï t î
```

Word Search Solution #94

```
s b o î t e n â j x k i j m d e u v y r r x a î x é r c
t t e p u j c r a v u g j q s q q â a à à s â t q f h ï
e g n i s i a r o b b e g a ï d f t e q t h i j r w a l
t i t s j w p o f c n e v a d n a p é n t c s i o y i i
a u è a ô h f r a i s e s e d k u l a é k à ï h x r r a
c w g v a s e x b ô ô l z e h r z l a e y b a t u r m n
r a o l b s s k r i i p n ê w c l n t s p f m i ô e w r
l n p q i f g g x f l t t w q o é w o y o ï e l é b è e
i a a v x o h n c z s l e à c z d o à s t c l j ï w h g
o n n v î x n g i b w v e ï m e b m r â e v g l d a ï n
n a d s a l a d e k q p t t b i ô o y a c s n a c r x i
à b a y c t a h c è c n h y j x é i x j t i o e è t l f
r î m e n a n a b a r o k j g r a p e x d s q m b s e v
ï j l à è è b r e p a s t e t i m r a m y x s k i r t f
r é e p x à ï l o r k x r s b c o é c e c o a u b k s é
```

Solutions
Word Search Solution #95

```
é c ô î k y e k r h l l e m o n î â g n i o p k k f n e
l u o b i h v b ô o r a ê m è e s u o p é ô b m w e ô n
c r g g u h h f k r w ê m r s x e l à m c o p h p d n s
x m â r ï n o w q l g l r p t h s p v è â i a d j o e l
e l e à i o e s o o a y i s o é o d m l h e r o q u i y
é h î t r l u m g g e è r è i v c w t a n t e g u c h â
ï q c s r c l a i e e e h e t é é w e ô l q n s é h c s
z ï q a r a o e m ô t z â p t c e i é r d î t m x e ô t
j t c e v g c n p f k i à a k s f a c e k ô s w é c â o
t e k a c l o n g a i s x r t c a e k v è f f p s x x m
a w o c m r w à o l i s f e g t o o ô n i b u u t n u a
i é à e t o r o a l w n t n o l g l t o ô s g e a r u c
l è â i f u t z à t e f o t o è h ê c l é a a c o a k h
l ê c î t i î s c b w m k s s s é p ê e r ê w g m ô c t
e r i ï k f w k e s f ô ô z e n î h ï m q s â k e j q â
```

Word Search Solution #96

```
d t v s z à p g è m p i u g s h a n d b a g q r t ô î t
u e x f r e c p i e d s n o s l t ê c e f ê d h e o s q
z s n m ï s n o h c o c a r t x i j a e é n e a y f i a
s î b t a l a b é b b ô p i s s ê f y k a n é q e s g t
w t n o ô r r c o t n i k l i e m v n b n d p d c i c è
o e e x l m i i à î e c i l r r a d s l d i f o p c q e
r b l n g à r u u m ô e n a w v r u o â à a r s b y é o
b z z u g e s o s ï a l f e â i h u u à p n ê d u t k c
e e c j o i â o è k j i x t m e g o r i l l e s o c b c
y a t s ï p o l u p â h n s e t d d c n à e î u d t r h
e g z o u r i p è p o d k h n t ï e i b l x n g q m â e
e l c n o e à u q r e ê q i t e i e l c m u j a o a h v
s o b o o t l x s f v f v r o g u r n p i i r r h ï u a
o b f f i j h e q ï l é ï t n j c u c n i h c è o s e l
n o n j s o u p b o w l ï e â z ô b f q k t s h i r t v
```

226

Solutions
Word Search Solution #97

```
u s e r p e n t î x n y p u o l d v m e h d k e q i y è
é b è n ï u a k e e h c l q è z f w a u z u s i n m ê â
f i n g e r n a i l y ô é d g r l y c o î w g ê t â h a
t r k s w s y q ê i a e v v ô y o e o j c u n e m c l f
b o n p l v z g c x î q f s m q w k s p o u l e u e i c
a u e h à r n m h a i e l g n o t n t é y ô e o t s g o
n e e î t i t l l t l ï d t a r r o u n î r c x t r h u
a h r j o a a ê c a n a p é r e w d m e v g c é i c o k
n e f p x i r p i l s s â z w r h u e è h ê d u e u c p
a n m w p é r v b w e e i o q è e ï l î è n e r ô e l e
z e k a n s g u y p b g h ï r é e n a n a b r e n o r t
h r s x t b m u s b k s l g t d l q o e c o a w ï e d r
ï p u e q é r ê a d d i l a i s à u i v o i x a t i m a
n y i v è n e h c u o d y y s î ô g k d v e r r e l v c
t x t u o n e g m î i l c é v s r i o r i t l d d ê e ô
```

Word Search Solution #98

```
v s c t k m a i l l o t d e b a i n f a t h e r y ô v q
h k a à z m g r e g d a b n é o à è e n m a l s e â f î
o m q r u m v e g n a r o ê v l m é m d t l n b ê e ï s
s s b s b s f w o j t b n g é n a a ï p j r m i p e a u
b o h o a è k v z r w o v à ï ï z m r ê t a i t m a ï u
l e g a â l a i i é a n b r o o m l a c j z p k b a a a
z a r p z s t h n p l e m r a g c ô u h x w n w s v l e
f m q j à e s ï p a l i n s m è f j p e ê e e p u j c r
v a z j e t w o o u i t b a t h i n g s u i t j n k l i
t l r f f e î n g l b a w m n v y c s à m g q o u r s a
r l e s h c a e p e t l l q é i ê p b k c h k p f â i l
i x e i d e g n a r o i k a î j m h è î c t e f r u q b
h o d è ï e d a w a â â f ô b y z a y r c o d ê e è q a
s â d o i m i s e t t e s s u a h c l c e p s è c r c p
t p o i d s v p d j â s h o u l d e r p r a e b l i p m
```

Solutions
Word Search Solution #99

```
e g d g b a w s g f y v s e l l i e r o g m ô d a e h v
i ê è o m k o o g c h m l a p i n n ê ê o w è z s à ê a
a w è a è i r w b q i g t s e r t n k n c ô y o j è p s
p h l g c g ô o à à p m g h t l h w k c g o u z â é l s
a f t t e a c y v u a u i r a l b e l t a r r s x z a i
p g a f ô c t o c ê l l o b s j y o s c c r g n r w t e
y h s h l s o a l h n e d m p p p j w i d n o ï e o e t
c â ï t â z w a f l k u e o m è r e l r i a d t h r c t
v m a è h h â â t h a e t ê t o v o r k t s d j t b o e
m a m i e r ê f v a i n r o u e s r c i o m b é o e u g
i n ê e j e o f h m w b t è t b e o b s r p l m m y d l
o t l m y i s a j a o i o s r g t b k i r w g h c e e m
e e ê u y d v s t l r i y u n s a ï g n a c o r b e a u
ô a v l l w o g a l c é r i ï r q è ê g c o a k r a e s
n u à e z h é é v t v x f g î m f b w e n y g j j h h f
```

Word Search Solution #100

```
t v î p e c u o p e s ê w h a n d t k i n e t a s s e j
x â t î è r é m a p e r t ê n e f i f m l o l î i x a t
l z a k n b î a e t i u r f z j c c r m e t n a t î o î
a z c r ô p u c z e q b m u h t q k d î n e r è è p j m
v î d i n n e r ê m z p f ê k é s e c t i u r f à m s z
e é b m t n o w m u i e p x h w y t g h é d a e r b y à
h z q a â n e î y t e u q k ô h é s â k a l r n j â m s
c b o j g m t i p s s d r a n i p é e i n t i u â n u v
k z s é q a e z h o f e s r o h r â â r ê i a e i i w é
n i a p x s è â d c y i a e c è i n n m v g e a t s e w
r à k i i t e l l i b n b l h b u t j a c i m c r r ï o
â é â u o n v d â î s l ô ï ê ê v é d o p y e d e p o d
b s u l è e a ô j l n ï î n g o d é r à b k h t a h ï n
t w a q n q u c g g e e a c b o â n d k g a i à t a l i
v g j c i c m f h o z v d m q ô e t i m r a m n d e e w
```

228

Solutions
Word Search Solution #101

```
r l t h l a p p l e s g f m ô r a t x à g o r g e y f o
l p a k b ê j d î r n ê â m x y c e p u o s à l o b o m
a m r m h x w i u g à f s o u p b o w l w ï à é l â x s
m l g z p ï r o â ô r u n s t à d e e r u z x g a g b d
i ô g u p r i x s e a o e p r e h t o r b t î u m p j r
n ê k d s p s w c ï v o t r j o k f h i p u v m i a â b
a é s e è c t q î a a a c o i e r u t c i p j e n o x b
t f l e g a t é s r b t m c ï è t u t n y ï e t a s e l
t e n g i o p i é l m h i m r l b h a n c h e f m l t e
p o m m e è m ï e ï u r ê e a l s o r e n u e j é d é â
p t î l e p m a l è h o é s u ô a t d è o ï y e c i r p
p k c ï â b u w a x t a y n à è r u t y h j z é ô g â d
m r a w c m c b f à q t c î é ô b e ï e l b a t e g e v
g z z e n e c u o p r h y e r o t s r o o l f m w z v i
q é i k z r r y ê f h b e a r f g r ï n o s e q r h a h
```

Word Search Solution #102

```
è t c v f b f o o r y s e n u n d u c k g t n n ê n l q
i a y o e e t e ï n j ï r l e n t a y l b u e i t a r j
ê ô à c r o v î i v g l è a c p e ï w n e v e u e c n î
è è è h i n h a i ï é â i â d n h m g e g e t r a c o d
s i g t n x m x a â x à n e w i o e v o t s y ï é i e x
n j b y r à n r u q g h i l q l o t w s d à y ï e é e k
n e i h c o m q u w p ô s c h d p c r a d i o c r p m w
l o u p c l e t ô h ê â i n i n o t f p ô k é e t a w u
h i e u î p a r e n t s u u s a r b e î g ô t n î r h q
u ô a r w ô î a h x e r c b e h s g s r à t i o d e q h
h f e à r ï s é x s c e r v e a u à o d u a s r n n o t
v k l f s u u c o n v w z h a h ï c n b r ï a x p t a p
q k u g h v e o q ô c g t e t è w l q b a n ô m e r ê â
è ô o ê ê e g b é x h a w k n ê z â g m a w x l è r ô ï
n h p n a c k r r h o x h x ô ô f j g c j w o l f w k r
```

229

Solutions
Word Search Solution #103

```
i x c h l é o p a r d u l y n t f y à u o n e g î r b y
r î e n o n ô e l p n y r v q d h y a k h è ô q b i o e
b z â m i o à g î e j c è î d r s e r v i e t t e o n d
o z b e g i î t m g ê î t h x a a o f l y e e m r r e d
i p ô l n n v a g d o g l h é p î k n e e g u p o i d n
s u r o o o ô h t u o m à l â n e i h c a l à j r m s a
s k é n n b e v e r a g e t o e y ô a s e j a p r r g h
o e b r o o m q e i e s a c t i u s i d e à n î i m m n
n j m j d ê n r v e g e t a b l e v é s q a y è m u r h
a e è u f h t g ï u j u n j n ô z v o g p k x p l b w a
b d t ê g ê â â a k s b n o j î a a f k s h e e t r o z
t p t r n é d j s b e a i r l l p a i è n y s a r b d x
d a r e a f l p l o à l a u i e c n é b o u c h e è n q
r c f p p c n ô h a e a m s a e m o l i e t r o à p i a
é e è v z s a v o n a i e z é â p é l e o p a r d k w p
```

Word Search Solution #104

```
x x g w d n o x r p x ï r k r c o i j é f c n à m o x ê
r s i i y f e e h a g t ê a ê f è p é ê â u e e ô h d
a l c p r y î k q e m r r a t l n e v l q h e i z s l c
e i e h e a w e r ê t d e z r ô q s r c â z l è s z p r
p f b ï i ê f u ê j a b n n o c o u j i r x n s e e â a
v u d a d n t e c l e p è q t s d o n a o ê s u r s q v
î a u c à r d o a ï a k à x à s o l u c n p m n p o x a
i e s k e l l s â p u a a f m y v b y a l o i e e o y t
g b m v t e f f a r i g a n e n è q â p e e s n n g â e
ê î u e d a l a s b a o q k s a e k i g j b e p t t p s
u o b n a j z d r a e b d a e h e r o f à c r d e e o l
c e v e é i â b l i ï w o r c y a i n s k i n o a t i n
h v s e d k p p a r e n t s r u o e o t o y à u c t s w
z p t o q e b l a n k e t t z ï à g i c ï o n c l e g t
j v e e n ô b t n o r f c o i s î e h c h e m i s i e r
```

Solutions
Word Search Solution #105

```
h s i n g e o w b v g k l e t ô h ô i à c a w è r o o m
y p p e m s è b s z d ï p e l s ï p â c g a n a n a b z
è ô h ê a s y u d l q ï ô r h h l r e n n i d g d u c k
n p l l c è p e r f j n n b v y j a e u a d n e l b o w
e w a è é h ô l k g s w o m t e h a m l g i i v z x h ê
y d g b z q e é a n t o m a m n u u l a l n à o ï e k o
e s e v a m n v n f o c u h ï a k e h i k t o l e t o h
p p ô i î n m l e l o m o c e i r é e a b m m t w p u g
k o é à u e a u s r a n p î ï b h c d q p a x v a c h e
è r i m s l u n b c r m d p m e t ê t e n x s s a l g y
g e î r a z p g e z r e b u a è w o a t t a i n a ï n l
z n t c e f i a n c o u d e n ï u c e à l l l a m a m d
â î u l d n a h r a h â w ï i t h a i a v é ï l â m j a
c d c o a t î e n a l d r d a à u h d n è l n d k à ï e
n ê d u m v ï l b i p z t v m o r a e p c a n a r d ï h
```

Word Search Solution #106

```
g e â t r a e h l p e a c h o é e k à f y e e q e i t è
g c o r h c o e u r f z s e t r a c d a e h e r o f a r
b i è ï t a x i m g é i t p o i g n e t x f u a à d x o
e e d n a h i e z i s e l r o t a g i l l a f d î a i t
d n y è z h n l e â à d è l f n m è f x u e p l e e u a
d o j e u g e d i h k j f i e o r n f ô n o s r e r q g
e ï l ï b p l r ê c c p a p a r j n p b e o è o e b m i
s e n m c r e r è w r a z i v f m u i o m m h h o s h l
s l i f o g o p i g m u v h t t o f u a x ï c n p g c l
e u a ê g t e w w u a b o à q r s e e h m ê t î l ê d a
r m p e t s h q l é w t q s è w e h u j p e a b é ï m n
t x e f d i b e ê z m î é p i e d s e f e é i z o g â v
â c o c a r y y r d r y j h î j n i s l w g l c o w â t
k o p o d w u w t e b c h e v e u x è e f s l r i a h o
t â m d a u g h t e r g â é k c j x s è d é e è g ï t è
```

Solutions
Word Search Solution #107

```
t e i u l p a r a p b é î c v z r l w k k ï g ê ï z g z
r o q u h a k v a t s ô è e o p j i i l m â i h g m y b
e e e s m h y e n a y l u s x w f l i c e v p ô o o c j
s i t ô i b p à y o i è d n y e à y r g n u h o u î d b
s r é n s d r o u t l g e i q c k u a a ô h r k r d x j
e r t o d e l e p d ô a s s g è o g t ô é g n e i l g e
d k a a e b î o l o j u s i o a n c t î n ï n x ï e g c
è e r i x e x w u l y à e a t e n t h i i a a f n s h a
s a s g s i d g s p a é r r a l ê t v o r t f l f j ô l
o c f u d i i a i e x â t u f è a i j d n e w x o â m g
v z d f o a n q l r f y v o u u l s k c n i o t o b t g
a w b e a p l d i a a a x e n o b k é è h à l u t g è l
s ô m y i m é a g n s f r b â h ê î y p ï i f j s e y o
e i a u w p é ê s e ê é f i c i g h w x w e e l ô q è v
u d l u o j â s q f n q ï e g î j f ê c ê p d n l â j e
```

Word Search Solution #108

```
è o a k v k r s a g l p v g è h d o m é n l e s o o g ô
è y l s m b o t i u r f h ï n u o j g h à q a j e y e i
ï s k i r t à y b b l ï f u e o a é i f w w x o ê q l l
g y e h g z ï p q i i u e v e n ï e r e ô e h v w p t w
p e e p u j k o e à p z u d ï è ô u h y x h l e u v a à
f â n d â o w o p o ê o o p o d i p y x c c l k e g b î
p o k o x n w c t x t p i i è t e è r w ê t a i l l e
m y j à u o h m h c è à e r m n î y f r r p l d j u e d
c a g è h s k a a j r â i a e a b v é r e e e l b a t e
k h i j g s e t i p n o r t i c e z i s a k b ï a y j h
a d e n a i g s e r m m u b e v e r a g e i r w e w à u
x n m v b o g a s y i l v x q à n o m e l p s e a q d f
w a ô q e b r î e t j ï z c h a t i n o l a s e t r î f
w h w n r u é à e î c j k h c a e p r u m i y ô r a t ï
w j i g d x x r o u e l i v i n g r o o m b à t r è w s
```

232

Solutions
Word Search Solution #109

```
â u ô s p o o n â e s u o m è i p a o s n e è x î b é m
s b n f â à x à c a r t e s o e l h v r t u x n p e a w
j e r è r f i m e d g h a t d b w z y n i a r b a î v g
t i a l a r s b a p m c n à ê p o i u l è e s u ô s p u
o l u n o i v a m o m e u ê ï k b î x u b v a é é o v p
e m p t é i o n o e r p a r e n t s u n o r ô ï r u f o
à p ê q n î o r o a p ô z l a m a a v e l e ê t q r w i
t o u p w v g r p m ô y r n e p h e w m v c e p i i w r
l î s j a n t s a l l e à m a n g e r î k l i m e s w e
p l x s i x r s d r f u è r e t h g u a d e é c s a à n
l â a n z è i x a b f r j b l k c u i l l i è r e x r g
a l i m r î k e s t e p b r o t h e r a l f s d o o r t
t d g j a t s ê b o e i l s ê e y e n p y r p c j y i i
e ï a i r p l a n e x ï è r e t a w m u e v e n â g c o
q e l l i f w o f l t ô t y g f s u a s s i e t t e z e
```

Word Search Solution #110

```
a n î è é a i r p l a n e c l c î à l w l e n e v n x g
z â l o g c h a t g é ê w a u g â t e a u s w p a f a r
r o o d v e t r o p é è î è m i t a o r h t i è s r m a
i e l c n o r s ê l a n g u e é l j m t è e e z e k k p
s n q c h a p e a u d z g o c m î l l ï z t s â e z s e
t ï â t a ô z y e k n o m h r v z u i u f e é a b w ô h
k o b o g q t o n g u e a e ô è à k t è n o x w v c o è
l y o e l l i e r o w r n k l a e î i n r c e u y a l d
y e a t o f t z ô ô p î o j r z v p g n e e l b u k e g
o k r i h r ô z é e d d a r r e x i o ê t d o e j e g é
v g d s l a m m r â c m b a b s n o o a c l h e g è r l
â a î o y c e a c é b î i o k t p n i n n a ï g o ï u c
r b n v e s d d d e î s w î r s i l i a d e t n r h x n
h u v f s i l x s â î l è è s c l a p d ô y f i g ï y z
y s x p o l l y j n j t a h x e y c z m r e z s e y m m
```

Word Search Solution #111

```
t é p i n a r d s n z ï h t q é g y l o u p n d v w d t
u ê é o c w â m w c u i s i n e â e î p m e à d y q s g
d e p a i é l e e h g s n e h c t i k e z o x e r d f k
e e i x b d u e s o n ï r f ô t b d s a h r i b t g m s
s u c r e b a q w v m j c m e ê l s p c p g b v s e o l
e o e à e z l r s u g a r i b i a q a o â r l k a i w i
y e l u m s d ê z x q f v g h g t n a n ô è i z p o è f
t i s u s p s m r î l r à c e a i n e t ô m c c t ï v t
î o l o z p o i î è e i d j c p y p o t u h t d e i x i
l e r o o i o è t s u n t k s î d r p l t e a o a e t t
o m e t s g j e k â a i e f s d t f e r t o h n b o n e
k u r e o i d a r r p k x r k u g l t d i t c k ï h à p
f î a y c i r i g g à p z e e ï i o w g j x v e d à â à
f u r e e d s k g h d a î c i f w w o l i ê ê y o k à c
u d r i b m o e r c q n o r t e i l e g a s s e m a i d
```

Word Search Solution #112

```
t m x c o l l a n t s y o ô f r e c é l r o o f c o s î
n r e t s i s o ï l t g n o i n o t e e f e x î ê à c x
e ô k e s o n s z u n h o y e k c e i n t u r e m p à n
p g e t ê t h e a d z o f d m î s o e u r p j q p v d e
r b s g n i k c o t s t e o z v m t à j o g h ô t e l i
e u c y f n ï o è à e e o z o i d a r i k r n o f b v h
s l s s e p u j t a l l e g n p ê j g h b p t u z i l c
t l p i e d s j f j w r n s o ê k n k k à a u o l r é g
â u à d e e r ô r l è n a g n î e m o w i z i s s d l é
n o m u o p e a u i q s y à g t ï s à l g s r é i g ê l
î i y h i k d i l s k i r t i è p w l f e è s i z z s c
â n à u a i h l c t t a q q o o n e r a d k y h e ï e s
u o m n o d i f l t s ô ê à o i ê â u i b z t u n y v ï
v é s ï è u u a z a â â u n q â t n o s s w i î é ê q ï
h v ï l c o s f c w ô l b e l t é v ï ô u t g a b m c b
```

Solutions
Word Search Solution #113

```
r s q o t y d o b e d e i p q d r a w e r r x t y ê m é
c u o r î q ê é r i o r i t é l ï à h z v v v i h z e m
p m e l v k è n à c g m t o r t e i l î s ê b u q o i a
s o m o s i s t e r l i h u n g r y v g p r w s r v k f
c c p t s v e y î ê a l e v h e n â r h j a é r e o c f
t j a e p r a h c é s k w r ê e b x a s u c r e s s a a
o h l r r g d s c k s r f b b y h e g g t s d a y r y
e q m e f u r r e u a î p o u l e n u r c e ô h v b p ê
a t v x s e o t k h o u k l s â à o s p o e b q o j e n
t o n l z z b s a r b d s v p i r b x t s h n i c w t x
l o f î a y â l p x é ê r e g n a m n g t s e t ê t e c
e f w d b i u a m n r n é é o ê o e è s u i î t d k h r
b f é ï i à t o o t h j z e h s d é j i m é h a c a k s
ê i c e c r e a m c r ê m e g l a c é e e r î g o s e â
î p c o r p s k t l e p p p q v c t a p i s a r m f ô h
```

Word Search Solution #114

```
w î y m f a e s o u r c i l k y g o o s e â à w f n c l
b f ï o e c e t s h s e l f u o t n a p n d r l è u k ê
q à î m i t l c t î f d d k t w u n c l e q a b é e q q
e l u x o r a d g e s t n e m e t ê v w b p c y i ê h d
l r j ê u r a o n g i x n i k p a n x y i è g d a z k q
ï z v e f w t g c o e v f e n w l j o n o n c l e d n s
a è p è q d l é u n f a r i r e m p b é u n a y ï r x
t g a u h è o l h s c a è e t c u â w f c w o l f e â m
a t n a ô c u a o e g c l o s h u ô o s o h h é p f x t
o k d e t î p a n e e ï h p â p c s r v x m a p u b b n
g f a t e x p e m à s t n e r a p ô b w f î i r o â r e
è u ô n l a b j n i e c e ô î ê r î e d u l d î p a o r
ï e v a p b a d n a p g n i l i e c y j s g t w e e u a
r o e m c ê b c x r a b b i t r è ï e h b e r b i r r p
i e g n y â ï m d a d v i s a g e p f c l o t h e s s e
```

Solutions
Word Search Solution #115

```
v v j à b f i n g e r n o i v a è i à q q g w è o s u
z é d e b é g â s f r x d z f é p u t e l c n o ê u d a
ô p ê h à a n h t s a f k a e r b ï i é j c o r p s o e
r a c z q e i e e à z y p o r t e ê l f î b z j f d o p
t n t s i r à n â x l y ô k a i p e l c n u e k g o r a
s a x h t e â é é î ê y b k j p v b c p r a d i o n u h
c c c a a f t z g l a c e c h e m i s e à x î j e k o c
b b ê a l â d i ô i ô g e n a l p r i a r à p ï d e u e
o s à u u b b e m n a n n â b b e a r a ï u o l l y r r
d z u n à r t o h r i u h h k a o k a a à j u e c i s r
y o â t a o o e n v a l y p s r e p p i l s m e v é e ï
w è i d p y e è é e m m s i h c u o c â é b o t e y e o
ê z i g x o f p e t i t d é j e u n e r s ï n n a j d d
a o h g t a f x è è o p a n t o u f l e s k z a â p t v
u h a t c d f ê m v ê è é d r a n e r g o d s t é a u l
```

Word Search Solution #116

```
t n a g e e ô q m n p m a l g v e l l p e a r f j l t o
à g h r i s c u ê g d t t e a g g ê q p g ô i u a y è y
â o i t b o r n a a b g t v p n v l ô â o è s i x k o ô
è o è o n e b w e e ê i i o a n t k b f g é t o l x b h
p r d c g u j r c a u o l l p w r e s t a u r e n t b r
h y l n n l b â r v t d g g â l q d ê h e c o r p s e s
è e i c t k a j o e e u c l l é e r b i o g i g l s z p
p f l v c a v m l r k o g u w b z b o o v r u m t l v a
r e c o o k u j p r n l b p r o ô m s p l à l a e n e i
i a l i k k â r m e a à ô h r u b u k ï a u u o e l o n
c c o g m z n c e s l d f y c i x h i î d r k q g p o t
e é e c u o p u s a b e a g n a x t n ê a k ê b j e l n
l e t t u c e o i i u l r d j é d w ï n o l e m o à h a
l e z a p e t i t d é j e u n e r p t r e t a w ï o è m
i c o u v e r t u r e z r a q o o f t s a f k a e r b î
```

236

Solutions
Word Search Solution #117

```
f d ï é t i s â d r c a b p e a r l d h b l ô o d j a y
b à a c s k e e o a d p s t e p m o t h e r x k m h ô f
ô ê î d i î c r r ê l e r v è l é ê r m i l k ï o r p è
z r p n f f n t è p x a ï s î b x î l a i t x r p o z l
l a m p o o e h h h r i s e r u t n i e c é s l i d é ô
a u à x è t c r p p t x è c j v x s o à b e ô r ê b n j
e w g m è d î î e a e n h r e c è t n d o r e f r ê î à
o e e r l i ï ô c t n a a â p r i c e p x r r a a p a p
a e n a v c m n e ô î t u p d f h e z h ï â s v e é m h
v s o k h s j â p u t o h z l r ï r b e l l e m è r e u
t o u e è à n q l ê p o b e p a a e l z î d e g x o w o
i n v s t ï f a a i r à m i r l f n u q e î j è a l i o
l a c t l e b r m t i è e e a è o n e w g n i o p i g e
l r e d a l a s p h x d a u n f o i è r v e j t i p p y
ô g o o s e e h e m z u e à ï u t d b u x r à i v b f b
```

Word Search Solution #118

```
b m a n t e a u é e ï ï v a a l r g o r g e a e s s a t
u v l q é o n x n é u o a u m k e u a è q o è g q s â t
c o i d a r i r j o r a n g e a d y o k z f j d â p a v
î b d c f à s e h q s t n e d y l o x o j d è t r o w o
o u b o b y u l i r e g n i f m u l d i è j a n r y c u
ô e o g u v o u v b e u r r e c o h m r b r é h o u d r
r t u r t f c a ï à c o c h o n h t e g g n t h p s a s
e t u f t ê p p k à t j p à n o s i a m p ô i q e w e e
a g s é e f e é ê y e a r r d o i g t d m c s h î e c w
l i n a r t i a l l e m x l s g l c b n x f ï r m y b j
g a i a p p i e d a t b b e a r o î ê î k a e a o i e î
g ô e o r e u l è t h e e n l d b o z v t l ê t g â i t
b è g m j o r e l a m a z i r q n i s u o c i e i ô g a
m d o r a o j g q t d à e ô à t ê t r e v w u m p j ê o
h o u s e r q e l n y w n î o i d a r î t v e q è l b c
```

Word Search Solution #119

```
l b q f l r e i d a l a s w f z ï v i n e g a r k l é z
î m i h o w j x c a k e t i t h g i e w r q ô c a a e î
î l p p u s â u m ï n o s m a n g e r f o e î b w v p ê
s r o e t q e c a n a p é s g â t e a u s y h â à e a n
à t r e à w t z e c u o e d h d é k t o e a t y h r f
ï g e e z c ê p t k p c l l a w â h â s è q è ô a c d o
r h c h â o h a g e k h c u o c s u î r z â n h é f v o
s o j c è x â n v s s e b m a j a s w e x i f l z h d r
u r d ê k ê r t o i t s l m s e f c ô s é p è r e w q o
v s m p z u u a f x x n u d p â s z â u c o r m m l t ê
u e e l u o p l k u s a l a d b o w l o x b i m w â e é
t s k d a î w o t è s k h ô h e t i m r a m u r l w ô g
l c o x m g à n p y i c l h r c g f î t q r c p o i d s
a h e n p a s t r y l h a p â t i s s e r i e ô ï î z n
s d x y j a f e é v d t z s k i n y v i n a i g r e n s
```

Word Search Solution #120

```
c c p y j a m a s p m a j z o d x â h h x e x e j u b b
k â j s n t ï u i t u b f s ï é b l o b e ô l l é è s r
a g o o s e é h s v b e o l e è o w à e v a s z l u v b
v o d c o n c o m b r e n w o t î k t c o u d e o ê m l
ï h l c è k p d u g r j k g l w t j b ê a ï c r u h i e
v e y e m ô x p i f o w o b l e e e q z t c h e p a t j
e l î c à ï t a y w o z î p f p r p l î t e t b p v g e
b h u î w f n n a j f d a c c f a u x i o z é m o x n c
i o c m x i é i a j a o b i e ô g î k s o i i u s j f e
c x r n v n t è é g s m l t c h e o l y a t e c h h b i
m â a f a e f à n c u s a r è p n e m é q v v u è m q n
a h j t r h l e â u q à a o i q i i a h î n o c s t h ï
ï l e m o n c t o i l e t n n ê v l e v o l g n ê e ê o
s â x u â k c c m b y k i x a t ô ê r u e v r e s x a p
ô u m o î h b o x à b m ô j à é e t o i t ê h c o r n u
```

Solutions
Word Search Solution #121

```
l â c f l l a â u t d l e t o h m î y a l m k a u à q ï
n o t n e m a t e k n a l b t o o f o m è e m o n n p q
r e c p l ô h p h k f c a d e b o u ô a y l c m b o r g
x r h e i w c i i t i b b a r o r â g l à u r o â i q
t b i a a e p n p n ê p ê o à n n p è k m g n m f a l
ô m n c o c d j p p d n o h c o c e r ê â v ï k r o o y
n a s h p r u f o p o y g l a h m q c o c o o e e è x x
i h d a s a ï ï p o r p e b a n a n e k c h b y v x a â
k c r z i v d l o w u t o g l a c e t à t x e a a z t a
s d a g n a à i t l ô à g t b l t x l l à i é c n e m è
r â n x g t n t a h g i u z a n i c e i e t e f e a x j
ô z e é e e r e m â a a m p e m è l h e o ô t h l é n s
à w r b q w n â e j e u i c ô ê u e ê c y n s l m i l a
b p u d y n r m e p l g k f m b ê s j o o ï ï j è e k y
s ï a m u e z k h e r u t r e v u o c m k i e c v ï e w
```

Word Search Solution #122

```
e h x â é v d w j y é x e c h î ê o p o u l e e ô q s m
j l r v à k î é f c u u è e e s t ï v w î d n o f a l p
r g e e u s f r h c o u k r w i i a c h a p e a u o i à
u n b l â ê t a p r ê m â f p i e d i k c b l p s i z e
è i m l e x r î v z l s c a r f â n a l u m i e ô î z t
o l u i d p t j q u â è i v r h n j c r l g u w e r d g
n i c e e g ê e p c è ï c k ô o o c q r s e f i r h î q
î e u r v z t o h e b r e c h u j s é g i b é ô k â w î
ê c c o e f e a r y a l s c é d é c p d ï a a e c a l g
ï d g n o r i ô î e s ï o i t r i h s ê a g h w ê w o k
e a z o u s e î k é o c ï k d a t e e a g e z c m i l k
s â t v e a r e d g g e p x n a d m h a t a h v a v l z
o n t a s s e u d c t j u u c e r i c f p c o w c e a î
n e a c o n c o m b r e â f c ô a s a u l r f a ï w i ô
ê h m ê r x p è i s x i ô v â r u e v c j ê s o c x t w
```

Word Search Solution #123

```
h c l k â r o c c o r b e a u f y ï m f o o r t e t m
è k t a o g u e î s w â î p m p u c c j d t m n i r h u
b c k n j a é ï y u p k w i ô î l b w r o a o o u i i g
î l n o o o h t p e é r h g l î d o a e u x t s r o r w
y o x y l h o ê o x t c o e q d r n i n j i h v f b s v
p c c y a e c é j p â a t c i c e l t s g t e n e r t é
m k q d c s u o r x r n x n h r t g e q o i r l g s y o
a z e o ô v s e c f a f n i d z â a g r ï u j é x q t h
r f s b w b i o r t o e u ô j c u n o r ô r a î î m â e
m w s i g e i u i x r h d ï a è b t l è l f m v è j ô b
i i a u l ô r o ê f m v t u c è z è r y e u b r d â c x
t ê t z o î z v d p f r o o k m n b o j g î e î ô j ï k
e x b i v p é w è î h é i n e î g y h y t m n b k h n i
o v o t e è ê g n h r p t e t y u s l i f e i ï a e j p
b k n i r d o t u é c ê d g ê é s u i e r h r i e p y â
```

Word Search Solution #124

```
k p t c h e m i s i e r k c m à ô h q x c b o w l n g z
y à o z l a m p e o c x e z i s e a r u e o s e l l e b
x l î r x i ï i ê n o ô c p d s n t ï ï h y e n a v è
t v r à t î â d c d i u c k u e s d t a i l l e r c â v
e c w a y e a l w g a y b h r p a î c i t r o n a l ï a
à ê l w e r f d é d m q à e o z t u ê x k t a r d e è c
j â x s s r w e m a s f t i é n g e n è y h i g g h
r k v e j s a o u r s s è h w r â t e n à ê a t o t a e
i a o b i ê j t a i i l m o n k e y ï r d n â ô h o â y
x t e n k g i p l s l a l r ô j y k e e t i x t n g x w
y g g b y j k x p l a l f a x é b v i t g k d o u a o s
q e a w î s g e v a m y e z m m z o f s j s m â è c s o
é g à u d k t t p m a l o ï n a o l l i y e à u o o n e
c a b q b s a u m a d ê b l o u s e n s l i e t r o î u
b g l o v e m a u q w a l l e t f e ê i h ô c à o t è r
```

Solutions
Word Search Solution #125

```
d î l w o b p u o s b y ê e j à c e h l v ï d g â d p e
ê a b î f ï p â v e r v è h c a g n y w p u ê î p o s t
k s d i o î o b o t t l e m l i b â i k a n î t y n p i
l a a o o d i h o i w n e y e p r o v n n u o u q k a g
e n p v t g g d t t z e x o m o x p u r d e i a n e p r
g v c è o o n q z y g c i j v i a ê e t a w k e e y a e
n z p î r n e é w o j a r i p d l g ï j e à n r s g a é
s i g t o m t é e f l f p u ê s d o n k r i o i o h p g
w è e o x b f p i e g a s i v a e p l b è o l a o b p n
d i w p a j l z g i s b e e b n k o a a ï e e l g j l w
l w ô o j t h v h x c ô b t a p q f f n s i m b e n e r
p j i m r e g i t n â e m n s à z z l a d l à h o c ï i
a n ï m n e v e u n p j a h f p i e d n y a a l e è i s
o r l e m î c a î a f b j w e h p e n a d o e ê d i e t
s l j e p u o s à l o b s f ï n è e d p ï m n ê à s o y
```

Word Search Solution #126

```
x t o n g u e a b m n x j e ï ô d g e r v è h c w n b u
e r o i s e a u x n è z n s r é o r e h c u o b y k f u
l e t p a n t a l o n e a s ô c o t n e d ê o w h h i p
l n n y e z g g e s v o j a y b f o r t e i l t l d t ï
i a r p e l p n a e q e d t e i p z y t m f o x a u i q
u r x p t h p n v ê b a c e j e g l a c e o j t v c e n
e d e a o e c p j c è e k i z m a s î c t d i f o k w w
f j m h n u e a a l w g d ê d i k x q z e n c é ï e ô a
e v c h c ï l m v r u e o c r l e r u t i r r u o n t l
t ï b b v n s e d x j h z u i q h t r o u s e r s r i l
r ï h ê g l a n g u e e ê t b d r e s s à w g ï c â l e
o è s y ï î h h a e l a m c a n a r d c n j z c o r n t
p é à g u z g q ï q w r q a s o è a à h o î e l k s d ï
m o u t h r ï à l b ï t g a ï l g ê à a e w ï n o o m x
ô l â p o m m e v d c u p b c s s m m k a n e v p b â é
```

241

Solutions
Word Search Solution #127

```
e é b p u g j c t d b a g s l z s d e i p y l è v w ê r
é f i m l y ï r e r k i m l o w d î n e r t o v é w g î
e e a g n w k a e a r o ï l m a o c a s o v o b é y q ê
d t i r g b o v f w w e i g h t p b j o p è p p o i d s
ï i s è i è f a k e p e g s n â î i t l y q g j u n y g
f j y e p g z t é r s d s d a e h h o l ï o n t g o m e
b c è â v y o e k a v u è ï b i y b b î d l i o w x k ê
i d à a n e s a v i s g i r a f f e y î i a m o s a o w
r p â à p u c b f b u a e s i o î a â y n m m f n à k h
d c m c o u t e a u a e n g a i ï ê ô j n b i s b à t r
e n i c s i p i é d ê â m u l e f i n k e l w k c e t à
è b i ô t i r o i r s é o ê ô e r c u s r î s b k ï t e
z p ô z o d e n t v q b à s e r p e n t p t é c i r g t
f t a s s e c q w n i r a g u s i c c x é z a d o ï â ê
y é w n o v a s y h e i t k c e n i à é z j w k w e a t
```

Word Search Solution #128

```
i f r p â y x è e f t d q î y j a r e h t o r b é h â î
ï ô o â a s t o m a c h g t g ô r e r è r f d i n x k p
g è t b ï i n y u è â g t e m e i x n l z d v l h w é z
q s a e f r n r w t q o u y n è a ô è p i e d s a ï à w
n e r s â e e à p ô i d t e m o h x h e j s y ê p m o e
e a e t h a ê l m t n t v r y s u f g o s s c v l c a e
e u g o u t v ô b o u c h e e n d g â a h e y l r a e v
n s i m x n u a h o t e l t è s î a c î î r ô n ô c m o
k a r a u l ï o ô r i s n g i l s à e y u t x f b t o l
v m f c e l l q m j v a p g a b m e r r t o e b ï ê d g
a a e k v u a d s a g u o b i h g o d m b e w ï l i e o
f l r w e b m v l e l a m i n a ê p s t t e i l é r d r
u l m a h o i v p a i l r à r é f r i g é r a t e u r f
e y p î c b n l e t ô h n e i h c e x z q g o n h à q z
o i g ï a a a t g r e n o u i l l e ê o à é c j y î t i
```

Solutions
Word Search Solution #129

```
l f x h l o q ô z t n r e w è l z s a c d g i n n j c a
c d e b p ê r z è b r e ô j k e ê p w ï n p î i o p m
o p s t o n g u e p a é k v b m a r m i t e x o w h m ê
u h b e l l e m è r e g t r e t t o r a c u a p u m c e
c l e t ô h m y q x a i a è c n à a h m l t o t w m f u
h x k ô i c m n i b l j z j r i u a w u i i e ô e e o g
d n j è f r o i y ê j c a r r o t î n g d r u n i t ê n
e z é ê o ê p s t e p m o t h e r g e s è u e r g i t a
m g p d o t r o p p o t d b u c ê r a h à m z w h î m l
i à a e t a i o ê o r o r r c u s z t h t a v ê t x e h
f l n i ï p è r o a r p a i o à f n m a ï s p w j q n h
r y a p m p e p o d a t w y r ê a r e h t o r b p e t s
è u c k î l y u h i k l e p n p â z a f a r e l r q o b
r n j y w e o j v b r ï r m e l è v r e r ê l i e g n ï
e n v a c h e x p a n t h e r x t z h o t e l p y q f x
```

Word Search Solution #130

```
m è q y b o t l r o r o u e p s p f x p p x x s u u y e
n i s u o c x l e l a m p w u g z g n o u j t â e m q a
b ï î l m d f a g è r v n b o w l i w i o l i a p a ê o
c r à q f ô ï m n n q f n e c k s b w n l u w i o f u y
b o x t i l u a a y u r j e à u l n e g s è é ê u l b n
m e t a v a r c m f y o e b o e i p w d u l u n g o m é
é à l t ê w d w i p z g è c c i â o t e h k i ê u b g è
m p â à f o n s w n e c k t i e l g n t z h d p l è ô u
g b z f ï u t g g n o m u o p f e h u n s e t e p t u o
e e l l i u o n e r g n s s z v k s a a n n e o g e r c
e p z q p q o t t m a m a l d e n t s t g h â n e o r u
d l m e r s t ï a h d h â w p h v à k m w q p p e a d s
b w e a n y h ô h s e l f u o t n a p î o s a y q i t p
y q o r l m n o s e h f m f o s b o î t e u è v à k h e
x o h t e e t c o z w h m v j c ê c u l è u a e p a h c
```

Solutions
Word Search Solution #131

```
j a m b e i b s n x t é x e w r a u g u o c g h n f b u
t m t e ê o ê o w e b e v e r a g e j a w v ï g f n f ï
ê î j o o o s d h é k k e y a ê l i e t r o o h u o m v
u y q t l s î c l â i d e d h g e l ô m o o r b r e ô ï
â a î n i è u c t a x i i i h k m s î q s c r i n n e c
i à e o o o k à w w y i z ê r y r d p e l s è d i e c s
s d b b d m p t a l o c o h c e d e r r a b y e t l e a
é r i h r y e u p v r c î b s i s w q u s z s s u b l c
t q â o u o n l o à i m i t b h w s o ô m o e t r u b à
r i o i e j c ê g l b x s g w a o u i r n m y n e e a m
c h o c o l a t e b a r a t a r l w e t c h f n a m t a
e t o t a b l e ô l u b ê â l h u a e l â n o r t i c i
y a ô î p a c l e l u m è è í x a t i r u p k è s j y n
i r c s w â a d g y w s è u a w o l f r ê m y r t s a p
s e h c a v s i p t à s h a n d b a g r a g u o c w é m
```

Word Search Solution #132

```
ê c i k l a v e h c ê r g g g n i s u o c ï y â à t t a
j à â â o i é r à z c s à a w s t e p d a u g h t e r o
u c t â a i h g e h r é h b n é i k i t c h e n é e r k
g a ô a e d é o a s l r e o k v s l e x e g u ê d t u j
w r z à ô d l i r e à î i l t b o l o s k g c a e l m l
n p a k c é r a e s q l è s l e v a à t î ô l e s i u j
i e x n r a b b i t e q m i l i l w e s i a h c s e s l
s t w à d r l è f s d z ê p s e u n é m s s n w a t ê a
u p à î e m o é m t é s g a q a t o f i l l e l t r f m
o u c v ï é è u e ô o o j t é b l ô n â x a k e a o é i
c c o q â â c r e à r e m j t y w a h e ô l n e y p g n
à l l e e h w s e f d u a m j n t k d î r h i i p e i a
g j v r e h t o m d n a r g y o s o w q q g e e m z p n
e à d a u g h t e r d r a p î i a c u i s i n e o a u à
i p z e l l i f e l l e b n g l c ê z z t n a g n t l t
```

Solutions
Word Search Solution #133

```
l f e é z g e e l l i a t h m q â b e s î n ï b v w d ï
f é l s m e p d r a p o w l h q f h r s t à e m o v é j
v v ê a r s l h i ï z f l i o n l h i t e o d é i d l y
d â ï v o i â l q s u c r e v i l ï o h u e v i é i y é
ï s è p l z q r a j a m b e o g r y r i m k h e c ô à e
d l c c e à u r m s k i n u ô ê w i b e t à c h s k g
r c é h o u o p w l a ô g i p â d î t o l s u g a r ï a
a w h s a r i x t t q d q t o m a t o u i n o h c o c m
w l f e l p p s b m o w è é e l c n o l p e l c n u a o
e m t m v j e s i r ê m c c o r n z n i s i a r s m î r
r w e y a i t a d n o n a e k b r l m î u u m t a u c f
p è e p d n l z u q i t r t a é à g i r a f e l v m o é
î ê h e a à k l x è f è h w e k b c n e n ê j à o h a t
w v s r l r n l e j r j r e s g e l p e e f f a r i g h
n j f ê u a g e e f ê é j e r l w i a ê â r ï v e n b e
```

Word Search Solution #134

```
é ô e b l a i r e a u e s g â o c c n f i t e e h s î r
r a g u o c x k t r s q b p x s p e e r p f r c y v a b
e ê è l w e i g h t e â j î o f u r l é i l ï g i u r x
e g b v i s a g e c é g l è ï i v o w b p o o à g c ô e
k s f r e e z e r ê è u d f u è d ô i p a a r u u q u s
k a ï e d d c t c ê s n i a h m p s è e t t o i z s î n
e b o r r n a i v a i d x c b è k r g a u c ï j t j ê i
g p o a e ê n g r e n o z g e l e b m a j ê e r b è z è
o j w f s v a b c x è o c o n g é l a t e u r u s à e c
î e w y s î p e c h g f k é r e h t a f ô v a s x l x e
r à r o r f é o b o k u o n e g e r g i t a é r b î c y
é j i d c e u o o y l x u z e â ô i ê o d c m a m a i i
y p a r d c g s ê z i n é î c e é l s è r h t è f ê g w
y t c f h k e i x d m e r u t i r r u o n e m t i a l h
u o h è y u g â t î l c u â x a y x m z e b r a m f t g
```

245

Solutions
Word Search Solution #135

```
t n ê ô r e n u e j é d b ê ô k z à j h c o r p s n y y
e t r u e o s m k a n g o u r o u ê ô r o ê v h à â d j
l à e n è m p è p â k o n c l e r r è d u v m b l a e m
e ï ê u k o k c l o c à ï m a i s o n x r e p a s e d a
v ê z ê r é l n a ô â v a s e ô m q o x y z o ê p n o p
i z h t e m l u f e b m a j w q à z a d à y c c h â n u
s q e k m à e o o e w q o w l t é l é v i s i o n î k o
i e é ê u w c b n c o u v e r t u r e n c g v a s e e l
o f b â t ê è i d g l ï ï ê t r a e h n k b r z ô y r
n m q n s â i h f q f ô j z è b r e c i g i l é a d ê n
l z y â o î n o z k â x s i s t e r l n q s a u î e e p
x u e t c c a p o o r a g n a k g i i m î r n c ï i b o
à g n b d o g t u î w r u n c l e e l e g î k j h j i i
î x q c r n ê r e s u o h o à c c â â e ô u e c f q z a
y ô x i h a s î b y d o b s u e v t i u s à t h f f e é
```

Word Search Solution #136

```
î u m p u o n e g ê c ê p j ê e ï w à f s j p a c o u o
m e d a e g i r a f e g p b a e j r ô b u ê l r b v i x
g l a n p q i e n z ô f ï d f m ê z b ô g î w b u s ô s
î b e t n a t z e f z t à â â t b f ê i a â p g e h k é
c a h a ô p s e c k c a s w a l l e d y r x o a e i r v
f t r l î a t e k r u e t a l é g n o c ô d u c r l d r
è h ô o h p e r e o x o d e ï d e b g l â è k t é é u c
c d v n c à p f r t z t â t d a d r r l n o i l j m q n
ô c r j n à f r c ê o e r r p c é f l a i t u e e è r o
ê a f o u g a ê u t ê o e w e p u j g d v q u w d x n i
t e p q l h t v s e u g i l j l x a u n t n u ï l v d l
i e r ê ê m h è t s n v l m b v r p t n e e à t b m m c
è n i ï s é e â e a î e f î e a a n s r g î l i t r t h
u k c é l ï r r m e c u t t e l t z h x ô ê x i r p â p
î e e f r ï s è e f f a r i g à w è b e a u p è r e j u
```

246

Solutions
Word Search Solution #137

```
q c t v f h x o f e s i m e h c n r n î q k k a m a l t
t h c r r i i n e x w o r c à m o y y e d u o c l e u r
e e o â o e i e l x ô b n n k ê l i o n è t w m z l a i
p e u g m s v i l h e l l i e r o y e z e n o b f t e h
r k v i a u s h i n o i l m i u e r s u a e p o q t b s
a t e v g o ê c a a é ï m e x z e h e w l p g d n o r j
c z r s e h d c t q n z u t i n l â e r b o î t e b o q
c m t s ê r é c j o d u l s a s x m h w u n e m y a c x
é u u k y n v h s m u l e r ï a s g c o z i d z z b ô ï
â k r n i k s i k b t u d x k t c u x b k a k o ï ô è l
a p e â n â a b l a n k e t h ï à j o l p j h à g v s e
m à o d x m j j j t u ï ï g ê e l l i e t u o b k k r i
a j f i è b u à o j l s i p a t s c u v q h é ô i m a k
l s o f d p ô n u q è e c r z n o i ê d é d o r â q e l
l u r p e s é ê e e w g e t r a c â c x o b t s ï z i q
```

Word Search Solution #138

```
m m t o r e i l l e u t e e f q b n é a w r d t n u a a
e s i m e h c w k x è v l r t f a ï f l s j e â e i m n
i p ï j c n a b q d e b w a p d e i p l a e é l w o b l
k l é à o f d ô k q î é i s o a è u e i c o l l a n t s
v c y t o è n s î m è l d s t é i c é g c o w ê w d i w
m b n o t o a o e r l e ï t é r n l k a î m r r u e o s
ï e t o e l p n o e i e v o l î a à s t â î d n é ê g y
m s ô n l q d t u p a p b c é c b e f o ï ê b t b e l s
l o b i e s a i u r e f j k v d a p p r m d d r n î e t
w f z h v g s a l f l i t i i é g r m a s g ê o k w e r
o g e c i s e y w u p e h n s i i n s w t â n u î z h i
l r l l s s b r s h è m s g i x l a e c i r p e j m w h
à e l e i c î q v l â b i s o f l g r e t s i s a t à s
c a s d o e t n a t i l z ï n t p a n d a u è ï ô a u k
î m c ê n n î n ê o t f e ï u e ï à e i y n s t c a q s
```

Solutions
Word Search Solution #139

```
l e m o n t u a e p n e z v l h è h o t e l q g m r a k
î p r x s b p d t a x i h s j r e p a s q g x z y e y é
c q p r k b e d a s s i e t t e a l v s h e e p g b d y
h i a ê i t e k n a l b j v b a d g e r l m d g e e c o
e t s s r e h t n a p i x a t m p s n i s e l p r é s é
v d r d t i m î t s i j d e p q o t x â ï d u n t a g r
a à ê l ï r a g u s x é î n g f g u t i l j s x n t f a
l i à m n o r t i c f h ô o è v î i t b l a i r e a u t
z m i r o i r n é ê ô g ê b c o e u f o l ô z ï f y i s
e w k m z p r f i t c w p l a t e x i t n m é ï ï o à t
r o r r i m e u e s e r u t n i e c é t ô f z o s ê d l
c î v i v e s l d h p a n t h è r e c o u v e r t u r e
u d n â t o x e a t u m l f y l a e m é s k k b r a s b
s f è z s x i t i q s k i n f è t ê s ô a p u l ï h i c
z l v w â p i w é ï ê à s t w b e s r o h o i ô n j d g
```

Word Search Solution #140

```
m r n k e u z s l i f x t u h r o r r i m î ô f v e h c
i o z o n c l e w t p r i o r i m x j î s à t ê t e t q
q b n ê e r g i a n i v l à î v b f f o o s n g ô h o r
r e e y ê n f n à c m ô è y è a g n e a u j o o a k l u
q o b o î t e o v r o u e ê u â e m x ê b e u o â h c e
r d l n p g s a o i b ï f r e e z e r è o g r s é î e t
e h c n a h é a b d n x o f p s f ô é o x ê r e w l l a
r e n a r d n î p o o e q n n ï g z g l c â i è c é b l
h t q e l d ê î k e n x g a s n h x c e c â t n e ô a é
â e n è m a a z k d r e k a o w t z s e ô â u a z o t g
l p b e ê w e e i k l e l s r a i h d h g d r e s s z n
p p à t p k y m h v e a a a k ô b i l w m l e l î d b o
t a y h n r â w à ê p e ô t z ê b p j o y t h a ô b p c
ï n q y n î e p u i j g h y ô x a x h i e à ô m î è è é
y g o r a r c s n a z è ô c k t r v g e j w s b i r o g
```

Solutions
Word Search Solution #141

```
g o r i l l e e w a i t e r m q j i l é u a e t â g g é
e m k t d a è s o u r i s ê é o a â î i f l e h s o e z
s é r t e d a l a s h s e s o o g a j j ô p b î r b x à
m h j e u e v e n k p w m s ê t ï è é a p x m i ê x e a
î d w e h p e n à a m é m t l l a m a i é x l a z m â y
y t a h c t f u n à o r e x t s d r e u è l e ê l f p ï
s x l z n y o t â é u s a v o n r d e e a r e h q d e j
k n à b l l o r z v s m l z d f h e y b è e a k d t a l
i o k s e u t d b n e s a l a d e e p r j c r e a é u ï
n s b â f â t c k p o o à v j v b o f p t a c u t c j â
l h â l b â é o f n e s o i e r g i t c i ï y a a â ô d
t a e c r u r i o m g t e j o w m j c x n l g î i t v s
î s m â c e l k â f j z s w â e ï j w ê é è s m w q f o
n w y a d s f l e p m a l s d s a p e r r n i u t a r a
j l i c r u o s z e n s e r v e u r s e y c h v o f â p
```

Word Search Solution #142

```
c l c h z l ê h ï u v r j u é i g g è ê u m m s ï î e è
p e h h a n d o n k e y i r a t i r k ô i j i ô v ï j o
d r a n e r h f e i l x d o o p î y a l a n m j h a n w
l i a n r e g n i f i ô z â r r z n k n a n o a c t s c
d n a h w l k e z i s j w e e i a g é k d u a j i h s e
g ï s v e à e b e n â e m l s l m t e n e c i n k n i p
o b e n a n a b w d e n t b t w f n à l o f h y a f m n
ê m h k k s v q y î u î p o o p f p o i l h s i p b i w
w h t x c k e l ê â é î m w m o c o s t a i c s l î r o
z ê o â e c o u d e i h a à a m o u t f n w a o b d r o
t x o t n k e p m a l a l n c m u c o o f e w t c m o n
é l t d a n ï p j ô ê c i c ô é é e m è ô o m c e m r g
ô f e l p p a i è a ê î i t y à d g a d ï è x p w t a l
t s a l a d e s l i f t i t e p q v c à n c t h u m b e
j ê à d a l a s c i t w w t ô z à à h z o à y î k v o r
```

Solutions
Word Search Solution #143

```
â n i t g c l i p m a m ï p b l c x b z e n i h g t l e
h r i m u è l l e n b x v a x b r z s à r o r ï ô g m t
è u e u k d v a o l o a â p y c e g c b è l a é ï u n c
s m s h p f l e i â n é a a ê o l e g j m a m r t a o n
r u m b t ê u v v m e r î f b l l n y e e s o s g ï v r
m v t h a o i e â o a n r u e l i i z z l y o d c i j l
t r i k s n m â o p l a j a u a m p d m l c b y n n è c
l t à b g t d p l e g g d e g n a u ê r e z u a â v i l
f r i r w b o u e e c w z v n t f c é g b d i à r p i w
j m o g r é i c n t â a m r a s o r t o n g u e é ô c s
à o î a e e à i k k s r f e l ô ê o â l r v e c e i n à
m é i d z r v y l i m a f c h m f p e e o x r l z d n o
h n o j i é u è i ê n m p a x t q x t a ê o e g a s i v
j u p e d d a d h g ô g n i è c e q j i p à p w a l l n
t i g r e p a s à m à r s a l l e r b m u â n s x î ê f
```

Word Search Solution #144

```
c u i l l i è r e l w é n v x z g j z n b é h l t à h è
t c â n è a é m a n g e r g n î l y i d ï î i e ï n y ï
o ô d t e e t h r n t d b p u c t k a v y r l t o b e ô
x g p n â w s t e p m o t h e r s x n z â o p o p m n d
x i o k a v i s a g e q é à a r b e z à x z c h n e a u
r r i â c b è k b à b d h o r l o g e g a r m â e c a à
ï a n f f o s â â c k i k e r è m e l l e b s ô s â â u
t m g q s f l u a g v î r f î f n a é ï x â w t v î b y
l o c c o w n c h a é o â d c ï s d z w é y â ê n è k a
n è e è l p ï u c ê s b o n e s r s l i f a j e d e x c
o n v a e s u h a t m b i k m e z y x m w g c c m j d s
o s e ô t x e i t e a e è â s g t r c f ê i i a d c f a
p o r ô ô q o t k t s s b s k a ê z è b r e r f a e e r
s n r i h p i e d s d i s o r y y u v à è y h y è n e b
ê i e b f i s t g o à é o e r k y y n t a r ô h i f t y
```

Solutions
Word Search Solution #145

```
f â w l n c p c m c c u l z g l f v h e a r t g a b r s
p i g g a à k c g o x i h v l r k m z e r t ê n e f e c
l è v r e e q t n e o o x i a é s g e t i u r f d v ê g
r u t y l s m c v n r w p c e s m p b e h a n c h e b ô
e w o o w n o t î à î b s t t s e i r g a n e y h h o e
b z v c o m w é é à t d è â k c o w a o w t e y h p l p
m h ï r b k ê m r a à h z z o d ê o î l a o k r t â à r
u t w r p f ï o r v w ô m r y r â y g r n m d k è z s a
c e e o u a c k a f c r b p é ï è î â o q b o n ô p o h
u i î j o t c s c o s e x i b r a i n h e e c r i l u c
c o i ô s h e r e o a k w h q v g v b u n è e r i w p é
à è q ô j e é u o u l r e p a s a l r è o t n y m é e b
b o é c h r r g h w l c t r d h i r y q t b a d g e r c
u a e r i a l b f r u i t ï h o e h n u t a ê à ô h r z
d c e q g u a e v r e c g i n f e h b e q j ô q n e c k
```

Word Search Solution #146

```
o v t f ê ô u m a ï s e c q l g o o s e â z b o l y î e
ô a x b r e a k f a s t â u b u j y è h k w ô o b l o b
r ô k n i f e p ê a t q s n g z a j ï n b e e m i ê â m
t a r k l p p r e b y a ê i e î s e i x l l i i à ô é î
f g k v l t o h p t n d c h y k y r p l l r e l g v r m
e e l o a r ï i r k i ê u c i â d p i a o l w w é h o d
s p q h r c j o d h é t i n ê o i e m i a c é ô o o t s
u m c i ô a d ê j s x b d l t g r a r m z î y ê r o y i
o a m q m b l o u s e f k é d o f c a w s g i r a f f e
m l é b l a m p ô b s p o u j f d p c o u t e a u i r e
v b e z e p o r t e u x ê i q e s m e n t o n z e o r w
à ô e l ï n è c h e m i s i e r u è n v t r é h o i i r
à ê w e f a r i g w c h a m b r e n v r e a u d o i c i
i o s i r u o s r b ô r e c ê i â n e ï o e â b è h m ô
b a w v j w n î a c o c h o n j j ô h r t c p g e l à ô
```

Solutions
Word Search Solution #147

```
d e i p h n o m u o p a d j v l b o a s s o i f f é l i
c h e e k à u s e h g a n t e r ê k i a l a b t p u o l
e c ô è t n o i v a i a o o o q z w l g o m n l ï à à x
i ï f x n o c u a f ô z p o m è h o r t e i l ê e u o j
o m i ê z s r î t l ï a m c î a ê â v z d o g w é y w ï
t s x q w â ê y r o r î â s w b d ê ê g e n a l p r i a
g r a n d p è r e d e ê à k k x n e i h c p o i e b p ï
h o ï x r e h t o m p e t s k c o e u r é l é p h a n t
o u r s r f i v î g r a n d f a t h e r g l o v e q ê w
j é g ï l u n g w b u f u b m o t h e r r y m l e e h w
r y t s r i h t b o d o v y e i e p t n a h p e l e e o
y w v y n x e u o r l e r è m a é q e b h s w o è s y i
ï e e t i m r a m c c f é w r ê r x u k z c t s h i r t
a t o o f ï p o t s h i r t w o p t l é o p a r d n j r
s o e r è m e l l e b h e p l e s o o g y e â h m u ï d
```

Word Search Solution #148

```
e l e g c ï u t h u m b ê a t t â l o ï c o r t e i l è
w l d â o i u é â j z s d j w o a è é a l j e e ô e ê m
b a a t u d a l a s a é f s u ï e r k e k l i m h y ê c
ô w l e d è u j k l j g p o è x c e k u é t s r c c â o
z l a a e b ê o t e t o î e t s i x ê s h b a j n n a w
ï h s u o d y w u b é è b u a m r j o u e d m à u u k v
e n o b à s k n ï ï j t a r u u p h é ï i g z n l e ï g
y â b u l l e d z x z ê g b r r e l b o w g ê t c z o b
e r l ê i r l d z â h z o à e v n e é j o m h u e d a r
v h e i ô x y s n g è t é z a v e b a i u f o n i r p a
ô d c t p r i x k g i m u ô u r h ï d x t p d p b j â s
ï s ê u s p n w p i q g s o b p c a a m o a e e w f n à
ï j v î o i l j t h r w b è m h r a r k ô o z j î z x w
è n o s e b s é k î ï t z s e l d a s n a y s k é d é î
i o î k è w w b o j t i a l k e e h c h u n à g e â ï è
```

Solutions
Word Search Solution #149

```
â t g c r m e l o n s x z b e r b i n s o ê l n b j p a
e c o â o o q z h b é é â f o u j t r a e h m à o f r n
ï c u r e u u n a q f z î î e e v v e u t i a l u l w z
l m u c r ï j e t ï p l b n u o d i n n e r n w è i e b
z ï a t à a r à e é â e n o f s q b o r f y y r x j m
â f d a t i c v e g g e y v x e è a o f i s e u e é s ï
e n z ô m e j k h g c y z o w l f â r n z t r e n o s i
l c o a t v l v c k q o n t è l d e k v e e o g î é u y
c î ô k i i d y g c v c k e x e c ô v k e p t m d t i l
n r z s â o à r a h l a l e e b c î è i é s s a g a t i
u h a h c q ô r a e a l l r è m a ï s h ô i r n l g c m
m g s y c o o d t p i n x i e y e b r o w s o t e e a a
e k q o r t e î a m é p c q s o u r c i l t o e e j s f
g x r w t ô o u a q i u s h f e î ï l n é e l a h e e y
ï n ï e s b z f r h p k g r e l ô u m m à r f u w h r ï
```

Word Search Solution #150

```
r c a t g h é w o p b c h a t p b a n a n e î l u î e b
o m q è ô k e y e i a e ê n n i e c e z x i o i d a r e
u l c r a p a u d h d y a à â a g x k s z w a l l p i ô
r z n e h c t i k z p a v u j l é é e g n a r o k r o â
s r f u r n i t u r e e r f f t r i h s t a e w s k b u
o r e g d a b ï g ï u d n s à i g d x è d h h b u n e t
j r l r h z à m r n a m w s i i l u q a t s a a o v o v
v n a b g g n u u o q e k n e e b s w î c n e s e r a é
f v p n e x e a t k a g e l s c e p à k a r p n t s o t
o ê a o g v h f n t u k p î o u a d w n i e a o e e r o
e u r s r e w i s o m e u b l e r â a a t â i c o y z r
b é g e e f r h n y k f n i è c e x l s i s b l u î a t
m é s î â d i e d j c u i s i n e b s d e t v é ô e ê u
a o ê h o r g y w h i h v g c é t e q l b d e m z e è e
j î g t t o ô k ê r g â d e n t h t o o t é y r ï a î b
```

253

Vocabulary List English - French

airplane	avion *[m]*	broom	balai *[m]*
airport	aéroport *[m]*	brother	frère *[m]*
alligator	alligator *[m]*	bull	taureau *[m]*
animal	animal *[m]*	butter	beurre *[m]*
ankle	cheville *[f]*	cake	gâteau *[m]*
apple	pomme *[f]*	carpet	tapis *[m]*
arm	bras *[m]*	carrot	carotte *[f]*
aunt	tante *[f]*	cat	chat *[m]*
badger	blaireau *[m]*	ceiling	plafond *[m]*
bag	sac *[m]*	chair	chaise *[f]*
banana	banane *[f]*	cheek	joue *[f]*
bathing suit	maillot de bain *[m]*	cheese	fromage *[m]*
bear	ours *[m]*	cheetah	guépard *[m]*
bed	lit *[m]*	chin	menton *[m]*
belt	ceinture *[f]*	chocolate bar	barre de chocolat *[f]*
beverage	boisson *[f]*	clock	horloge *[f]*
bird	oiseau *[m]*	clothes	vêtements *[mp]*
blanket	couverture *[f]*	coat	manteau *[m]*
blouse	chemisier *[m]*	corn	maïs *[m]*
body	corps *[m]*	couch	canapé *[m]*
bone	os *[m]*	cougar	couguar *[m]*
bookcase	bibliothèque *[f]*	cousin	cousin *[m]*
bottle	bouteille *[f]*	cow	vache *[f]*
bowl	bol *[m]*	crocodile	crocodile *[m]*
box	boîte *[f]*	crow	corbeau *[m]*
brain	cerveau *[m]*	cucumber	concombre *[m]*
bread	pain *[m]*	cup	tasse *[f]*
breakfast	petit-déjeuner *[m]*	curtain	rideau *[m]*

255

Vocabulary List English - French

dad	papa [m]	foot	pied [m]
daughter	fille [f]	forehead	front [m]
deer	cerf [m]	fork	fourchette [f]
dessert	dessert [m]	fox	renard [m]
dining room	salle à manger [f]	freckles	taches de rousseur [fp]
dinner	dîner [m]	freezer	congélateur [m]
dog	chien [m]	frog	grenouille [f]
donkey	âne [m]	fruit	fruit [m]
door	porte [f]	frying pan	poêle [f]
drawer	tiroir [m]	furniture	meuble [m]
dress	robe [f]	giraffe	girafe [f]
duck	canard [m]	glass	verre [m]
ear	oreille [f]	glove	gant [m]
early	tôt [adv]	goat	chèvre [f]
egg	oeuf [m]	goose	oie [f]
elbow	coude [m]	gorilla	gorille [m]
elephant	éléphant [m]	grandchild	petit-fils [m]
eye	oeil [m]	grandfather	grand-père [m]
eyebrow	sourcil [m]	grandmother	grand-mère [f]
face	visage [m]	grape	raisin [m]
family	famille [f]	hair	cheveux [mp]
father	père [m]	hand	main [f]
feet	pieds [mp]	handbag	sac à main [m]
finger	doigt [m]	hat	chapeau [m]
fingernail	ongle [m]	hawk	faucon [m]
fist	poing [m]	head	tête [f]
floor (storey)	étage [m]	heart	coeur [m]
food	nourriture [f]	hen	poule [f]

Vocabulary List English - French

hip	hanche *[f]*	**lung**	poumon *[m]*
hippopotamus	hippopotame *[m]*	**meal**	repas *[m]*
horse	cheval *[m]*	**melon**	melon *[m]*
hotel	hôtel *[m]*	**menu**	carte *[f]*
house	maison *[f]*	**message**	message *[m]*
hungry	affamé *[adj]*	**milk**	lait *[m]*
husband	mari *[m]*	**mirror**	miroir *[m]*
hyena	hyène *[f]*	**monkey**	singe *[m]*
ice	glace *[f]*	**mother**	mère *[f]*
ice-cream	crême glacée *[f]*	**mouse**	souris *[f]*
jacket	veste *[f]*	**mouth**	bouche *[f]*
jaguar	jaguar *[m]*	**mule**	mule *[f]*
kangaroo	kangourou *[m]*	**napkin**	serviette *[f]*
key	clé *[f]*	**neck**	cou *[m]*
kitchen	cuisine *[f]*	**necktie**	cravate *[f]*
knee	genou *[m]*	**nephew**	neveu *[m]*
knife	couteau *[m]*	**niece**	nièce *[f]*
lamb	agneau *[m]*	**nose**	nez *[m]*
lamp	lampe *[f]*	**onion**	oignon *[m]*
leg	jambe *[f]*	**orange**	orange *[f]*
lemon	citron *[m]*	**owl**	hibou *[m]*
leopard	léopard *[m]*	**pail**	seau *[m]*
lettuce	laitue *[f]*	**panda**	panda *[m]*
lion	lion *[m]*	**panther**	panthère *[f]*
lip	lèvre *[f]*	**parent**	parents *[mp]*
living room	salon *[m]*	**parents**	parents *[mp]*
llama	lama *[m]*	**pastry**	pâtisserie *[f]*
lunch	déjeuner *[m]*	**peach**	pêche *[f]*

Vocabulary List English - French

peanut	cacahuète *[f]*	sheet	drap *[m]*
pear	poire *[f]*	shelf	étagère *[f]*
picture	tableau *[m]*	shirt	chemise *[f]*
pig	cochon *[m]*	shoulder	épaule *[f]*
pillow	oreiller *[m]*	shower	douche *[f]*
plate	assiette *[f]*	sister	soeur *[f]*
porcupine	porc-épic *[m]*	size	taille *[f]*
pot	marmite *[f]*	skin	peau *[f]*
potato	pomme de terre *[f]*	skirt	jupe *[f]*
price	prix *[m]*	sleeping bag	sac de couchage *[m]*
pyjamas	pyjama *[m]*	slippers	pantoufles *[fp]*
rabbit	lapin *[m]*	snake	serpent *[m]*
radio	radio *[f]*	soap	savon *[m]*
radish	radis *[m]*	socks	chaussettes *[fp]*
raisin	raisin sec *[m]*	son	fils *[m]*
rat	rat *[m]*	soup bowl	bol à soupe *[m]*
refrigerator	réfrigérateur *[m]*	spinach	épinards *[mp]*
relative	parents *[mp]*	spoon	cuillière *[f]*
relatives	parents *[mp]*	staircase	escalier *[m]*
restaurant	restaurent *[m]*	stepbrother	demi-frère *[m]*
rhinoceros	rhinocéros *[m]*	stepdaughter	belle-fille *[f]*
roof	toit *[m]*	stepfather	beau-père *[m]*
room	chambre *[f]*	stepmother	belle-mère *[f]*
salad	salade *[f]*	stepsister	belle-soeur *[f]*
salad bowl	saladier *[m]*	stepson	beau-fils *[m]*
salt	sel *[m]*	stockings	collants *[fp]*
scarf	écharpe *[f]*	stomach	estomac *[m]*
sheep	mouton *[m]*	stove	cuisinière *[f]*

Vocabulary List English - French

strawberry	fraise *[f]*	**trousers**	pantalon *[m]*
sugar	sucre *[m]*	**umbrella**	parapluie *[m]*
suit	costume *[m]*	**uncle**	oncle *[m]*
suitcase	valise *[f]*	**vase**	vase *[m]*
sweatshirt	sweat-shirt *[m]*	**vegetable**	légume *[m]*
swimming pool	piscine *[f]*	**vegetable soup**	soupe de légume *[f]*
T-shirt	T-shirt *[m]*	**vinegar**	vinaigre *[m]*
table	table *[f]*	**waiter**	serveur *[m]*
tablecloth	nappe *[f]*	**wall**	mur *[m]*
taxi	taxi *[m]*	**wallet**	portefeuille *[m]*
teeth	dents *[fp]*	**washing machine**	machine à laver *[f]*
telephone	téléphone *[m]*	**water**	eau *[f]*
television	télévision *[f]*	**weight**	poids *[m]*
thirsty	assoiffé *[adj]*	**wheel**	roue *[f]*
throat	gorge *[f]*	**wife**	épouse *[f]*
thumb	pouce *[m]*	**window**	fenêtre *[f]*
ticket	billet *[m]*	**wolf**	loup *[m]*
tiger	tigre *[m]*	**wrist**	poignet *[m]*
to drink	boire *[v]*	**zebra**	zèbre *[m]*
to eat	manger *[v]*		
toad	crapaud *[m]*		
toaster	grille-pain *[m]*		
toe	orteil *[m]*		
toilet	toilettes *[f]*		
tomato	tomate *[f]*		
tongue	langue *[f]*		
tooth	dent *[f]*		
tortoise	tortue *[f]*		

Vocabulary List French - English

French	English		French	English
aéroport *[m]*	airport		**bras** *[m]*	arm
affamé *[adj]*	hungry		**cacahuète** *[f]*	peanut
agneau *[m]*	lamb		**canapé** *[m]*	couch
alligator *[m]*	alligator		**canard** *[m]*	duck
âne *[m]*	donkey		**carotte** *[f]*	carrot
animal *[m]*	animal		**carte** *[f]*	menu
assiette *[f]*	plate		**ceinture** *[f]*	belt
assoiffé *[adj]*	thirsty		**cerf** *[m]*	deer
avion *[m]*	airplane		**cerveau** *[m]*	brain
balai *[m]*	broom		**chaise** *[f]*	chair
banane *[f]*	banana		**chambre** *[f]*	room
barre de chocolat *[f]*	chocolate bar		**chapeau** *[m]*	hat
beau-fils *[m]*	stepson		**chat** *[m]*	cat
beau-père *[m]*	stepfather		**chaussettes** *[fp]*	socks
belle-fille *[f]*	stepdaughter		**chemise** *[f]*	shirt
belle-mère *[f]*	stepmother		**chemisier** *[m]*	blouse
belle-soeur *[f]*	stepsister		**cheval** *[m]*	horse
beurre *[m]*	butter		**cheveux** *[mp]*	hair
bibliothèque *[f]*	bookcase		**cheville** *[f]*	ankle
billet *[m]*	ticket		**chien** *[m]*	dog
blaireau *[m]*	badger		**chèvre** *[f]*	goat
boire *[v]*	to drink		**citron** *[m]*	lemon
boisson *[f]*	beverage		**clé** *[f]*	key
bol à soupe *[m]*	soup bowl		**cochon** *[m]*	pig
bol *[m]*	bowl		**coeur** *[m]*	heart
bouche *[f]*	mouth		**collants** *[fp]*	stockings
bouteille *[f]*	bottle		**concombre** *[m]*	cucumber
boîte *[f]*	box		**congélateur** *[m]*	freezer

Vocabulary List French - English

corbeau *[m]*	crow	épaule *[f]*	shoulder
corps *[m]*	body	épinards *[mp]*	spinach
costume *[m]*	suit	épouse *[f]*	wife
cou *[m]*	neck	escalier *[m]*	staircase
coude *[m]*	elbow	estomac *[m]*	stomach
couguar *[m]*	cougar	étage *[m]*	floor (storey)
cousin *[m]*	cousin	étagère *[f]*	shelf
couteau *[m]*	knife	famille *[f]*	family
couverture *[f]*	blanket	faucon *[m]*	hawk
crapaud *[m]*	toad	fenêtre *[f]*	window
cravate *[f]*	necktie	fille *[f]*	daughter
crocodile *[m]*	crocodile	fils *[m]*	son
crème glacée *[f]*	ice-cream	fourchette *[f]*	fork
cuillière *[f]*	spoon	fraise *[f]*	strawberry
cuisine *[f]*	kitchen	fromage *[m]*	cheese
cuisinière *[f]*	stove	front *[m]*	forehead
déjeuner *[m]*	lunch	fruit *[m]*	fruit
demi-frère *[m]*	stepbrother	frère *[m]*	brother
dent *[f]*	tooth	gant *[m]*	glove
dents *[fp]*	teeth	gâteau *[m]*	cake
dessert *[m]*	dessert	genou *[m]*	knee
doigt *[m]*	finger	girafe *[f]*	giraffe
douche *[f]*	shower	glace *[f]*	ice
drap *[m]*	sheet	gorge *[f]*	throat
dîner *[m]*	dinner	gorille *[m]*	gorilla
eau *[f]*	water	grand-mère *[f]*	grandmother
écharpe *[f]*	scarf	grand-père *[m]*	grandfather
éléphant *[m]*	elephant	grenouille *[f]*	frog

Vocabulary List French - English

grille-pain *[m]*	toaster	**maison** *[f]*	house
guépard *[m]*	cheetah	**manger** *[v]*	to eat
hanche *[f]*	hip	**manteau** *[m]*	coat
hibou *[m]*	owl	**mari** *[m]*	husband
hippopotame *[m]*	hippopotamus	**marmite** *[f]*	pot
horloge *[f]*	clock	**maïs** *[m]*	corn
hyène *[f]*	hyena	**melon** *[m]*	melon
hôtel *[m]*	hotel	**menton** *[m]*	chin
jaguar *[m]*	jaguar	**message** *[m]*	message
jambe *[f]*	leg	**meuble** *[m]*	furniture
joue *[f]*	cheek	**miroir** *[m]*	mirror
jupe *[f]*	skirt	**mouton** *[m]*	sheep
kangourou *[m]*	kangaroo	**mule** *[f]*	mule
lait *[m]*	milk	**mur** *[m]*	wall
laitue *[f]*	lettuce	**mère** *[f]*	mother
lama *[m]*	llama	**nappe** *[f]*	tablecloth
lampe *[f]*	lamp	**neveu** *[m]*	nephew
langue *[f]*	tongue	**nez** *[m]*	nose
lapin *[m]*	rabbit	**nièce** *[f]*	niece
légume *[m]*	vegetable	**nourriture** *[f]*	food
léopard *[m]*	leopard	**oeil** *[m]*	eye
lion *[m]*	lion	**oeuf** *[m]*	egg
lit *[m]*	bed	**oie** *[f]*	goose
loup *[m]*	wolf	**oignon** *[m]*	onion
lèvre *[f]*	lip	**oiseau** *[m]*	bird
machine à laver *[f]*	washing machine	**oncle** *[m]*	uncle
maillot de bain *[m]*	bathing suit	**ongle** *[m]*	fingernail
main *[f]*	hand	**orange** *[f]*	orange

Vocabulary List French - English

oreille *[f]*	ear	pomme de terre *[f]*	potato
oreiller *[m]*	pillow	pomme *[f]*	apple
orteil *[m]*	toe	porc-épic *[m]*	porcupine
os *[m]*	bone	porte *[f]*	door
ours *[m]*	bear	portefeuille *[m]*	wallet
pain *[m]*	bread	pouce *[m]*	thumb
panda *[m]*	panda	poule *[f]*	hen
pantalon *[m]*	trousers	poumon *[m]*	lung
panthère *[f]*	panther	poêle *[f]*	frying pan
pantoufles *[fp]*	slippers	prix *[m]*	price
papa *[m]*	dad	pyjama *[m]*	pyjamas
parapluie *[m]*	umbrella	père *[m]*	father
parents *[mp]*	parents	pêche *[f]*	peach
parents *[mp]*	relative	radio *[f]*	radio
parents *[mp]*	relatives	radis *[m]*	radish
parents *[mp]*	parent	raisin sec *[m]*	raisin
pâtisserie *[f]*	pastry	raisin *[m]*	grape
peau *[f]*	skin	rat *[m]*	rat
petit-déjeuner *[m]*	breakfast	réfrigérateur *[m]*	refrigerator
petit-fils *[m]*	grandchild	renard *[m]*	fox
pied *[m]*	foot	repas *[m]*	meal
pieds *[mp]*	feet	restaurent *[m]*	restaurant
piscine *[f]*	swimming pool	rhinocéros *[m]*	rhinoceros
plafond *[m]*	ceiling	rideau *[m]*	curtain
poids *[m]*	weight	robe *[f]*	dress
poignet *[m]*	wrist	roue *[f]*	wheel
poing *[m]*	fist	sac de couchage *[m]*	sleeping bag
poire *[f]*	pear	sac à main *[m]*	handbag

Vocabulary List French - English

sac *[m]*	bag	téléphone *[m]*	telephone
salade *[f]*	salad	télévision *[f]*	television
saladier *[m]*	salad bowl	tigre *[m]*	tiger
salle à manger *[f]*	dining room	tiroir *[m]*	drawer
salon *[m]*	living room	toilettes *[f]*	toilet
savon *[m]*	soap	toit *[m]*	roof
seau *[m]*	pail	tomate *[f]*	tomato
sel *[m]*	salt	tortue *[f]*	tortoise
serpent *[m]*	snake	tête *[f]*	head
serveur *[m]*	waiter	tôt *[adv]*	early
serviette *[f]*	napkin	vache *[f]*	cow
singe *[m]*	monkey	valise *[f]*	suitcase
soeur *[f]*	sister	vase *[m]*	vase
soupe de légume *[f]*	vegetable soup	verre *[m]*	glass
sourcil *[m]*	eyebrow	veste *[f]*	jacket
souris *[f]*	mouse	vinaigre *[m]*	vinegar
sucre *[m]*	sugar	visage *[m]*	face
sweat-shirt *[m]*	sweatshirt	vêtements *[mp]*	clothes
T-shirt *[m]*	T-shirt	zèbre *[m]*	zebra
table *[f]*	table		
tableau *[m]*	picture		
taches de rousseur *[fp]*	freckles		
taille *[f]*	size		
tante *[f]*	aunt		
tapis *[m]*	carpet		
tasse *[f]*	cup		
taureau *[m]*	bull		
taxi *[m]*	taxi		

Also by Scriveremo Publishing

Parleremo Languages Word Search Puzzles

The most popular of the puzzle series. 360 word search puzzles with different levels of difficulty covering a dozen categories. Available for several languages, including German, French, Spanish, Italian, Portuguese, Polish, Turkish, Hungarian, and Norwegian.

Parleremo Languages Word Search Puzzles Travel Edition

These are the pocket sized versions of the regular word search puzzles. 120 puzzles in a dozen categories, available in many languages.

Parleremo Languages Word Scramble Puzzles

These books stress spelling as you need to unscramble the letters to find the hidden words. Each one contains 1440 scrambles in a many categories, with hints and solutions. Available in many languages.

Parleremo Languages Basic Vocabulary Quizzes

To supplement your language learning, these books drill your vocabulary using multiple choice quizzes. Choose the answer that best matches the given word. 180 puzzles with 24 questions in each. Complete with solutions.

Parleremo Languages Basic Vocabulary Activities

These books combine word searches, word scrambles, and multiple choice quizzes into a full activities bundle to aid your language learning. Multiple categories and languages.

Also by Scriveremo Publishing

Beginner's Word Searches

For kids or those just starting to learn a language, these books are a fun way to get familiar with a new language. Each of the 100 puzzles has the words for both languages hidden in a letter grid for the person to find. Available in several languages.

Pocket Puzzles

Practise vocabulary on the go with these fun filled activity books. Each has word searches, scrambles, and quizzes along with solutions and a small dictionary.

Pocket Searches

This series has 120 word searches per book to help you improve your vocabulary knowledge. Solutions to all puzzles are at the end of the book, along with a dictionary.

Awesome Alex's Big Books of Puzzles for Kids

Alex the Hamster leads kids through a variety of puzzles to help them learn basic vocabulary for a language.

Dual Language Word Searches

Learn words in a new language with dual language word searches in 25 categories. Working with both languages in the puzzles reinforce spelling and strengthen the memory.

Parleremo Vocabulary Supplements

Vocabulary Supplemental books containing 200 multiple choice quizzes in 8 categories. Test your knowledge with these and watch your lexicon grow!

About the Author

Erik Zidowecki is a computer programmer and language lover. He is a co-founder of UniLang and founder of Parleremo, both web communities dedicated to helping people learn languages. He is also the Editor in Chief of Parrot Time magazine, a magazine devoted to language, linguistics, culture and the Parleremo community.

About Scriveremo Publishing

Scriveremo Publishing was founded in 2012 for the purpose of publishing books and resources on languages, language learning, and language learning aids. We are dedicated to providing language learning materials, teaching resources, and culture related products.

Connect with Us:

Follow us on Twitter: https://twitter.com/Scriveremo
Follow us on Facebook: https://www.facebook.com/scriveremopublishing
Visit our site: https://www.scriveremo.com

Made in the USA
Las Vegas, NV
22 March 2022

46134479R00151